U0637904

国家社会科学基金项目（批准号：06BSH031）

社会管理的前馈控制

THE FEED-FORWARD CONTROL THEORY OF SOCIAL MANAGEMENT

阎耀军　著

天津市科协资助出版

社会科学文献出版社
SOCIAL SCIENCES ACADEMIC PRESS (CHINA)

总　序

——如何对待大问题及如何回答一连串的问题

　　德国著名军事理论家克劳塞维茨（Karl Von Clausewitz）在他的传世名作《战争论》中说："大问题造就人才。"何谓大问题？我想有两个方面：一是事关大局，二是难以解决。难而不大不能称为大问题，因为没有普遍意义；大而不难也不能称为大问题，因为很容易就解决的问题很快就不成其为问题了，又何谈问题之大呢？所以我看可以把克氏的这句话改为"大而难的问题造就人才"。

　　克氏的这个论断也适用于社会科学研究领域。在社会科学研究领域中，问题不大，社会需求就不强，从而很难获得社会提供的物质支持，以至于研究无法进行，当然出不了人才。问题不难，一般的人谁都可以解决的研究课题，只能造就一般的人才；比较难的课题，只有少数比较优秀的科研工作者才能解决的问题，能够造就出比较优秀的人才；非常难的问题，只有极少数非常优秀的学者才能解决的问题，才能造就出杰出的人才。所以我们得到的启示是：想当将军的士兵应当敢打大仗、敢打硬仗，因为只有在这种战斗中才有机会立大功、立奇功，一如当年岳飞奋起抗金，志在"还我河山"；有志气、有勇气的学者应当敢选大课题、难课题，因为只有这样的课题才是有攀登价值的高峰，一如陈景润之于"哥德巴赫猜想"，直指数学王冠上的明珠。

社会科学中的大难题很多，"社会预测学"不仅列居其一，而且是个老大难问题。从考古发现来看，人类远在五千年前就开始用龟甲占卜的方法预测未来。几千年来，"路漫漫其修远兮，吾将上下而求索"，人类对此付出了锲而不舍的努力，其间发明的预测方法多达几百种，直到今天人们用现代数学模型并辅以电子计算机预测未来，但是人们对未来的预测仍感到扑朔迷离，每每陷于困惑，频频出现失误。从社会运行的速度来看，从古至今乃至将来是越来越快，而人类对社会预测的需求也随之越来越强烈，好比驾车，车速越快要求驾驶员看得越远，反应越快，否则就越发危险。从社会结构的复杂程度来看，从古至今乃至将来是越来越复杂，因而需要预测的方面和问题也就越来越多，多到仅凭个人的大脑和单个学科已经无法驾驭，致使人们不时发出"预测之难"的慨叹！从社会预测和自然预测的比较来看，在自然预测领域中"天有不测风云"，预测已经很难；在社会预测领域中"人有旦夕祸福"，比之自然预测更是难上加难。从人们对事物的认识层次或思维过程描述—解释—预测来看，预测是最难做到的。若预测不难，古代大思想家、教育家孔子50岁读《易经》，不会读到"韦编三绝"；若预测不难，现代大思想家马克思创立历史唯物论也不会用40年。反过来看，正因为难，才成就了两位"巨型人才"。总而言之，社会预测伴随着人类社会的整个历史，涉及社会的方方面面，面对着越来越复杂的研究对象和越来越强烈的社会需求，问题不可谓不大，不可谓不难，堪称社会科学研究领域中的"大问题"。

那么，应该如何对待大问题？宋代学者苏洵《上田枢密书》云："天下之学者，孰不欲一蹴而造圣人之域"，但实际上这是不可能的。所以，大问题的特点之一，即其往往不是一个人或一代人能够解决的。岳飞和陈景润虽因敢于问鼎大问题而成名，但其实并没有最终解决大问题，他们只是解决了大问题中的部分问题，或者说是在解决大问题的道路上推进了重要的一步，做出了突出的贡献。个人的力量有限，人的生命有限，除非出现天才。但天才也得站在巨人的肩膀上才能解决大问题，所以归根结底，大问题的最终解决，还是要靠人们前赴后继的不懈努力，不会一蹴而就。至于像孔子和马克思这样的"巨型人才"，我们不能望其项背，也无意想成为什么了不起的人才，我们只是对大问题本身产生更加强烈的兴趣，只是在科研选题时常记起"困难像阶梯"的说法，觉得只有比较困难的课题才有意思、有意义，而且克服了困难，就可以上一个阶梯。当然，选了"大问题"不一定就能完全解决，但探索是需要的和有意义的，至少可以抛砖引玉，为别人铺平一些道路。总之，科研兴趣和使命感是主要的，至于自己能否因这个"大问题"而被造就成"人才"，那并不是本意所在。我的本意是希望在大问题面前做一个敢于过河的小卒，但更希望能够有一个军团去开疆拓土，在前赴后继的一茬一茬的人里面，随着大问题的逐步解决，能够出现一批不同层次的人才。在此引用克氏"大问题造就人才"的话，旨在与诸君共勉。

　　大问题还有一个特点，即它不是一个单纯的而是一个复合的问题。我们在研究过程中常会有这种经验，就是在研究问题的时候，随着研究的步步深入，会发现问题里面还会套着新的问题，"如入万山圈子里，一山放出一山拦"，问题越大，复合性越强。所以大问题往往是由一连串的中小问题构成的问题系列，是由一连串显在问题和潜在问题构成的问题系列。这个问题系列会形成一个复杂的树形结构或链形结构，让你皓首穷经也难以尽解。以本书研究的社会预测问题为例，首先遇到的问题就是人类究竟能不能进行社会预测。随后就会接连遇到：社会预测在什么情况下是可能的，在什么情况下是不可能的？社会预测如果能够成立，那么进行社会预测的哲学基础是什么？现代科学基础又是什么？现代新兴学科除"老三论"外，还有耗散结构论、突变论、协同论、混沌理论、自组织理论、超循环理论以及复杂科学，等等，这些学科对社会预测有什么启示？现代社会中的社会预测与传统社会中的社会预测有哪些重大变化和区别？如何把现代科学理论融会于社会预测之中？自然预测方法能否用于社会预测？社会预测与自然预测之间有什么差别，这些差别对社会预测的理论和方法有什么影响？社会预测所依赖的认识论依据（即基本原理）是什么？在社会预测的基本原理中如何解决所谓的"蝴蝶效应"和"俄狄浦斯悖论"？在社会预测技术方法中，如何成功地运用数学和计算机科学解决社会预测定量化的难题？还有，从纵向来看，人类的预测活动有数千年历史，如何总结这漫长的社会预测思想史？传统预测思想中有没有值得汲取的精华，如何去芜存菁？从横向来看，人类社会预测活动分布在众多领域，如何总结各个领域预测活动的特殊规律并使之上升为一般规律？再有，现代社会预测的前提和基础是社会计量，它和自然科学领域对物化现象的计量不同，属于对非物化现象的计量，那么如何对复杂的非物化现象进行计量？这至今仍是困扰社会科学家的难题。从应用来看，社会预测应用的重要方面是社会预警，如何进行社会预警？这又是当前的前沿和热点、难点问题。如此等等，不一而足。所有这些已经发现的和尚未发现的问题，都是我们在建立社会预测学中不能不回答和不能不解决的问题。

　　那么，如何解决这一连串的问题？问题很复杂，回答很简单：饭得一口一口地吃，仗得一仗一仗地打，问题得一个一个地解决，寄希望于有更多的学者参加到解决这个问题的队伍中来，寄希望于有一茬接一茬的学者锲而不舍地解决这个问题。但是我们不能等到问题完全解决了再来出书，而且一本书肯定也容纳不下这么多的问题，"集大成"有一个过程，而且那肯定是后人或以后的事情。因此我们想出了这么一个出"多卷本"的主意：随着研究工作的深入和进展，先把自认为已经解决了的部分问题发表，一卷一个相对集中的主题，一卷反映一个阶段的成果，一步一个脚印，希望积跬步以至千里，聚片腋以成裘衣。

　　从目前的研究进展和设想来看，第一卷以探讨社会预测学的基本理论为主题，第二卷以研究现代实证性社会预警为主题，第三卷以研究社会领域的前馈控制为主题，第四卷将以研究社会风险的模拟推演为主题，第五卷将以……总之，作者不限于一人或多人，卷本数量和名目也不限于目前设想，每卷字数在 20 万字左右，出版时间也不做严格限定，一年可出一卷，也可出多卷，抑或多年出一卷，一切以当时的实际情况而定。

　　最后我要感谢学术界众多朋友长期以来对我的支持和鼓励，感谢天津市科学技术协会对本书出版的部分资助，感谢社会科学文献出版社丁凡女士为本系列研究一至三卷编辑工作付出的辛勤劳动，我还要预先感谢将来能够参加到这个多卷本撰写中来的学者，并预祝他们能够通过社会预测学的研究，成为解决大问题的人才。

阎耀军

2013 年 3 月

目　录

社会管理的前馈控制

Contents

图表目录

Table of Figures

卷首语

——前馈控制：人类有史以来的梦想

　　前馈控制是现代控制论中的一个科学术语，意思就是超前控制。古代虽没有前馈控制这样一个术语，但其实自从人猿相揖别，人类就梦想着能够对未来进行前馈控制。因此人类在五千年前就发明了"龟卜"，在三千年前发明了"蓍筮"，以及后来的"占星术""周易八卦"等名目繁多的预测术。其目的只有一个，那就是希望通过预测和预警，实现对未来的前馈控制。所以，前馈控制的梦想如影随形地伴随着人类一路走来，直到今天在现代科学技术的支持下焕发出更加诱人的绚丽色彩。

　　阎耀军同志可谓人类这一梦想中矢志不渝的追梦人。六年前，阎耀军出版了《社会预测学基本原理》和《现代实证性社会预警》两本书。我写了书评给予肯定，但同时非常郑重地给他提了一个建议：希望他再向前走一步，即研究社会领域的"预控"问题。因为我觉得预测和预警不是为了满足人们的好奇心，而是为了控制好我们的社会能够趋利避害，良性运行。如果说我们在经济领域的预测、预警和预控做得比较好，那么在社会领域则不尽如人意。所以我希望阎耀军能够把他的研究再向前推进一步。阎耀军同志欣然接受了这个建议并付诸实施，几年时间过去，一部《社会管理的前馈控制》书稿摆在我面前，算是对我这个建议的回应。

我认为这部书是非常值得肯定的。首先，这部书探讨了一个具有非常重要理论价值和应用价值的问题。众所周知，自20世纪德国社会学家乌尔里希·贝克（Ulrich Beck）提出风险社会理论以来，研究风险的学者日渐增多，而研究如何控制风险的学者却鲜见。从我国的情况来看，随着经济与科技的迅速发展，也进入了社会风险高发期，人们对单纯依靠传统反馈控制的方式来进行社会管理，已经越来越力不从心。所以加强对社会风险的预测、预警和预控，对潜在的社会风险实施前馈控制管理，是当前社会管理的重大问题。作者在他的研究中率先提出在社会管理系统中引入前馈控制机制的观点，并进行了深入系统的理论研究。作者不仅通过前馈控制和反馈控制的比较，揭示了前馈控制在当代社会管理中日益重要的优势和意义，而且系统总结了中国古代和西方近现代以来的"前馈控制"思想和方法，并提出了自己设计的一种适应于社会快速发展状态的前馈控制管理方法和技术——现代社会管理前馈控制的一般模式，以及适用于若干领域的前馈控制操作模式和计算机应用软件。

其次，我们还应当充分肯定作者理论联系实际的学风和跨学科联合攻关的科研方式。社会管理的前馈控制不仅仅是一个理论问题，更是一个极其复杂的实践问题，光靠我们这些搞文科的人是不够的，因为现在是信息社会和网络时代，要想在瞬息万变的社会运行中实现前馈控制，离开了现代科技手段是万万不行的。作者利用在天津工业大学工作的独特优势，与管理工程学科、数学和统计学科、计算机与信息学科的学者们一道，并与政府社会管理部门合作，开发了中国民族关系监测预警信息管理系统、信访问题监测预警信息管理系统、犯罪预测时空定位信息管理系统等多种前馈控制管理工具，投入实际运行得到好评，其中一些软件还获得了国家知识产权局认定的软件著作权。从中我们得到的启示是：我国目前教育和科研体制上的文理分开，不仅不应成为科研工作中文理分开的理由，而且在某种意义上应成为文理互补之必需。

最后，应当充分肯定作者提出的大胆设想。作者在深入分析我国社会管理体制"重应急、轻预警"的弊端和造成这一弊端的诸多相互纠结的原因之后，指出破解的根本路径在于实现预测、预警和预控的科学化。在这一认识的基础上，作者借鉴西方发达国家在经济领域研发"政策模拟器"和军事领域搞"作战模拟"的成功经验，大胆提出在社会管理领域开发"社会风险模拟器"的设想。我认为这一设想不仅具有很高的科技含量，而且体现了社会管理要跟上科技进步潮流的大趋势。更重要的是，倘若"社会风险模拟器"真能研发成功，对于我国的社会管理将具有重大的应用价值。

当然，由于阎耀军同志的这项研究是拓荒性的，因而其研究也仅仅是初步的，就建立完整的社会管理前馈控制体系来说，这一研究还处于初级阶段，仅仅是开了个头，还有很长的路要走。因此，我想借此机会呼吁大家都来重视这一方面的研究。其实我们的老祖宗历来就有重视前馈控制的思想，两千五百年前老子就说过要"为之于未有，治之于未乱"。而我们的社会学更不乏具有重视对社会进行前馈控制的思想传统。孔德（Auguste Comte）就认为社会学的理论目标是发现社会的规律，预测社会现象的发生。应用目标则是将所得到的预测现象发生的原则应用于社会，指导社会活动。① 这里面就蕴含着前馈控制的思想。马克思分析资本主义不能克服周期性经济危机的症结"正是在于对生产自始就不存在有意识的社会调节"②（注：着重号为作者所加），这是从社会机制上讲前馈控制；《毛泽东选集》第一篇《中国社会各阶级的分析》把应该依靠谁、团结谁、支持谁、反对谁作为革命的首要问题。这是从社会结构分层讲前馈控制。邓小平说："我们过去发生的各种错误，固然与某些领导人的思想、作风有关，但是组织制度、工作制度方面的问题更重要。这些方面的制度好可以使坏人无法任意横行，制度不好可以使好人无法充分做好事，甚至会走向反面。""不是说个人没有责任，而是说领导制度、组织制度问题更带有根本性、全局性、稳定性和长期性。这种制度问题，关系到党和国家是否改变颜色，必须引起全党的高度重视。"③ 这是从制度安排角度讲前馈控制。既然都意识到了前馈控制的重要性，那么就需要大家共同来做好这件事。作者在书中的第五章对实现社会管理前馈控制的困难性进行了详细而深刻的分析，进而在第六章提出从开发"社会风险模拟器"

---

① 《中国大百科全书·社会学》，中国大百科全书出版社，1991，第 4 页。
② 《马克思恩格斯全集》第 32 卷，第 542 页。
③ 《邓小平文选》（1975～1982 年），人民出版社，1983，第 292 页。

入手来实现预测—预警—预控科学化的大胆设想。当然，这件事情非常难做。但是难做不等于不能做。国外能够把风险模拟应用于经济领域和军事领域，我们为什么不能应用于社会管理领域?!

每个学者都应该有自己的梦。每个学者的梦都应该是实现"中国梦"的一个组成部分。

2013 年 3 月于北京

第一章　绪论

第一节　问题的提出

控制论创始人维纳（Weiner）于 60 多年前提出控制论，并认为反馈控制是控制论的核心。但是反馈控制的最大缺陷是在问题出现到问题得到控制之间有一段时间滞差，在这个时滞中，"问题"的量和质都可能发生很大变化。所以，时滞越小，反馈控制效率越高；时滞越大，反馈控制效率越低。尤其是对"大滞后系统"①，反馈控制甚至很难奏效。例如，我国改革开放以来一些地方在"无工不富"和"有水快流"思想的指导下，出现了以"小煤窑"的方式开采煤矿的做法，到现在决定采取关闭小煤窑的政策，其间的时间滞差长达 30 年之久。在这个时滞中，小煤窑发展到上万个，不仅造成资源的极大破坏和浪费，而且造成了平均每年矿难死亡人数高达5893.5 人的严重后果。这个数字不仅是改革开放前 30 年的

---

① 时滞是时间滞后的简称，是指某一行为从启动到产生结果的时间段。滞后时间 τ 与对象时间常数 T 之比 τ/T 大于 0.5 甚或超过 1.0 时，就称为大滞后系统。

2.5 倍，而且居世界第一位。① 现在看来，这一后果的国际政治影响和巨大的经济损失不仅无法挽回，而且控制的难度更大，因为关闭小煤窑就意味着将产生巨大的失业群体，巨大的投资将血本无归，这都将直接影响社会的稳定。

中国人总爱讲"亡羊补牢，未为迟也"，似乎出了事情，再想办法去应急补救便会"犹未为晚"。但是在现代社会中，我们面对大量无法挽回或难以挽回的事情，我们不能不扪心自问：现代的社会管理还能够"亡羊补牢"吗？

对于现代社会区别于传统社会的特征，有人用一个"快"字概括。他们做过一个计算：公元前 50 万年人类绕地球一圈需数亿年，公元前 2 万年需数百年，公元前 300 年需数十年，公元 500 年需数年，1900 年需几个月，1925 年需几周，1950 年需数日，1965 年需几小时。如今，在当代人已经能实现"嫦娥奔月"② 和"e - 时代"③ 已经来临的情况下，就是只需几分钟甚至是几秒钟的事情了。

正如车速越快就越难控制一样，人类社会运行速度越快，其社会惯性就越大，从而控制难度亦越大。就社会控制效率而言，社会政策（控制手段）滞后于社会问题的"政策滞后"（即"马后炮现象"）已经相当普遍；就社会控制方式而言，突出表现为反馈控制效率或效力的下降，而且这种下降在"大滞后系统"中表现得尤为明显。

诚然，在运行缓慢的传统社会中，单纯靠"亡羊补牢"

---

① 颜烨：《煤殇：煤矿安全的社会学研究》，社会科学文献出版社，2012，第 5 页。

② 2007 年 10 月 24 日中国自主研制并发射的首个月球探测器"嫦娥一号"（Chang'E₁），以中国古代神话人物"嫦娥"命名。

③ 指广泛采用 e - mail 传输信息的互联网时代。

式的反馈控制尚可收到"犹未为晚"之效，但是在高速运行的现代社会则未必。且不要说人类造出的越来越多的原子弹犹如被打开了的"潘多拉魔盒"，其恶果已无法收回，但看前不久的次贷危机所造成的世界性金融海啸，是能够"亡羊补牢"的吗？是一句"犹未为晚"就能了然和释然的吗？总而言之，综观当代社会对资源问题、环境问题、生态问题以及种种社会问题的许多亡羊补牢式的反馈控制，我们往往不是感到"犹未为晚"，而是感到"悔之晚矣"，因为其中的许多问题已经积重难返，变得很难控制甚至不可控制了。正如英国著名学者吉登斯（Giddsens）慨叹：风险社会使现代世界"越来越不受我们的控制，成了一个失控的世界"。① 而德国学者贝克（Beck）则认为"风险社会"已经超出了现代社会管理的能力。②

对此，政治家们则从政治和社会管理的高度，提出了要推进社会管理体制的改革创新，创造更加有效的社会管理体制，提高管理社会事务本领的要求。正如胡锦涛2005年2月在中共中央政治局第二十次集体学习时特别强调指出的："必须提高管理社会事务的本领、协调利益关系的本领、处理人民内部矛盾的本领、维护社会稳定的本领。要适应社会主义市场经济发展和社会结构深刻变化的新情况，深入研究社会管理规律，更新社会管理观念，推进社会建设和管理的改革创新，尽快形成适应中国社会发展要求和人民群众愿望、更加有效的社会管理体制。"③

---

① 〔英〕安东尼·吉登斯：《失控的世界》，周红云译，江西人民出版社，2001。
② 〔德〕乌尔里希·贝克：《风险社会》，何博闻译，译林出版社，2004。
③ 胡锦涛同志2005年2月21日在中共中央政治局第二十次集体学习时的讲话，新华网，2005年2月22日，http://news.xinhuanet.com/newscenter/2005-02/22/content_2605870.htm。

综上所述，一个世界性的管理学问题摆在所有管理者和管理学研究者面前：现代社会果真就如贝克之流所说的"已经超出了现代社会的管理能力"了吗？未必尽然，因为如果我们仍然抱着传统的单纯反馈控制的社会管理方式的话，那么贝克说的肯定是对的，但是如果我们创新社会管理体制，改革社会控制方式，"风险"也许仍会在我们的掌控之中。为此，本书将针对性地提出前馈控制的理论，并主张对现行社会管理体制和运行机制实施以"前馈控制"为内容的改革和创新。

第二节　研究的目的

以上我们提出了问题，而且试图通过建立社会管理的前馈控制模式来解决上述问题，这就是本项研究的目的。

2003 年 10 月党的十六届三中全会通过的《中共中央关于完善社会主义市场经济体制若干问题的决定》指出：要"建立健全各种预警和应急机制，提高政府应对突发事件和风险的能力"；[①] 2004 年 9 月党的十六届四中全会在《中共中央关于加强党的执政能力建设的决定》中提出"要建立健全社会预警体系，形成统一指挥、功能齐全、反应灵敏、运转高效的应急管理机制，提高保障公共安全和处理突发事件的能力"；[②] 2005 年 10 月党的十六届五中全会《中共中央关于制定国民经

---

① 《中共中央关于完善社会主义市场经济体制若干问题的决定》，中央政府门户网站，http：//www. gov. cn/test/2008 - 08/13/content_ 1071062. htm。

② 《中共中央关于加强党的执政能力建设的决定》，新华网，http：//news. xinhuanet. com/zhengfu/2004 - 09/27/content_ 2027021. htm。

济和社会发展第十一个五年规划的建议》提出:"要建立健全社会预警体系和应急救援动员机制,提高处理突发事件的能力";① 2006 年 10 月党的十六届六中全会《中共中央关于构建社会主义和谐社会若干重大问题的决定》指出要居安思危,再次明确提出要"建立健全社会预警体系,形成统一指挥、功能齐全、反应灵敏、运转高效的应急管理机制,提高保障公共安全和处理突发事件的能力"。② 党中央连续四次在全会中强调"社会预警"和"应急管理",其目的显而易见,就是试图在我们的社会管理体制中形成一种对风险具有超前预控的能力。这种超前控制,用本项研究的学术概念表达即前馈控制。所以,超越传统的社会管理反馈控制的理念,通过研究前馈控制的思想、理论、方法乃至技术,设计出一种社会管理的前馈控制模式,便是本论文研究的目的。

第三节 主要研究内容

本项研究将围绕社会管理的前馈控制从四个方面展开。

一 前馈控制的基本理论研究

基本理论研究包括如下内容:前馈控制概念的界定,以及由此衍生的一系列相关概念的探讨;前馈控制和反馈控制的区

---

① 《中共中央关于制定国民经济和社会发展第十一个五年规划的建议》,新华网,http://news.xinhuanet.com/ziliao/2005 – 10/08/content_ 3591815. htm。

② 《中共中央关于构建社会主义和谐社会若干重大问题的决定》,新华网,http://news.xinhuanet.com/politics/2006 – 10/18/content 5218639. htm。

别与联系，二者的特点与优劣之比较；前馈控制的运行机理；在社会领域实施前馈控制的可能性空间；等等。其中前馈控制的机制将是讨论的重点。前馈控制机制涉及预警和预控两个方面：预警是实现前馈控制的基础和前提，是手段；预控是前馈控制的本质和目的。前者属于社会预测学范畴，其研究的任务是：有没有问题和问题有多大？如何提前发现问题并估量问题发展的严重程度？后者属于社会控制论范畴，其研究的任务是：有了问题（包括潜在的问题）后怎么办？如何消除问题或控制其发展蔓延？但是我国的实际情况是：预警和预控不仅在实践上存在着严重脱节，而且在理论上存在着严重脱节。所以，如何从理论上解决"预警"和"预控"脱节的问题，打通两者之间的逻辑通道，并实现管理体制上的有效链接，是前馈控制理论中亟待解决的问题。

另一个与此相联系的问题是"预警"和"应急"不平衡的问题。如前所述，中共中央自 2003 年十六届三中全会提出"建立健全社会预警体系及应急管理机制"的决策已近十年之久并反复强调。但是相对于我国目前业已建立的庞大的应急管理体系，社会预警体系的建设却显得极不平衡。那么，"预警"和"应急"两者之间究竟是什么关系？"预警"和"应急"孰轻孰重？何以形成目前这种"重应急、轻预警"的局面？阻碍我们通过社会预警实现前馈控制的障碍有哪些？实现社会预警科学化的关键性瓶颈是什么？诸如此类的问题，都是我们在理论上不能不回答和不能不解决的问题。

二 历史上前馈控制的思想理论和方法研究

漫长的人类历史中蕴藏着十分丰富的管理智慧和实践，前馈控制作为一个现代学术概念于今提出，但是作为一种管理智慧或方式，应当说古已有之。例如两千五百年前老子提出的"为之于未有，治之于未乱"① 的思想，秦始皇统一六国后采取的"车同轨、书同文、统一货币、统一度量衡"以及"焚书坑儒"等政治措施，都属于前馈控制范畴。在国外，20世纪60年代兴起于美国而风靡西方世界的"社会指标方法"，② 罗马俱乐部提出的"世界模型"③ 等，都具有前馈控制的意义。对诸如此类具有借鉴意义的史料进行搜集和梳理，无疑也应当是本项研究的重要内容。

三 前馈控制管理机制系统的一般模式研究

如何实现前馈控制？各行各业实施前馈控制的模式必有各自的特点，不可能千篇一律。但是我们深信其中必有共同的东西，万变不离其宗。理论研究的任务就是从中抽象概括出共性的东西。所以本项研究应当提出构建前馈控制管理机制系统模式的一般原则，并在此基础上设计前馈控制管理机制系统的一般模式。

四 前馈控制管理系统模式的应用研究

结合我国国情设计科学的前馈控制的机制模式，是本项研究最重要的核心内容，也是本研究的目的能否实现的关键所在。毛泽东曾经说过一句十分形象而又精辟的话：我们的目的是过河，就得解决船和桥的问题，否则过河就是一句空话。"机制"作为一种工具，它是实现目标的通道和手段。近年来"社会预

① 李耳：《道德经》，北京出版社、文津出版社，2004，第135页。
② 郑杭生、李强、李路路：《社会指标理论研究》，中国人民大学出版社，1989；朱庆芳、吴寒光：《社会指标体系》，中国社会科学出版社，2001。
③ D. H. 梅多斯等：《增长的极限》，李宝恒译，四川人民出版社，1984，第139页。

警"和"应急管理"已成社会各界的热门话题和高频词语,但是如何实现社会预警和应急管理? 这恰恰是前馈控制的核心内容和瓶颈所在。开展前馈控制机制的研究,探索前馈控制管理的内在机理,创建新机制,对于形成更加完善的社会管理模式意义重大。所以,本项研究将从前馈控制的内涵出发,以我国政府的前馈控制管理为指向,选取若干个政府部门为个案,客观分析我国政府系统现行组织结构及其职能设置,诊断其前馈控制功能不足的缺陷,从而设计出一个将前馈控制管理的各项功能(先导指标设计、前馈信息汇集、先兆分析、趋势研判、警级发布、警势预控、应急管理等)纳入其中的前馈控制机制系统模式,并在对该模式进行静态和动态、宏观和微观的详尽阐述的同时,进一步指出其运行、实施的操作步骤和要点。最后,本书还将对在社会领域实施前馈控制的可能性进行实证分析。

第四节 理论性背景

本项研究具有多层面的理论性背景。

一 风险社会理论

伴随着现代科技革命的不断深入和经济的飞速发展,社会运行的速度日益加快,经济全球化、世界一体化的潮流已不可逆转。然而,就是在这种背景之下,一些学者提出"风险社会"这一概念,并做出了人类正在从工业社会向风险社会过渡的判断。他们用"风险社会"来描述正在出现的社会形态,其中尤以乌尔里希·贝克和安东尼·吉登斯为代表。他们将现代社会命名为风险社会,至少包含以下考虑:"高风险性"已成为现代社会的一种典型特征，而且，现代社会除了传统类型的风险外，还出现了不同于以往的新型风险，它们在时间、空间、速度、规模上都发生了很大的变化。与传统社会中的风险相比，当代社会的风险具有如下特点：①风险的复杂性、不确定性、不可预见性和迅速扩散性都日益增强。正如贝克所言，"各类风险在各种时空范围内传递和蔓延的准确模式至今依然是一个无法解开的谜团，而且各类风险都可能有一个长期潜藏和孕育的时期"。①贝克将肇始于 1996 年的英国疯牛病危机视为对风险社会教科书式的范例和诠释，如它的跨国界蔓延和迅速产生的全球性影响。②具有较强的人为性和社会性。当代社会的风险不同于工业化时期以前人类所遭遇的各种自然灾害，因为那些自然灾害是由外在因素而非人为因素导致的，而"风险社会"中的风险在很大程度上是由人类的认识和决断导致的，如生态风险、核风险、化学风险、基因风险等。这些风险在很大程度上是社会进步所带来的副作用与负面效应，特别是科学技术迅猛发展带来的副作用和负面效应，并且它又将不断地产生出新的进一步的风险。③风险的全球化。在全球化时代的背景和条件下，社会风险能够跨越时空的限制。一些局部的危机或突发性事件往往会以前所未有的速度和规模向外扩张，从而酿成全社会甚至全球性的灾难。如果说"风险社会"一词在以前还只是学术界的一个晦涩概念，那么当美国"9·11"恐怖袭击事件和我国"非典"流行，特别是当前的世界性金融危机被社会大众所切实感受之后，"风险社会"一词正日益成为一种大众话语并引起人们深刻的反思。本书前馈控制

---

① 〔德〕乌尔利希·贝克：《从工业社会到风险社会》（上），王武龙编译，《马克思主义与现实》2003 年第 3 期。

模式的提出，正是因应这一背景。

二 社会建设与社会管理概念的提出

党的十六大以来，我们党在理论方面不断探索创新，提出了科学发展观、构建社会主义和谐社会等重大战略思想，提出了"以人为本""社会建设"等一系列新概念、新理论，使中国特色社会主义理论体系不断发展和完善。2004年党的十六届四中全会有两个重大的理论贡献。其一是提出了构建社会主义和谐社会这个非常重要的战略思想；其二就是提出了社会建设这个很重要的新概念，使中国社会主义建设的总体布局，由原来的经济建设、政治建设、文化建设的三位一体，变为包括社会建设在内的四位一体的新格局。党的十七大政治报告则明确把"社会建设"单辟一节，与经济建设、政治建设、文化建设并列为四位一体。十七大还把四位一体的布局写进了新修改的《党章》总纲里。这体现了我们党对执政规律、社会主义建设规律、人类社会发展规律认识的深化。

所谓社会建设，是指社会主体根据社会需要，有目的、有计划、有组织地进行推进社会进步的社会行为与过程。社会建设的内涵很广，主要有两大方面：一是实体建设，诸如社区建设、社会组织建设、社会事业建设、社会环境建设等；二是制度建设，诸如社会结构的调整与构建、社会流动机制建设、社会利益关系协调机制建设、社会保障体制建设、社会安全体制建设、社会管理体制与机制建设，等等。其中后者与本书研究的前馈控制密切相关。因为社会建设的重要手段是社会管理，而前馈控制模式正是为改善我们的安全体制建设，通过社会管理体制和运行机制的创新，促进我国社会运行方面的科学管理，更加有效地规避和应对社会风险，保证社会良性运行。

三 前馈控制方法在自然领域的广泛运用

其实，前馈控制方法在自然领域尤其是工程技术领域已经得到了比较广泛的研究和应用，例如，1981 年苍永泉的《前馈控制在导弹控制回路设计中的应用》，1996 年杨世锡等人的《数控三角轴磨床前馈控制研究》，1998 年张铁等人的《柔性机械臂前馈控制的实验研究》，2002 年贾晶等人的《用频域幅相调整前馈控制的非圆车削实验》，2004 年陈东华等人的《电流型控制半桥逆变器研究——直流电容电压偏差前馈控制技术》、魏世隆等人的《具有运动部件的预警卫星姿态前馈复合控制》，2005 年魏彤等人的《磁悬浮控制力矩陀螺的动框架效应及其角速率前馈控制方法研究》，2007 年吴素虹的《眼科临床护理安全管理中的前馈控制》，2008 年喻桂兰等人的《基于虚拟仪器的前馈反馈控制系统的开发》，等等。总之，在自然科学领域自 1981 年到 2011 年底，类似的研究成果在中国期刊网共载有 410 篇，若加上未入网者，多达数以千计，其增长趋势如图 1 所示。

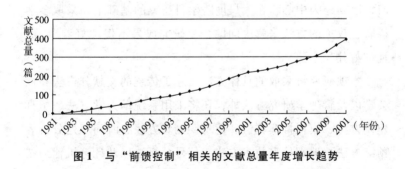

图 1　与"前馈控制"相关的文献总量年度增长趋势

上述文献的共同特点是，通过观察那些作用于系统的各种可测输入量和主要扰动量，分析它们对系统输出的影响关系，并预测输出结果与预期结果之间的偏差。在这些可测量的输入量和主要扰动量的不利影响产生之前，通过及时采取纠正措施，来消除它们的不利影响。由于前馈控制以系统的输入或主要扰动信息为馈入信息，在系统的输出结果受到影响之前就纠正偏差，从而可以克服反馈控制因时滞所带来的缺陷，大大改善控制系统的性能。

鉴于自然领域前馈控制研究进展的鼓舞和启发，本书大胆提出在社会领域实施前馈控制的设想，将前馈控制理论和方法引入社会管理体制和运行机制的构建之中，试图创建一种对于改革和完善我国社会管理体制和运行机制有所裨益的"前馈控制模式"。

第五节　研究的方法

在社会管理领域实现前馈控制，不仅是一个理论问题，更是一个实践问题。因此，本项研究必须跳出传统研究模式的窠臼，以问题为中心，在大尺度跨学科研究的基础上，采取多学科联合攻关的方法来解决问题，使研究成果不仅"好看"，而且"好用"。

本项研究将采取的具体方法，除了传统的文献分析法和社会学以及管理学研究方法外，还将采用系统动力学方法、仿真建模方法、模拟推演方法、德尔斐调查方法、时间序列分析等预测方法、地理信息技术方法、信号分析法以及计算机辅助技术等研究方法。力图将多种方法整合集成在一起，实现"理论—方法—技术"三位一体高度结合，最后以计算机软件为平台集成，使科研产品成为总成式的能够使用（操作）的"成品"，而不是零部件式的"半成品"。

第二章 前馈控制的基础理论研究

第一节 前馈控制的基本概念

所谓前馈控制，简而言之，就是事先分析和评估即将输入系统的扰动因素对输出结果的影响，并将期望的管理目标同预测结果加以对照，在出现问题之前就发现问题，事先制定纠偏措施，预控不利扰动因素，将问题解决在萌芽或未萌状态。由此可见，前馈控制是与反馈控制相对而言的。反馈控制是面对结果的控制，意在亡羊补牢。前馈控制是面向未来的控制，意在防患于未然。其实，前馈控制也是通过信息反馈来实施控制，但这种信息反馈是在投入一端，在投入未受影响前就加以纠正，因而具有较好的及时性。就好比人们骑自行车爬坡，为了保证上坡时速度不致慢下来，在看到坡以后还未开始上坡之前，人们就会提前加速，使上坡过程顺利。

前馈控制采用的普遍方式，是利用所能得到的最新信息，进行认真、反复的预测，把计划所要达到的目标同预测结果相比较，并采取措施修改计划，以使预测与计划目标相吻合。目前在工程技术领域运用的比较先进的前馈控制技术之一是计划评审法，或称网络分析法。它可以预先知道哪些工序的延时会影响到整个工期，在何时会出现何种资源需求高峰，从而采取有效的预防措施与行之有效的管理办法。在企业管理控制活动中，前馈控制的内容包括对人力资源、原材料、资金等的前馈控制。比如，人力资源必须适应任务要求，在数量和素质方面有能力完成指派的任务，并避免出现机构臃肿、人浮于事的现象；利用统计抽样来控制原材料质量，根据抽样不合格率决定接受或退货，根据库存理论控制库存储备量等。在社会管理领域，笔者认为可以运用风险评估方法、社会指标方法、德尔斐法等预测方法。

第二节　前馈控制与反馈控制的优劣比较

对于系统的控制，按时间顺序可分为前馈控制、同步控制（也称过程控制）、反馈控制。在此我们为了强调前馈控制的特点和优势，以期获得对前馈控制价值的更深刻认识，不妨将其与反馈控制进行进一步的比较。

控制论奠基人维纳认为反馈控制是控制论的核心，他指出：一切类型的控制系统，都是用揭露在目标实现过程中的错误和采取纠正措施的信息反馈来控制自己的。换言之，各种系统都是用自身的某些能量在成效和标准之间进行反馈，从而比较所得的信息。反馈控制就是根据最终结果产生的偏差来指导将来的行动。反馈控制在管理系统中具有极其重要的地位。但是，仅有反馈控制远远不够。在管理工作中，时间延迟是常见的，我们称之为时间滞差，简称"时滞"。由于控制时滞的存在，用反馈控制常常会失去宝贵的时机，使控制失效。要改变这种局面，就要使用另一种控制方法——前馈控制。

为了更清楚地比较反馈控制和前馈控制两者的优劣，我们来观察一下反馈控制与前馈控制的物理模型（如图2所示）。

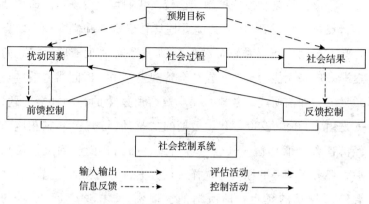

图2 前馈控制与反馈控制的比较

从模型中我们可以看到，以社会过程的两端（起点和终点）为分野，社会控制活动被分为前馈控制和反馈控制两种类型。

——反馈控制在社会过程的末端，对社会过程所输出的社会结果与社会目标相比较所产生的偏差进行控制，因此是一种"事后控制"，其特点是根据最终结果产生的偏差来指导将来（下一次社会过程）的行动。反馈控制的基本过程为：以预期目标为标准→衡量实际结果→将实际结果与预期目标相比较→确定偏差→分析造成偏差的原因→确定纠正方案→贯彻纠正措施。

——前馈控制是在社会过程的前端，对尚未输入社会过程的扰动因素与社会目标相比较所可能产生的偏差进行控制，因此是一种"事前控制"，其特点是对输入社会系统的扰动因素进行控制。前馈控制的基本过程为：以预期目标为标准→分析输入变量→预测输入变量中的扰动因素对输出结果的影响→对可能产生的影响与预期目标进行比较→确定偏差→控制变量的输入。

　　将反馈控制与前馈控制相比较，我们可以看到：反馈控制的特点是"亡羊补牢"，其优点是具有确定性和实在性，缺点是具有被动性和"时间滞差性"，尤其是对"大滞后系统"的迟滞效应是无能为力的。在社会管理工作中，时间滞差效应是常见的。如前所述，各地乱搞小煤窑所发生的种种社会问题，就是由于20世纪80年代中后期的"扰动因素"（包括相应的经济社会政策）输入社会过程所致，而当我们收到反馈信息后，要分析偏差的原因，选择矫正方案，再贯彻矫正措施，又要经历较长的延迟，即所谓的"时滞"。在这个近30年的"时滞"过程中，全国已经出现了9887处小煤窑，仅2004年矿难死亡人数就达到6000多人，约占当时世界矿难死亡人数的80%。[1]要改变这种木已成舟的状况非常困难，不仅成本非常之高，而且对资源、环境以及人的生命已经造成的损失是无论如何也补救不回来了。所以，单纯依靠反馈控制常常会失去宝贵的时机，使控制失效。要改变这种状况，就必须使用另一种控制方法——前馈控制。

　　前馈控制的特点是"曲突徙薪"，优点是能够防患于未然，掌握主动权，缺点是具有不确定性和虚拟性。前馈控制运用不断获得的最新信息加以预测，并将期望的社会管理目标同预测结果加以对照，在出现问题之前就发现问题，事先制定纠偏措施，将问题解决在萌芽状态。因此，前馈控制的优势在于可以避免反馈控制的"时滞"缺陷。但是由于人类的认识是

---

① 《李毅中2005奔波在矿难路上》，http：//www.yuanmr.com/trackback.asp？tbID＝76，2006年12月23日。

有盲区和局限性的，不能够对未来实现完全的前馈控制，所以在前馈控制力不能及的地方，仍要依靠反馈控制。重要的是我们应当看到，就控制方式本身所具有的功能来说，前馈控制还是比反馈控制具有不可比拟的优越性。

总之，前馈控制并不排斥反馈控制，它只是以自己独特的优点弥补反馈控制的缺陷。

第三节 前馈控制对于现代社会管理的意义

反馈控制和前馈控制孰优孰劣，是以不同的社会时空条件为转移的。在传统社会中，由于社会结构相对简单，社会运行速度非常缓慢，社会管理者仅仅依靠"烽火狼烟"式的反馈控制就足以应对一切。到了现代社会，社会变迁、变化、变革速度越来越快，越来越复杂。有人将现代社会的特征高度概括为"e-时代"。在 e-时代，各种新生事物借助于 Internet 往往"忽如一夜春风来，千树万树梨花开"。在这种情形下，社会管理者如果仅仅依靠反馈控制，就难免捉襟见肘，应接不暇。这种情况，可以从传统兵器和现代兵器的对比中得到更加鲜明的认识。在冷兵器时代，武林高手在听到箭响之后，可以迅速用盾牌或别的什么兵器挡住射来之矢，更甚者可以用手抓住射来之箭。但是在火器特别是电子兵器时代，任你有再高的武功，仅靠反馈能力也难以抵挡超音速甚至等光速武器的攻击。所以必须依靠前馈控制，例如人们发明的预警雷达、预警飞机、爱国者导弹、巡航式导弹以及反导弹防御系统等这些装有"前馈控制器"的电子武器。

从社会管理的目标来看，追求社会稳定是历来统治者的社会管理目标。但是两种不同的社会控制方式（反馈控制和前馈控制）往往会导致两种不同的社会稳定。现代科学研究认为，社会作为一个大系统，其内部子系统之间的相互作用、相互适应的结果，可以有两种不同类型：一种情况是，某子系统偏离原有适应状态时，与其他子系统相互作用的结果是使整个大系统进入新的稳定态（适应态），呈现为调整促进型；另一种情况是，某子系统偏离原有适应态后，与其他子系统相互作用的结果是消除了对原有适应态的偏离，大系统回到原有的稳定态，呈现为压制还原型。它的特点是：当各子系统对原有适应态偏离到一定程度后，会引起整个系统的动乱或崩溃，使其各子系统之间作用方式突变，突变后子系统相互作用的后果是消除偏离，回到原有适应态，使整个系统结构呈现稳定性。现代控制论把这种依靠消除偏离、压制周期性动乱来保持自身稳定的系统称为超稳定系统。由此可以认为，有两种类型的社会稳定，一种是硬性控制下的高压稳定，一种是柔性调控下的和谐稳定。显然，前一种稳定是表面的和脆弱的，一旦失控就会导致社会动乱甚至崩溃，这就是上面所说的超稳定系统；后一种稳定是本质的和内在的，是长治久安的可持续稳定，我们称之为和谐稳定系统。由此可见，稳定的社会未必是和谐的社会，而和谐的社会必定是稳定的社会。两者的区别还在于：其一，超稳定系统是以牺牲社会发展为代价的，而和谐稳定系统是以社会发展为前提的；其二，超稳定系统的社会控制机制是僵硬的和被动调控的，而和谐稳定系统的社会控制机制是弹性的和自动调适的。

党在十六届六中全会提出"构建社会主义和谐社会"的新命题，这个新命题其实涉及一个社会管理体制的科学性和完善性问题。马克思就很注意制度的科学性。他分析资本主义不能克服周期性经济危机的"症结正是在于对生产自始就不存在有意识的社会调节"（注：着重号为作者所加）。① 可见，能否进行有意识的社会调节，是社会制度结构或管理体制中的重要问题。制度结构的科学性就在于它是否有自动调节并不断适应发展的能力。很显然，仅仅依靠具有反馈控制功能的社会管理体制是无法奏效的，因为其具有明显的"时间滞差"局限性，如果时滞较长，致使问题积累成山，成了一定的"气候"以后才发现，那么问题反而难以解决了。正所谓明者先机而作、智者握机而行、愚者失机而悔。

所以，在当今快速多变的社会运行中，被动式的反馈控制对维护社会和谐稳定的作用有着较大的局限性。那么，如何使我们的社会管理体制能够更加灵敏地进行"有意识的社会调节"，自觉和自动地协调社会利益关系，及时消除各种矛盾，从而适应社会发展的要求呢？结论是我们必须研究如何将前馈控制的思想和操作架构渗透或复合于现代社会管理体系之中，对现行社会管理体制进行改革和创新，使之更加完善，形成党中央所期望的，能够"适应社会主义市场经济发展和社会结构深刻变化"和"适应中国社会发展要求和人民群众愿望、更加有效的社会管理体制"。②

综上所述，在现代社会中，前馈控制是整个社会控制或者说调控机制中最有意义的组成部分。在我国现阶段的社会建设和管理的改革创新中，将前馈控制机制注入社会管理体系，提高社会管理部门的前馈控制能力，是提高管理绩效的关键环节之一。从某种意义上说，越是现代的社会管理体系，本质上应该是一种越具有前馈控制能力的社会管理体系。

---

① 《马克思恩格斯全集》第 32 卷，第 542 页。
② 参见胡锦涛同志 2005 年 2 月 21 日在中共中央政治局第二十次集体学习时的讲话。

第三章　中国古代先哲的
前馈控制思想 *

前馈控制作为一个现代学术概念于今提出，但是作为一种管理智慧或思想，应当说古已有之。在人类漫长的历史发展过程中，随着阶级和国家的出现，对国家和各种社会事务管理活动的开展，前馈控制的思想和管理就在有意无意之间产生了。对前馈控制的探寻和研究也就从此开始并且始终不曾间断过。无论是东方还是西方，人们对前馈控制问题都进行了大量深入而有成效的探究，总结出许多有关前馈控制的经验和教训。然而，由于时代的局限，这些探索只能停留在经验或者想象的层面，表现为一种零散的、不成系统和体系的思想或者观点，为此，本章拟对能够搜集到的古代相关资料进行初步梳理，以期对基于前馈控制的社会管理创新有所裨益。

第一节　逢事必占，庙算在先

前馈控制必须以预测为前提，因而古人对预测极为重视，

---

* 本章内容主要根据阎耀军在《国家行政学院学报》2011 年第 3 期发表的论文《我国古代前馈控制思想对现代社会管理的启示》一文编写。

早在五千年前和三千五百年前就发明了"龟卜"和"蓍筮"①的预测方法。从殷墟出土的大量甲骨文来看，当时人们无论生老病死、出行打仗，几乎逢事必占。《礼记·中庸》中甚至把预测的重要性推崇到极致——凡事预则立，不预则废。负责占卜（预测）的人地位亦是很高的，周王朝就开始在宫内设立龟官，专司预测之职，其地位不仅与御史相当，而且可以直接影响天子的言行，随时参与帝王的决策。由此可见，古时预测和预测者地位之高，前馈控制意识之强。虽然，古人当时的"神灵性预测"方法②是愚昧的，但其努力预知吉凶、趋利避害的前馈控制意识是值得肯定的。

随着社会文化的进步，古人逐渐摒弃愚昧的神灵性预测方法，经由经验性预测向趋于科学的哲理性预测发展。在这一过程中以《孙子兵法》为代表的"庙算在先"的思想，对前馈控制特别具有启迪意义。《孙子兵法·计篇》深刻指出："夫未战而庙算胜者，得算多也；未战而庙算不胜者，得算少也。多算胜，少算不胜，而况于无算乎！"③什么是"庙算"？曹操在《十一家注孙子》中说就是"选将、量敌、度地、料卒、远近、险易，计于庙堂也"。孙子还认为："兵者，国之大事也。死生之地，存亡之道，不可不察也。"④"察"什么？也就是"计于庙堂"的内容是什么？这是决定战争胜负的基本因素，用今天的话语来讲就是察前馈控制的主要因素。孙子将这些因素概括为"五事七计"（五事：一曰道，二曰天，三曰

---

①　阎耀军：《社会预测学基本原理》，社会科学文献出版社，2005，第 19 ~ 23 页。

②　阎耀军：《社会预测学基本原理》，社会科学文献出版社，2005，第 19 ~ 25 页。

③　施芝华：《孙子兵法新解》，学林出版社，2000，第 2 页。

④　施芝华：《孙子兵法新解》，学林出版社，2000，第 1 页。

地，四曰将，五曰法；七计：主孰有道，将孰有能，天地孰得，法令孰行，兵众孰强，士卒孰练，赏罚孰明）。孙子在两千多年前就能对战争胜负的基本因素提出这样系统的前馈控制，不能不令今人感佩和汗颜。孙子这种谨察慎战，预算胜负，通过庙算实施前馈控制的做法和思想精髓，应该是我们今天进行社会管理必须认真领悟的。

第二节　采诗考政，体察民意

言为心声，行由心动。古人很早就意识到了解民众的想法，随时掌握民意，对于治理国家而言，控制民众的行为是一件极为重要的事情。所以，早在三千年前的西周，统治者们为了了解民意，观察时政得失，以便更好地维护自己的统治地位，就设有一种被称为"采诗"的民意调查制度，其具体做法就是在朝廷中设立一种叫"采诗官"的职务，并派这些人常年巡游各地，专门在民间采集歌谣民谚，汇编成集并层层上报。① 我国古代第一部诗歌总集——《诗经》中的《国风》，实际上就是由此而来的。例如其中脍炙人口的《魏风·硕鼠》②，现在的人们把它当成先秦文学作品，而在当时，却是被当做一条反映当地民意的信息来收集的。正如《汉书·艺文志》所说："哀乐之心感而歌咏之声发，诵其言谓之诗，咏

---

① 《食货志》曰："孟春之月，群居者将散，行人振木铎徇于路以采诗，献之大师，比其音律，以闻于天子。"《春秋·公羊传》曰："乡移于邑，邑移于国，国以闻天子。"

② 见于《诗经·国风·魏风》，是魏国的民歌，人民用硕鼠讽刺当政者，表达了奴隶的反抗和对理想国度的向往。"硕鼠硕鼠，无食我黍！三岁贯女，莫我肯顾。逝将去女，适彼乐土。乐土乐土，爰得我所！"

其声谓之歌。故古有采诗之官，王者所以观风俗，知得失，自考正也。"这里已经很清楚地说明，古代王朝"采诗"的主要目的并不是繁荣文学创作，而是了解民意以观政治之厚薄，为统治者的政治决策服务。

采诗，谓采取怨刺之诗也。当时周王朝设置的这种采诗制度，可以说是现代民意调查制度和当代舆情调查制度的渊源所在。这种制度在前馈控制中所发挥的作用，在著名诗人白居易的诗作《采诗官》中得到很好的佐证：

采诗听歌导人言。
言者无罪闻者诫，
下流上通上下泰。
周灭秦兴至隋氏，
十代采诗官不置。
郊庙登歌赞君美，
乐府艳词悦君意。
若求兴谕规刺言，
万句千章无一字。

不是章句无规刺，
渐及朝廷绝讽议。
诤臣杜口为冗员，
谏鼓高悬作虚器。
一人负扆常端默，
百辟入门两自媚。
夕郎所贺皆德音，
春官每奏唯祥瑞。
君之堂兮千里远，

君之门兮九重闭。
君耳唯闻堂上言，
君眼不见门前事。
贪吏害民无所忌，
奸臣蔽君无所畏。
君不见厉王胡亥之末年，
群臣有利君无利。
君兮君兮愿听此，
欲开壅蔽达人情，
先向歌诗求讽刺。

以上情况充分说明，作为一种制度化的前馈控制措施和办法，我国周代的"采诗制度"具有开先河的意义。

第三节　见几而作，不俟终日

古人主张一旦发现事情的微动之几，便应立即采取相应的行动，不要待到事情已经发展到无可救药时才手忙脚乱被动应对；同时还认为，如果能够在管理活动之初就注意研究并把握各种哪怕是十分微小的扰动因素，便能掌控事物运行全过程的主动权，从而获得管理的成功。这一思想主要体现在《易经》和《韩非子》等典籍中。

《易·系辞下》说："君子见几而作，不俟终日。"① 这里所谓的"几"，就是事物运行过程之初刚刚显露出的端倪、征兆。用现代的话来说就是即将或者有可能输入系统的扰动因素。而这些扰动因素又往往只是一种细微的变动，即微动之几，不仅不易为人所察觉，而且或吉或凶之后果却又蕴含其中。因此要想把握这些微动之几，就必须注重"研几"，即对那些将输入系统的微小变量进行分析研究。《易·系辞上》说："夫《易》，圣人之所以极深而研几也。惟深也，故能通天下之志；惟几也，故能成天下之务。"② 这就是说，凡是成功的管理者，都是注重"研几"的，只有把握了微动之几，才能实施前馈控制，才能"成天下之务"。

这种"见几而作，不俟终日"的前馈控制思想在韩非子那里有着更为生动的体现：

> 扁鹊见蔡桓公，立有间，扁鹊曰："君有疾在腠理，不治将恐深。"桓侯曰："寡人无疾。"扁鹊出，桓侯曰："医之好治不病以为功。"居十日，扁鹊复见，曰："君之病在肌肤，不治将益深。"桓侯不应。扁鹊出，桓侯又不悦。居十日，扁鹊复见，曰："君之病在肠胃，不治将益

---

① 高亨：《周易大传今注·系辞下》，齐鲁书社，1979，第575页。
② 高亨：《周易大传今注·系辞上》，齐鲁书社，1979，第534页。

深。"桓侯又不应。扁鹊出，桓侯又不悦。居十日，扁鹊
望桓侯而还走。桓侯故使人问之，扁鹊曰："疾在腠理，
汤熨之所及也；在肌肤，针石之所及也；在肠胃，火齐之
所及也；在骨髓，司命之所属，无奈何也。今在骨髓，臣
是以无请也。"居五日，桓侯体痛，使人索扁鹊，已逃秦
矣。桓侯遂死。①

这个故事说明，任何败局的形成都有一个由量变到质变、
由隐匿向显著发展的过程，而败局的形成往往有多次实施前馈
控制的机会。桓侯之病由腠理而至肌肤，由肌肤而至肠胃，由
肠胃而至骨髓，终于陷入了无可挽回的绝境。正是因为他没有
"见几而作"，听从扁鹊实施"前馈控制"的建议（病在表皮，
用药物热敷可治；病在肌肉，用针灸可治；病在肠胃，用火剂
可治），以至病入膏肓。

第四节　未乱先治，　图难于易

为什么要"见几而作"？两千五百多年前的大哲学家老子
深刻指出："其安易持，其未兆易谋，其脆易泮，其微易
散。"② 意思是说，当事物尚处于稳定状态的时候，容易掌握；
当事物尚未显露出变化征兆的时候，易于谋划；当事物尚处于
脆弱状态的时候，易于溶解；当事物尚处于细微阶段时，易于
消散。老子在这里深刻地表达了"图难于其易""为大于其

---

① 商鞅、韩非著《商君书·韩非子喻老第二十一》，张觉点校，岳麓书社，
　　1990，第136页。
② 李耳：《道德经》，北京出版社、文津出版社，2004，第135页。

细"的辩证思想，为我们指出了一条以极小的管理成本取得成功的思路，这就是"为之于未有，治之于未乱"。① 老子这种主张未乱而先防先治的思想，其实就是对现代前馈控制理论的精彩诠释。

老子这种"未乱先治，图难于易"的前馈控制思想，在古代中医学中亦有极其精彩的反映。中医认为：病在几微之际难知而易治，一旦昭著则易知而难治。所以，《素问·阴阳应象大论》说："邪内之至也，疾如风雨，故善治者治皮毛，其次治肌肤，其次治筋脉，其次治六腑，其次治五脏。治五脏者，半死半生也。"② 意思是说，病在皮毛，证候不明显，非精细观察不可能得知，如果及时治疗，病变初起即除，自然不会深入扩散。否则，入于肌肤，转而筋脉，而六腑，直至侵入五脏，使人处于半死半生之危地，即使得以存活，元气已经备受损伤了。《素问·四气调神大论》中说："是故圣人不治已病治未病，不治已乱治未乱，此之谓也。夫病已成而后药之，乱已成而后治之，譬犹渴而穿井，斗而铸锥，不亦晚乎!"③ 这里以"渴而穿井"作喻，来表现凡事不能谋划在先、临时抱佛脚的窘态。而西方现代医学也证明，人类很多疾病其实都不是严格意义上的病，只是缺水而已，所以不要等到口渴了才去饮水。二者虽不在同一层次，却也可相互印证。张介宾说："祸始于微，危因于易，能预此者，谓之治未病，不能预此者，谓之治已病，知命者，其谨于微而已矣。"④ 微者，动之几也，病未形而及时治之，用力少而成功多。

————————

① 李耳：《道德经》，北京出版社、文津出版社，2004，第135页。
② 《素问》，《四库全书》影印本。
③ 《素问》，《四库全书》影印本。
④ 《类经》卷一，《四库全书》影印本。

第五节　令人知事，明其法禁

在各种社会控制方法中，法律无疑是最强有力的控制手段。古代法家思想对社会控制做出过卓越贡献。法家起源于春秋时期齐国的管仲与郑国的子产，发展于战国时的李悝、商鞅、申不害、慎到，集大成于战国末期的韩非。发掘法家的预控管理思想，应当对探索和改善现代社会管理具有深刻的现实意义。

长期以来，我们在法律实践领域中，法的功能囿于或偏重于惩罚，强调治患于已然，而忽视防患于未然，其结果不免导致治标而不治本的单一功能主义。其实从法哲学的角度看，法律具有双重的功能，既能对已然之事作出评判和处断，又可对未然之事进行预防与防范，即本书所说的预控。孟德斯鸠曾经说过："一个良好的立法者关心预防犯罪，多于惩罚犯罪，注意激励良好的风俗，多于施用刑罚。"[①] 其实我国古代法家早已注意并且强调了法的预控作用。《管子》说，"法者所以兴功惧暴也，律者所以定分止争也，令者所以令人知事也，法律政令者，吏民规矩绳墨也。"[②] 这句话实际上涉及了法律的规范和预控作用。可以这样理解：法律是通过发挥其"令人知事"和"规矩绳墨"等规范作用来实现其"兴功惧暴"和"定分止争"的社会目的。《韩非子》把"明其法禁，察其谋

---

① 〔法〕孟德斯鸠：《论法的精神》（上），张雁深译，商务印书馆，1959，第98页。
② 李山译注《管子》，中华书局，2009。

计"① 作为预控的方法之一。意思是审明法律政令,审察谋划计策,让民众都了解清楚,这样官吏就不敢不依法办事,百姓也就乐于为官府所用。韩非还用一个故事来说明使人们"明其法禁"对于预控犯罪的重要性。这个故事说:"董阏于为赵上地守。行石邑山中,见深涧,峭如墙,深百仞。因问其旁乡左右曰:'人尝有入此者乎?'对曰:'无有。'曰:'婴儿盲聋狂悖之人,尝有入此者乎?'对曰:'无有。''牛马犬彘,尝有入此者乎?'对曰:'无有。'董阏于喟然太息曰:'吾能治矣。使吾法之无赦,犹入涧之必死也,则人莫之敢犯也,何为不治?'"② 商鞅指出:"民信其赏,则事功成;信其罚,则奸无端。"③ 可见古人很早就注重法律的教育功能对于预控管理的重要意义。以上法家人物所言,其实就是我们今天所说的"普法"工作。可见法律的预防作用主要是通过法律的明示作用(即"明其法禁")和执法的效力以及对违法行为进行惩治力度的大小来实现的。"明其法禁"可以使人们知晓法律而明辨是非,即在人们的日常行为中,什么是可以做的,什么是绝对禁止的,触犯了法律应受到的法律制裁是什么,从而预先规范自身的行为。

邓小平同志对包括法律(法制)在内的制度的预控作用具有更加深刻的认识。他指出:"我们过去发生的各种错误,固然与某些领导人的思想、作风有关,但是组织制度、工作制度方面的问题更重要。这些方面的制度好可以使坏人无法任意横行,制度不好可以使好人无法充分做好事,甚至会走向反面。""不是说个人没有责任,而是说领导制度、组织制度问题更带有根本性、全局性、稳定性和长期性。这种制度问题,

---

① 王先慎、锺哲:《韩非子集解:新编诸子集成》,中华书局,1998。
② 王先慎、锺哲:《韩非子集解:新编诸子集成》,中华书局,1998。
③ 石磊译注《商君书》,中华书局,2009。

关系到党和国家是否改变颜色，必须引起全党的高度重视。"①

第六节 曲突徙薪，预控为重

危机的发生有偶然性，也有必然性。偶然性往往寓于必然性之中。因此，古人主张在管理活动中要大胆假设可能出现的问题，并事先采取措施以防不测，而且更为深刻的是，古人认为这种事先的预防与预控要比事后的应急补救更为重要。这一思想在《汉书·霍光传》所记载的"曲突徙薪"故事中有着生动而深刻的体现：

> 客有过主人者，见其灶直突，傍有积薪。客谓主人："更为曲突，远徙其薪；不者，且有火患。"主人嘿然不应。俄而，家果失火，邻里共救之，幸而得息。于是杀牛置酒，谢其邻人，灼烂者在于上行，余各以功次坐，而不录言曲突者。人谓主人曰："乡使听客之言，不费牛酒，终亡火患。今论功而请宾，曲突徙薪亡恩泽，焦头烂额为上客耶？"主人乃寤而请之。②

这个故事所讲的是一个更加典型的前馈控制的案例，而且把前馈控制和反馈控制的优劣和重要性做了鲜明的比较：把烟囱改弯不使火星蹿出，使柴草远离烟囱不使接触火源，是防止火灾发生的前馈控制；发生火灾，再去救火，是反馈控制。结

---

① 《邓小平文选》，人民出版社，1983，第292页。
② 班固：《汉书》卷六八，《霍光金日磾传第三十八》，岳麓书社，1993，第1262页。

论是评论功劳，首先应当奖励提出"曲突徙薪"建议的人，而不是救火被烧伤的人。唐末诗人周昙曾就此事大发感慨："曲突徙薪不谓贤，焦头烂额飨盘筵。时人多是轻先见，不独田家国亦然。"① 联想我们现在的社会管理，我们奖励了多少"救火英雄""抗洪英雄""抗震英雄"……但至今我们还没听说过奖励名目中有过"防火英雄""防洪英雄""防震英雄"……中央从十六届三中全会以来的连续四次全会中反复强调要建立健全社会预警体系和应急管理机制。可是在近十年来，我们似乎并没有奖励过那些在"预警"方面做出过贡献的人，而是把"应急"放在了十分突出的位置。在我们的管理文化中的大多数情形是：当危机处置成功后，参与处理危机者往往得到奖掖；而危机出现前的预见者，常常是不受欢迎的人。这种"重应急、轻预警"，"曲突徙薪亡恩泽，焦头烂额为上客"的思维和行为定式，造成一种很不好的管理文化氛围。"若嘉徙薪客，祸乱何由生"。曲突徙薪的故事的确很值得我们深刻反思。

第七节　先戒为宝，宁可虚防

反馈控制的最大缺陷是在问题出现到问题得到控制之间有一段"时间滞差"，在这个时滞中，"问题"的量和质都可能发生很大变化。所以，尤其是对"大滞后系统"，反馈控制甚至很难奏效。但是反馈控制也有很大的优点，就是它的"实在性"或"确定性"。相反，前馈控制虽能防患于未然，但是它有一个很大的缺点就是"虚拟性"和"不确定性"。也就是

---

① 《全唐诗》卷一〇二～七二八。

说，你事先防备的事件并不一定实际会发生，或者说即便会发生，概率也是比较低的。这样就带来一个前馈控制的投入成本值不值的问题，对于官员来说就是投入后如何产生"政绩"的问题。因此较短的治政周期（一般是五年换届，最长不得连任两届）和较长的危机发生周期（一般是十年、几十年甚至上百年一遇）就形成了一种博弈。其结果是多数管理者采取短期行为，将管理资源主要投入见效快的所谓"政绩工程"，而对那些带有很大不确定性的危机的出现心存侥幸。对此《吴子》《心书》和《兵经》等古籍中的观点应引以为戒。

《吴子》曰："夫安国家之道，先戒为宝。今君已戒，祸其远矣。"[1] 三国时期，诸葛亮集政治家与军事家智慧于一身，著《心书》警示人们："国之大务，莫先于戒备。"[2] 《左传》讲："居安思危，思则有备，有备无患。"[3]《盐铁论》卷八讲："事不预辨，不可以应卒。内无备，不可以御敌。"宋代许洞《虎钤经·三才随用》讲："善用兵者，防乱于未乱，备急于未急。"[4]《兵经》认为：古人指挥部队作战，历经千险，平安无患，并不一定都有超群出奇的智谋，不过能预先有所准备罢了。如果做了预案而敌人并未来犯，也不必遗憾，"宁使我有虚防，无使彼得实尝"。[5] 古人这些对于前馈控制和反馈控制的利弊权衡，应该值得我们当今的社会管理者效仿。

---

[1] 吴起、李硕之：《吴子浅说》，《图国第一》，解放军出版社，1986，第9页。

[2] 诸葛亮：《心书译析》，索宝祥译，民族出版社，2000，第56页。

[3] 左丘明：《左传译文·襄公十一年》，沈玉成译注，中华书局，1981，第279页。

[4] 《四库全书》影印本。

[5] 李炳彦：《兵经释评·智部·拙》上卷，解放军出版社，1987，第48页。

第八节 不战而胜， 先发制人

反馈控制作为一种事后控制方式，其最大问题是控前损失无法挽回；前馈控制作为一种事先控制，其最大优点在于可以不战而胜。《孙子兵法》中"不战而屈人之兵"的战略思想，不仅在世界军事史上是公认的具有独创性的思想，而且将其引申到社会管理中来，同样具有深邃的启发和创意。战而屈人之兵是反馈控制，不战而屈人之兵是前馈控制。"百战百胜，非善之善者也；不战而屈人之兵，善之善者也。"① 以此审视我们的社会管理工作，我们年复一年何止要处理成百上千起突发事件，可是按照孙子的观点，对这众多突发事件的成功处置，并非是"善之善者"；而能够预先采取措施，不使这些突发事件发生，才称得上是"善之善者"。

不战而胜的命题中包含先发制人的意蕴，或者说欲求不战而胜必须先发制人。《兵经》将先发制人归纳为"四先"："兵有先天，有先机，有先手，有先声。师之所动而使敌谋沮抑，能先声也；居人己之所并争，而每早占一筹，能先手也；不倚薄击决利，而预布其胜谋，能先机也；子无争止争，以不战弭战，当未然而浸消之，是云先天。先为最，先天之用尤为最，能用先者，能运全经矣。"② 《兵经》这里所说的以无争止争、以不战弭战的思想，不仅与孙子"不战而屈人之兵"的思想高度契合，而且进一步认为要做到这一点就必须掌握先天之

---

① 施芝华：《孙子兵法新解》，学林出版社，2000，第88~89页。
② 李炳彦：《兵经释评·智部》上卷，解放军出版社，1987，第6页。

机。扪心反思，我们在社会管理中又该如何去把握这些先机呢？

第九节　仿真模拟，推演结局

在古代前馈控制的思想和实践中，真正使前馈控制的方法向实证方向推进的是墨子。《墨子·公输篇》记载的墨子止楚攻宋的故事就具有典型意义。这个故事大致如下：

> 公元前440年，公输盘为楚国造了云梯等各种攻城器械。造成后，将用它攻打宋国。墨子听说了，就从齐国起身，行走了十天十夜才到楚国国都郢，会见公输盘。公输盘说："您将对我有什么吩咐呢？"墨子说："北方有一个欺侮我的人，愿借助你杀了他。"公输盘不高兴。墨子说："我愿意献给你十镒黄金。"公输盘说："我奉行义，决不杀人。"墨子站起来，再一次对公输盘行了拜礼，说："请让我向你说说这义。我在北方听说你造云梯，将用它攻打宋国。宋国有什么罪呢？楚国有多余的土地，人口却不足。现在牺牲不足的人口，掠夺有余的土地，不能认为是智慧。宋国没有罪却攻打它，不能说是仁。知道这些，不去争辩，不能称作忠。争辩却没有结果，不能算是强。你奉行义，不去杀那一个人，却去杀害众多的百姓，不可说是明智之辈。"公输盘服了他的话。墨子又问他："那么，为什么不取消进攻宋国这个计划呢？"公输盘说："不能。我已经对楚王说了。"墨子说："为什么不向楚王引见我呢？"公输盘说："行。"

墨子见了楚王，说："现在这里有一个人，舍弃他的华丽的丝织品，邻居有一件粗布的短衣，却打算去偷；舍弃他的美食佳肴，邻居只有糟糠，却打算去偷。这是怎么样的一个人呢？"楚王回答说："这人一定患了偷窃病。"墨子说："楚国方圆五千里，而宋国方圆五百里，这就像彩衣与破车相比。楚国有云楚大泽，犀、兕、麋鹿充满其中，长江、汉水中的鱼、鳖、鼋、鼍富甲天下，宋国却连野鸡、兔子、狐狸都没有，这就像美食佳肴与糟糠相比。楚国有巨松、梓树、楠、樟等名贵木材，宋国连棵大树都没有，这就像华丽的丝织品与粗布短衣相比。从这三个方面的事情看，我认为楚国进攻宋国，与有偷窃病的人同一种类型。我认为大王您如果这样做，一定会伤害道义，却不能据有宋国。"楚王说："好啊！虽然这么说，但公输盘已经给我造了云梯，我一定要攻取宋国。"

　　于是又叫来公输盘见面。墨子解下腰带，围作一座城的样子，用小木片作为守备的器械。公输盘九次陈设攻城用的机巧多变的器械，墨子九次抵拒了他的进攻。公输盘攻战用的器械用尽了，墨子的守御战术还有余。公输盘受挫了，却说："我知道用什么办法对付你了，但我不说。"楚王问原因，墨子回答说："公输盘的意思，不过是杀了我。杀了我，宋国没有人能防守了，就可以进攻。但是，我的弟子禽滑厘等二百人，已经手持我守御用的器械，在宋国的都城上等待楚国侵略军呢。即使杀了我，守御的人却是杀不尽的。"楚王说："好啊！我不攻打宋国了。"

　　以上这个故事，从我们研究前馈控制的角度来看，其精要之处就在于墨子采取了仿真模拟，预先推演出战争结局的方法:"解带为城,以牒为械。公输盘九设攻城之机变,子墨子九距之。① 公输盘之攻械尽,子墨子之守圉有余,公输盘诎",最后迫使楚王曰:"善哉!吾请无攻宋矣。"这个发生在中国两千四百多年前的故事,可以看作建立在现代高端科技基础上的前馈控制技术——兵棋推演和政策模拟方法的源头。

诚然,古代社会与当代社会具有巨大的差别,古人的管理智慧无疑有其历史局限性,尤其是其管理思想往往局限于某一具体领域,但是我们如果细细揣摩这些穿越数千年历史的管理思想精髓,不难发现其早就具有从某一具体的管理领域扩展到其他更广泛领域的意义,而且尤其对于当今的社会管理创新,更具有极其睿智的光辉。

第十节 锦囊妙计,依次而行

《三国演义》虽说是罗贯中的演义之作,其中有些故事要作为史实来考量可能不足为凭,但是作为一种思想完全可以借鉴和传承。《三国演义》中的预控思想反映最为传奇和最为精彩的当属诸葛亮的"锦囊妙计,依次而行",这对我们现今的突发事件应急预案管理具有极大启发。

所谓锦囊妙计,就是领导者根据对事态发展进程的预测,将事先谋划好的应对策略密封于织锦的口袋里,让执行者在执行任务过程中遇到紧急情况即可打开查看相应对策的一种"应急预案"。在《三国演义》中诸葛亮使用计策无数,但锦

---

① 总数是九种方法,但记录下来的只有三种:一个用云梯攻城,一个就用火箭烧云梯;一个用撞车撞城门,一个就用滚木礌石砸撞车;一个用地道,一个就用烟熏。

囊妙计只用过三次。第一次是对周瑜；第二次是对司马懿；第三次是对魏延。① 其中以第一次最为精彩。当时刘备、诸葛亮趁周、曹厮杀之际，占领东吴属地荆州，引起东吴不满。为向刘备讨还荆州，东吴大都督周瑜向孙权献美人计：趁刘备丧偶，以孙权之妹为诱饵，以招亲之名赚刘备到南徐，将其囚禁，以索讨荆州。诸葛亮将计就计，让刘备娶亲并给护驾的赵云三个锦囊，教赵云"依次而行"。第一个锦囊到南徐后打开看，其对策是：大肆宣扬婚讯搞得满城风雨，并借孙权之母、周瑜丈人之力，迫使对手骑虎难下，弄假成真；第二个锦囊待刘备迷恋新婚生活时打开看，其对策是：谎称曹操攻打荆州，骗泡在温柔乡里的刘备赶紧回去处理突发危机事件；第三个锦囊在遇到东吴追兵阻拦时打开看，其对策是：让刘备向自己的新婚妻子（孙权的妹妹）讲明真相，利用孙夫人的威慑力摆平东吴追兵。结果，使东吴"赔了夫人又折兵"。

看看诸葛亮的这种"下棋看三步"的连环性预控对策，实在是应该反思当下在各个部门和单位都非常时髦的"应急预案"的浅薄。

抚今追昔，细细揣摩这些穿越数千年历史的预控思想精髓，不难发现其对于当今社会管理创新的启迪意义。诚然，古代社会与当代社会差别巨大，其预控思想难免有其历史局限性，但是其强烈的超前控制意识及其睿智哲思，却不得不令今人感佩之至。

---

① 参见《三国演义》第五十四回、第五十五回、第九十九回、第一百零四回。

第四章 现当代国内外对前馈控制科学方法的探索

前馈控制的思想和做法虽说古已有之，但是采用现代科学方法进行前馈控制的探索，却是近几十年的事。这些科学方法主要有社会指标方法、情景分析方法、计算机仿真方法、风险评估方法、政策模拟方法和网格化管理方法等。对此由于篇幅和笔者知识的局限，不可能在本章中一一详述，仅择其要者予以介绍。

第一节 社会指标方法

社会指标（Social Indicators）是指反映社会现象的数量、质量、类别、状态、等级、程度等特性的项目，如国民生产总值、人口自然增长率、人均地方财政收入、每百户拥有电视机数、工业废水处理率、每万人口犯罪人数、职业满意度、社会安全感等。社会指标是用来"判断社会在准则、价值和目标等方面表现"的依据，是"作为具有普遍社会意义的社会状况的指数"，是对经济指标的"补充"和"扩大"，是"在那些通常不易于定量测量或不属于经济学专业范围的领域内，为我们提供有关社会状况的信息"。①

所谓社会指标方法，简言之就是根据所要研究的对象，选取一系列有内在联系的指标并一一赋予权重值，组成特定的"测量体系"，来衡量、监测社会经济发展数量关系，研究社会经济发展各要素的现状、相互关系和发展趋势的方法。

一般认为，社会指标方法具有如下功能。

（1）描述功能。它是社会指标最基本的功能。社会指标对社会现象的反映总是以一定研究假设为指导的，而且有较强的选择性和浓缩性，即选择那些最重要、最有代表性的侧面来反映社会现象，力求把复杂的社会现象浓缩在有限的社会指标内。

（2）监测功能。它是反映功能的延伸，是动态的反映功能。监测功能有两类：一类是对社会运行情况的监测；另一类是对社会政策、社会计划执行情况的监测。

（3）比较功能。当用社会来衡量两个或两个以上认识对象的时候就具有了比较功能。比较功能可分为两类：一类是横向比较；另一类是纵向比较，即对不同时期同一认识对象的比较。

（4）评价功能。它是描述功能、监测功能、比较功能的深化和发展。描述功能、监测功能、比较功能只是社会指标的基础功能，评价功能才是社会指标的核心功能。

（5）预测功能。它是在评价的基础上，对社会现象未来发展趋势的预先测算。预测功能包括两个方面：一是社会发展预测，即对推动社会发展的社会现象的预测；二是社会问题预

---

① 朱庆芳、吴寒光：《社会指标体系》，中国社会科学出版社，2001，第3页。

测，即对阻碍社会发展现象的预测。

（6）计划功能。它是预测功能的延伸。计划功能可分为两类：一是发展的计划；二是防止或克服社会问题的计划。

由于社会指标方法对社会生活现状具有描述、监测、比较、评价、预测和计划的功能，这种方法一经出现，很快就被人们应用于对社会管理的前馈控制。

关于在社会管理中运用社会指标方法进行前馈控制的探索，在国外大体发轫于第二次世界大战之后的 20 世纪 60 年代中期，当时美国社会学家 R. A. 鲍尔（Raymond Bauer）出版了《社会指标》一书，人们开始结合控制论的思想理论，用构建社会预警指标体系的方法从事社会管理方面的前馈控制活动。其中 1961 年埃·蒂里阿基安（Tiryakian, Edward A.）提出了由都市化程度的增长、性的混乱及其扩张，对其进行社会限制能力的丧失，以及非制度化、合法化的宗教数量极大增长等三个方面构成的测量社会动荡发生的指标体系框架。20 世纪 60 年代末至 70 年代期间，F. 汉厄（F. T. Haner）提出了一个由外汇收入、外债、外汇储备、政府融资能力、经济管理能力、政府贪污、渎职程度等指标组成的综合反映政治、经济和社会风险的评价指标体系，即"富兰德指数"。德罗尔（Doror）提出"系统群研究"的分析方法，确立 12 项内容的指标体系，鼓励将社会预警的分析与前馈控制自觉结合。美国纽约国际报告集团提出由 24 个指标构成的叫做"国家风险国际指南"的风险分析指标体系。爱茨（Estes, Richard J.）对社会不稳定状态进行描述，把社会不稳定指标划分为社会组织中的精英人物专权、大众需求得不到满足的程度严重、社会资源日趋贫乏、政治动荡不安、家庭结构处于崩溃状态、传统文化力量处于崩溃状态等六个方面。以罗马俱乐部为代表的未来学派建立了一个涵盖人口、能源、原料、环境、水源、卫生、食品、教育、就业、经济发展、城市条件、居住环境等12个要素的综合社会预警模型，对未来100年后的世界进行了超前预警。20世纪80年代，布热津斯基（Zbigniew Brzezinski）提出由10个指标组成的"国家危机程度指数"对苏东剧变进行了预警。美国外资政策研究所提出的"政治体系稳定指数"，成为美国重要的前馈控制工具。美国以内布拉斯加（Nebraska）为代表的系统学派，研究出 AG‐NET 系统模型分析工具，对美国中西部六个州的区域社会管理实施全面的前馈控制。近年来，这种前馈控制的方法已成为联邦政府社会管理体系的基本组成部分。法国政府的"景气政策信号制度"规定，在"经济警告指标"（包括失业率、通货膨胀率、外贸入超率）三个指标中任何一个指标出现连续3个月上升1个百分点以上，政府必须自动在一定范围内采取相应的预控措施。目前诸如此类与预警相链接的前馈控制机制，在一些发达国家中已经比较成熟了。①

为了使读者进一步了解社会指标方法在前馈控制中的作用，我们在上述运用社会指标方法进行具有前馈控制性质探索的案例中，选取布热津斯基的"国家危机程度指数"做一个较为详细的介绍。

1989年我国军事科学院外军研究部翻译了美国前国务卿布热津斯基《大失败：二十世纪共产主义的兴亡》一书。书中披露了布氏在苏东剧变的前两年对一些共产党国家的社会危机预测（参见图3）。不知道当时这些国家的领导人是否看到了这本书或者是否相信其中的预测。如果当时能够采取前馈控

---

① 阎耀军：《现代实证性社会预警的探索》，《社会》2005年第242期。

制措施，相信能够不同程度地避免危机。

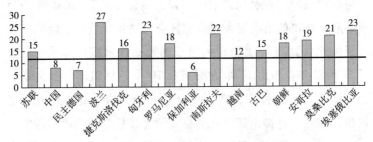

图3 布热津斯基用国家危机程度指数测量的结果

资料来源：根据军事科学出版社 1989 年出版的 Zbigniew Brzezinski 著、军事科学院外军研究部译《大失败：二十世纪共产主义的兴亡》一书提供的数据整理绘制。

图 3 中横贯全图的黑长线为预警线，也就是社会动乱和社会稳定之间的临界线。危机指数超过 10，表示有严重危机。图 3 中布氏所用的指标是：①社会主义已经丧失对人民群众的吸引力；②社会上对发展前景存在悲观情绪；③生活水平不断降低；④共产党士气低落；⑤宗教活动日趋活跃；⑥民族主义与意识形态发生抵触；⑦经济私有化势头很猛；⑧政治反对派在社会上积极活动；⑨自下而上地公开要求政治多元化；⑩在人权问题上政府采取守势。各项指标赋予的分值：很对 = 3分；对 = 2分；基本对 = 1分；不对 = 0分。

我国运用社会指标方法进行前馈控制的研究始于 20 世纪80 年代后期。当时由于苏东剧变的政治影响，以及体制改革和社会转型过程各种矛盾和社会问题的凸显，我国学者开始重视运用社会预警指标体系进行前馈控制研究。朱庆芳 1992 年提出"建立警报指标体系的构想"，设想了由四个方面 40 多个指标构成的"社会综合报警指标体系"。宋林飞 1989 ~ 1999

年连续对社会预警指标体系进行研究，最后提出由七大类 40 个指标构成的"社会风险监测与报警指标体系"。张春曙 1995 年针对上海市的情况对大城市的社会发展预警进行了研究，提出了由八大类 18 个警情指标组成的社会预警指标体系。仇立平等 2002 年提出由 17 个方面指数 70 个指标组成的社会稳定指标体系。阎耀军于 2003 年提出了由 55 个指标组成的社会稳定指标体系，并提出建立社会稳定预警预控管理系统的构想。

总之，运用社会指标方法不仅已经成为现代社会科学研究的重要趋势之一，而且更是人们在管理活动中实施前馈控制的一种重要工具和手段。但是综观数以百计的各类指标体系，其中除少数指标体系外，大多数指标体系的测量信度和效度都不尽如人意，有些指标体系甚至很难实施，这就使得其对于实施前馈控制的效用大打折扣。究其原因，除了社会系统自身的高度复杂性和不确定性之外，主要有以下几个方面。

（1）社会指标体系的构建缺乏可靠的理论前提。通常的情形是：不少指标体系的构建者，往往在对所要计量的社会现象缺乏深入定性分析的情况下，任意肢解和组合指标体系，致使所谓的定量研究的有机整体性丧失。这种在利用社会指标方法进行社会计量研究时忽略理论分析的做法，直接导致了众多缺乏充分理论支持的社会指标体系。笔者认为，社会指标体系绝不是指标的随意堆砌或简单罗列，任何一种科学的指标体系的建立，必须先有一个具体计量指标所赖以附着的基本框架，这个基本框架实际上就是针对特定对象而建立的一个理论解释系统，而一个具有理论说服力的解释系统，必须依靠其内在的逻辑结构，对这种逻辑结构的高度抽象表述即理论模型。理论模型是统率指标体系基本框架的灵魂，基本框架是支撑指标体系的骨骼，舍此便不能将众多指标组成有机整体，从而形成真正意义上的"指标体系"。为此笔者主张，任何社会现象指标体系的建立，必须首先完成理论模型的建构和依据理论模型的指标体系框架设计两个至关重要的步骤。①

（2）计量社会现象的操作系统不健全，致使社会指标体系缺乏运行的平台。如现行统计体制滞后，研究者通过精心研究设计的指标，在我们的统计部门中无法得到相应数据；加之数据信息开放度低，常常使得依赖指标数据才能进行研究的项目陷入"无米之炊"的窘境；社会调查机构发育不全，相关专业社会计量机构缺位；等等。总之，由于诸如此类的原因，社会指标体系这种测量工具，往往难以真正有用武之地。

（3）"预警"和"预控"脱节。如果把前馈控制划分为"预警"和"预控"两个阶段的话，那么我们会看到，就我国来说，我们的社会指标体系研究基本上可以说还是停留在预警阶段。在经济方面，我们预警之后的预控做得还比较好，但是在社会方面，预警之后的预控却存在着很大的问题。学者们认为，他们运用社会指标体系研究的任务是发现和指出风险问题，而如何对这些风险进行控制，那是政府官员们的事情，因此多疏于超前控制的研究。从实践上看，政府官员们对学者们的那些"耸人听闻"的风险预警，也只是姑妄听之。由于缺乏一种约束机制，尤其是具有刚性的制度约束，他们对一些风险评估往往敬而远之，认为是自己任期内解决不了或无须解决的问题。我们认为，这种社会指标研究和运用中预警和预控之间衔接上的缺失，是一种必须予以解决的机制性障碍。

---

① 阎耀军：《社会稳定的计量与预警预控系统的构建》，《社会学研究》2004 年第 3 期。

第二节　情景分析方法 *

　　"情景"通常指有情节的动态的事件，比如电影场景、小说描述的情景等，它一般被理解为人的大脑对于某个时间段内的某个场面的想象或回忆。Scenario（"情景"）一词最早出现于 1967 年 Hermen Kahn 和 Wiener 合著的《2000 年》一书中。他们认为未来是多种多样的，对可能出现的未来以及实现这种未来的途径的描述便构成了一个情景。① 德国卡塞尔（Kassel）大学环境系统研究中心 J. Alcamo 和 T. Henrichs 起草的《环境情景分析草纲》的讨论稿中，提到了近十种关于"情景"的定义：情景是为了强调因果过程和决策点而构造的一系列假设事件（Kahn and Wiener，1967）；情景是指一系列将会出现的各种事实，或者是指一些行动、事件的计划过程；情景是关于未来可能结果的一系列自圆其说的假设或观点，它不是一种预测，而是一种未来可能出现的结果（Potter，1985）；"一种对可选择未来环境的理解，在这个关于未来的环境里，某一种决策可能被实施的过程"（Schwartz，1996）；"一组适当的、似是而非的，但结构不同的未来"（Van Der Heijden，1996）；情景是关于对未来不同设想的原汁原味的描述，这些设想可以是根据内心所能够反映的，关于过去、现在及未来发展的不同观点的模型及其构造（Otmans and Van Assek，1997）；情景是具有关于可能出现的未来、合乎逻辑的情节以及描述的故事，包

　　＊　本节内容主要根据阎耀军指导的研究生侯静怡的硕士论文编写。

　　①　张向龙、王俊、杨新军、孙晶：《情景分析及其在生态系统研究中的应用》，《生态学》2008 年第 27 期。

括未来的想象以及导致这些未来情形的一系列事实描述（Raskin and others，2002）；情景是对可能出现的未来实现过程的描述，反映出关于现有趋势将要如何发展，主要的不确定性因素会如何产生影响，以及新的因素如何开始产生影响的不同假设（UNEP，2002）①。

从以上对"情景"的各种定义中我们不难看出，其实"情景"就是指在对未来的研究中，对于事物所有可能的未来发展态势的描述，这里描述的内容既包括对各种态势基本特征所进行的定性和定量描述，也包括对各种态势发生可能性以及导致这种可能性出现的途径所进行的描述。通过这些描述，勾画未来发展的情景。

由此可见，"情景分析方法"（Scenario Analysis）就是一种对可能出现的未来图景进行分析的方法。情景分析法最早是由赫尔曼·凯恩于20世纪50年代在兰德（RAND）公司引入的一项工作计划之中提出的。② 情景分析方法又称脚本法，原是电影创作中的一个专用术语，它的原意是指根据一系列假想的情景编写而成的一个自圆其说的故事。情景分析方法是继1973年能源危机后兴起的一种有效预测和控制未来的方法，它主要通过①确定情景主题、②识别关键影响因素、③构建多维情景框架、④情景检测和评价等主要步骤来预测各种态势的产生，并比较分析可能产生影响的整个过程。一般认为情景分析方法有如下特点。

（1）情景分析作为一种面向未来研究的思维方法，承认未来的发展是多样化的，有多种可能的发展趋势，其预测结果

---

① 宗蓓华：《战略预测中的情景分析法》，《预测》1994 年第 2 期。
② 于红霞、汪波、钱荣：《情景分析在在企业发展战略中的应用研究》，《科技管理研究》2006 年第 11 期。

也将是多维度的。

（2）情景分析法承认人在未来发展中的"能动作用"，把分析未来发展中决策者的愿望和意志作为情景分析的一个重要方面。

（3）情景分析过程中还特别注重对系统发展起重要作用的关键影响因素以及协调一致性关系的分析。

（4）情景分析在定量分析中嵌入了大量的定性分析，以指导定量分析的准确进行，所以是一种融定性分析与定量分析于一体的预测方法。

（5）情景分析是一种对未来研究的系统思维方法，其所使用的技术、方法和手段大都来源于其他相关学科。情景分析方法的分析重点在于如何有效获取和处理专家的经验知识，这使得其具有心理学、未来学和统计学等学科的综合特征。

由于情景分析具有以上特征，使其不仅能够解决研究中未来发展的不确定性问题，而且能够充分考虑人的主观能动性在事物发展过程中所发挥的作用，对未来实施前馈控制。

运用情景分析方法对未来实施前馈控制，最早始于20世纪60年代美国军事部门。1964年，美国国防部在罗伯特·表克纳马拉的领导下，对未来潜在的政治冲突和军事冲突，以及与之相联系的军事力量规模进行了研究，通过假想的几种潜在的政治和军事冲突形势进行应急战争计划分析，测算出了对相应军事力量规模的要求，并就各种可能性编写出规划脚本，这可以说是早期的情景分析。

20世纪70年代初期，一些大公司，如兰德、荷兰皇家壳牌等公司在制定企业的战略规划时，就使用了情景分析方法。他们运用情景分析方法对公司可能的未来情景进行分析和研究，从而成功避免了20世纪70年代和80年代的两次石油危机冲击。壳牌公司对情景分析方法的成功使用，使得该方法的应用范围明显扩张，从 20 世纪 80 年代开始，很多大企业和大财团在面临竞争者行为的不确定性时，都用情景分析方法来研究产业结构和公司的布局。据调查显示，20 世纪 80 年代中期，欧洲和美国的大公司大约有一半已经使用情景分析方法来支持公司的长远战略规划。到了 20 世纪 90 年代，一些非营利组织和政府代理机构等，都出现了应用情景分析方法来规划其未来发展从而实施前馈控制的案例。①

　　进入 20 世纪 70 年代后，受石油危机的强烈冲击，西方国家急剧通货膨胀和高失业率等各种社会、经济动荡，使得企业的生存环境变得更加不确定，未来的前景也显得更加扑朔迷离。在这种情形下，人们越来越清楚地认识到，传统的趋势外推预测方法以及在此基础上制定的各种长远规划，由于缺乏对各种突发事件的应对能力以及对这种动荡环境的灵活适应性，已经远远不能满足企业的长期战略规划需要。所以，在 70 年代末期，著名的巴特尔研究所设计了一套较为系统的七步情景分析技术方法。它通过对情景主题的确定、影响区域的分析和构造、通往未来的路径、阐述环境情景以及对未来各种突发事件的应急能力进行灵敏度分析等步骤，为帮助决策者制定灵活的战略规划提供了一种有效的手段。1979 年，经济合作与发展组织出版了一本名为《未来之间》的研究报告。该报告运用情景分析法，研究了利益原则相互冲突的四种不同角色在不确定环境下的博弈行为。可以说，《未来之间》给出了一个运用情景分析方法进行前馈控制分

---

① 张向龙、王俊、杨新军、孙晶：《情景分析及其在生态系统研究中的应用》，《生态学》2008 年第 27 期。

析的良好案例。

80 年代以后，情景分析方法无论在企业还是在政府的战略研究中都得到了更广泛的应用。人们不仅运用情景分析方法进行企业的战略分析，而且在各类非营利组织中，也在探索各种竞争格局下如何制定发展战略。情景分析方法在其不断地发展和应用过程中，与其他各种定性和定量方法相融合，特别是和计算机技术的结合，已经使其成为一种有效地进行战略分析和实施前馈控制的工具。

总之，鉴于情景分析方法在对未来事物前馈控制方面的作用，这种方法日益被广泛采用。据美国佐治亚理工学院工业与系统工程系的一项调研表明，发达国家在 1980～1984 年有 43% 的研究应用了情景分析方法，1990～1994 年上升到了 63%；发展中国家 1980～1984 年情景分析方法的使用率为 40%，1985～1989 年增加到了 69%，1990～1994 年增加到了 86%。广泛的应用同时也促使情景分析方法自身的发展，提出了所谓的美国模式、法国模式、CEO 模式和欧洲共同体模式等。一些文章相继发表在 *Future*、*Management Science* 和 *Technongy Forcasting and Social Change* 等杂志上。综合这些研究，我们看到情景分析方法的优势和局限性如下。

——优势

（1）能够多渠道收集见解，超越机械模型的束缚，将无法量化表示的不确定性因素合并在一起。[1] 及时预见未来危机发展过程中的瓶颈和问题，帮助决策者在形式上去构想各种各

---

① 徐钰华、许军：《情景规划方法在选择项目方案时的应用研究》，《经营方略》2009 年第 9 期。

样可能性，使决策者及早预见危机的未来发展。对未来可能出现突发事件的影响做出迅速而且灵活的反应，并能及时采取有效的前馈控制行动消除或减轻其影响。

（2）考虑了多种合理的可能情景，覆盖了大范围可能的不确定性和外界输入。通过情景分析报告，可以简要提供对该危机的总体评价，并指出情景发生的各种可能性。可以帮助决策者预先制定相应的战略对策，调整部署，控制不利因素的产生，促使有利机会的出现，从而做出比较合理的战略规划。帮助决策者尽早发现机会，抓住可能会错过的未来机遇，预先制订应变计划，对未来形势发展和可能产生的突发事件，做出灵活快速并且适当的反应。

（3）能极其灵敏地观察外部环境变化，加深对于周围环境和作用机制的理解。情景分析方法能够使领导者清醒地意识到制定决策的风险程度，对未来做好多种准备，抓住机会或是回避风险。另外，更易使领导者的固有思维和心智模式发生改变，使组织应对变革的能力明显提高。

（4）情景分析方法适用于相对比较长期的战略规划。它能够将分析和预测结果与组织外部环境因素综合考虑，制定出比较合理的、适于组织长期发展的战略规划。

——局限性

尽管情景分析方法有很多优点，尤其是在描述未来发展情景时，具有其他方法所不能比拟的优越性，但是它并不是对任何组织都有效果，其应用也存在一定的局限性。

（1）没有逻辑上的一致性以及难以进行严格的检验，情景只是想象中的假设。例如，占主要地位的个人想法和组织集团思想会限制思考的范围；设想的情景可能反映的是连续的事件，而不是未来事物发展的可能性；许多输入和输出结果是无法定量衡量的。

（2）过程复杂。目前，许多企业组织都不再使用情景分析方法作为长期战略预测的工具，壳牌公司几乎是唯一一家运用情景分析方法取得巨大成功并保留这一技术的企业。造成这种状况的主要原因是，情景分析方法过程本身过于复杂烦琐。情景分析在一定程度上依赖于组织管理者的直觉而非程序化模式，操作起来比较困难，而且外部环境中一些极其重要的变化往往会随时间逐渐演变，不易察觉。

（3）近期效果不显著。情景分析方法作为组织长期战略预测的工具，短期内效果不明显。运用情景分析方法进行预测，一般需要组织高层管理者投入大量宝贵的时间，比如壳牌公司的计划部至少占用一半的工作时间来制定公司未来情景，常常经过几年的时间才能对情景分析方法建立深入的理解和信任，这也是曾经使用过情景分析方法的企业组织最终放弃这一方法的原因。

（4）受到组织传统模式的制约。某些组织的高层管理者，相信自己或外部专家来指导所有问题的答案。他们往往根据组织自身的过去经历来判断将要面对的未来，他们认为未来与过去之间是连续的，而不是跳跃式的发展。组织的计划部门习惯于使用传统的程序化模式进行预测，在这样的组织中，情景分析方法很难成功使用。①

综上所述，情景分析方法尚需作如下改进。

（1）还需要从理论角度，对情景分析方法的逻辑思维、路径情景、相关突发事件等做进一步的深入研究。

---

① 孙知明：《情景分析的战略贡献》，《战略研究》2002 年第 3 期。

（2）对情景分析方法的方法体系做一系统规范化的界定，包括情景分析所使用的技术方法、模型的评价等。特别指出的是，可以将情景分析方法和电子计算机技术相结合。以定性分析为主的情景分析方法将趋向定性与定量相结合，这是情景分析另一个重要发展趋势。对于某一特定的重大战略问题，由于存在大量的可能事件和未来发展趋势，要想获得满意的分析结果，往往需要进行大量的工作。通过人机交互式的计算机模拟来进行不同程度的情景分析，不仅加快了情景分析过程，而且由于每一种情景分析，都是基于先前的情景分析和决策，这样就拓展了情景分析的广度和深度，最终使得决策结果能够建立在更为坚实和可靠的分析基础之上。

（3）对情景分析方法的定量模型做进一步改进。目前涉及的技术模型主要有专家知识获取模型、交叉影响分析模型、情景缩减组合模型等，其中重点是交叉影响分析模型。情景分析与定量模型相结合，其目的是更有效地指导未来决策制定，以提升系统应对风险和诡异事件的能力，使情景分析成为应对复杂战略问题强有力的工具。

（4）将情景分析方法和传统预测技术方法相结合。这样情景分析方法就可以应用于各个专业领域的实际问题研究。

（5）形态日益多样化。情景分析作为一种新型的正在发展过程中的软系统方法，一方面随着现代经济、技术和社会环境的动态变革，以及在各种不同领域的战略规划和战略分析中的应用，其形态日益多样化，正日趋成为一种以概念模型为基础的软系统方法；另一方面，随着与复杂的系统分析技术和电子计算机技术的相互融合，情景分析已发展成为一种以计算机技术为主要手段的定量分析技术。

第三节　城市网格化管理方法 *

　　城市网格化依托统一的城市管理以及数字化的平台，将城市管理辖区按照一定的标准划分成为单元网格。通过加强对单元网格的部件和事件巡查，建立一种监督和处置互相分离的形式。对于政府来说其主要优势是政府能够主动发现，及时处理，加强和加快政府对城市的管理能力和处理速度，将问题解决在居民投诉之前。

　　城市网格化管理是在现代控制论基础上，综合利用移动通信和网络地图等高科技手段进行城市管理的新型管理模式，主要方法是对应城市实体空间建立网格化电子地图，在网格化的电子地图上，把城区划分成细密的网格（每个网格对应万余平方米的实体空间），然后按照一定的管理幅度再划定若干控制性单元作为管理区。区内的城市公共部件和事件均按其地理位置编码标定在电子网格地图上。每个管理区都专设监督员轮班巡查，对区内所辖各网格的城市设施、市容卫生、治安状况进行全时段监控，一旦发现问题，立即用"城管通"拍照传往指挥中心，指挥中心核实后再发往相关职能部门并限时解决。城市网格化管理与服务系统是对城市实行数字化管理模式的一种新探索，是我国数字城市技术应用领域的重大突破，在国际上也处于领先地位，被微软总裁比尔·盖茨公开盛赞为城市管理新模式的"世界级案例"。

---

　　* 本节根据阎耀军在《城市问题》2006 年第 2 期已发表的论文《城市网格化管理的特点及其启示》编写。

城市网格化管理作为一种新兴的现代化城市管理模式，由北京市东城区首创。他们运用电子网格地图技术，以万米单元网格作为最基本的城市管理单元，根据属地管理、地理布局、现状管理、方便管理等原则，将北京东城区 25.38 平方公里划分成 1652 个网格状的单元，然后再按照功能区划，将六大类 56 种城市部件和七大类 33 种城市事件问题都赋予代码，将这些代码标注在相应的万米单元网格图中。这样发生在每个管理区居民生活中的各种部件和事件问题，如井盖丢失、公共设施损坏、垃圾渣土堆集、占道经营、无照游商、小广告等问题，就会通过移动通信技术由流动巡查员迅速反馈，立即显示在城管指挥中心的电子大屏幕上，而指挥中心则根据设定的程序分类处理，下达到相应的职能部门限时解决。这种利用现代高科技手段对辖区实施分层、分级、全区域、全时段的管理，取得了极大的成功。近年来，这种网格化管理模式已经在社区管理、党建管理等诸多涉及社会管理的领域广泛应用。其实，城市网格化管理作为一种能够在第一时间快速反馈的方法，从防微杜渐的角度讲是具有前馈控制意义的。完全可以预见，今后这种城市网格化管理方式将有望在社会管理领域大有作为。为此，本节在调查研究北京和武汉等地试行和探索这种新型管理模式的基础上，将其特点概述如下，以期对社会管理的前馈控制有所启示。

一 城市网格化管理可以容纳丰富的管理信息并具有信息共享性，是现代城市应对日益庞杂的对象系统，整合管理资源的有效手段

城市的日趋庞杂是现代城市管理必须面对的难题。城市网格化管理可以说为解决这个难题提供了一种"简化技术"。城市网格化管理作为一项系统工程，涉及城管、治安、社保、环保、绿化、环卫、工商、社区建设等诸多方面，网格化的管理与服务系统可以围绕上述职能部门的各种管理问题构筑全方位、立体化的电子地图管理空间。发生在这些网格内的各类问题，诸如公共设施受损、违章建筑、占道经营、小广告、油烟扰民、社会救助、低保投诉、卫生投诉、劳动纠纷、污水漫溢、无证行医、突发事件等，均有各自特定的数字代码标注在相应的电子单元网格中，只需监督员报告或用手机拍摄现场图片，发送给监督中心"立案"，并转指挥中心"网格"查找，即能在中心大屏幕上找到事情的名称、现状、位置及处理归属等信息，从而保证这些问题在极短的时间内迅速得到协调和处理。所以从理论上讲，一方面，城市管理可能遇到的所有事件都将能够纳入网格化管理的范畴，具有极大的延展性和动态包容性；另一方面，所有相关的城管职能部门，均能从网上获得归属自己管理的信息，具有一网多用和资源共享的优点。例如，北京市东城区由于城市管理监督员对万米单元进行不间断巡视，这就相应减少了各专业部门的巡查人员，使人力资源成本下降了10%左右；由于问题定位精确、任务派遣准确，从而克服了多头处理、重复处理等弊端，各专业部门的人工成本和事件处理成本也大大降低。初步测算结果表明，今后五年内，新模式的运行可以使东城区每年节约城市管理资金4400万元左右。

二 城市网格化管理具有强大的监控、反馈和督办功能，对提高现代城市应对快速多变的局面，提高管理效率具有极高的应用价值

现代城市社会运行的特点是快速多变，一些问题若得不到及时处理很快就会引起连锁反应，以致难以收拾。在网格化的管理与服务模式中，巡查监督员遇到情况可以随时用专用手机（"城管通"，类似于带摄像头和基站定位功能的手机）拍照，手机上的电子地图定位系统把信息发送给监督中心，经查证指挥中心指派相关部门人员限时到达现场，并要求其限时处理完毕，中心地图上同时亮起一个督办进度的警示灯。例如，武汉市江汉区招聘 150 名城市管理监督员，每人配备一部"城管通"。监督员分班在责任区不间断巡查。相关职能部门和街道则派人值守在电脑旁，随时等候指挥中心的指令。监督员一旦发现违章搭建、暴露垃圾、占道经营等各种异常现象，当即拍摄现场图片，发送到监督中心，监督中心"立案"后，迅速传递到区级指挥中心，指挥中心输入涉案部位、事件代码，根据系统程序中的预先规定，通知相关责任部门前往处理，这些以前至少需要 2~3 天才能完成的流程，现在只需要几分钟就可解决。如果超期仍未解决，大屏幕电子地图上的定位点的所在处就会亮黄灯直至红灯警告，各部门处理问题的情况都是高度透明和被监督的。北京市东城区政府自 2004 年 10 月启用网格化管理模式以来，城市管理问题的发现率达到了 90% 以上（过去仅有 30% 左右），任务派遣准确率达到了 98%，处理率为90.09%，结案率为 89.78%；城管问题的平均处理时间由原来的 1 周左右缩短到了 12.1 个小时，平均每周处理问题 360 件左右，现在每周的城管问题处理量相当于原来的半年处理量。

三　城市网格化管理具有全时空和细密型的特点，可以最大限度地避免城市管理中的"死角"和"盲点"，做到全方位全时段操控

由于城市规模的日趋庞杂和运行的日趋速变，人们不仅难

以掌握所有的问题，而且也来不及对业已发现的问题加以精确判断。所以，以往的城市管理往往多是凭经验和直觉进行"模糊管理"。这种粗放型管理的结果便是形成了许多城市管理的"死角"和"盲点"，以至于许多问题多人管，许多问题没人管，发现问题快慢没人管，处理问题是否及时没人管，问题处理到什么程度没人管。我们常说"细节决定成败"，网格化管理就是从细节做起，实现精细化管理。网格化的管理与服务系统可以就城管、公安、环保、水务等多项管理内容实施全方位、立体化的管理空间布局，进行全时段、全空间的监控管理，犹如一张疏而不漏的大网，可将城市中需要管理的问题通过电子网格"一网打尽"。例如，武汉市江汉区辖区 33.43 平方公里，以 13 条街道和 114 个社区为基本框架，被划分为 1003 个网格状的单元，形成一张全新的电子网格地图。网格内的各种公共设施，小到一个窨井盖、一盏路灯，都有自己的"身份"代码。目前，江汉区网格化管理系统共收纳了约 10 万个部件，分别按其地理坐标定位在电子网格地图上。同时，各类城市管理中可能遇到的所有事件，如污水漫溢、无证行医举报、社区居民求助等，则按照社区建设的有关内容，被划分为四大类 28 小类 134 个事件，并预先明确处理该事项的责任部门、处理流程和处理时限，编成代码输入系统程序。有关职能部门只要键入代码就可随时发现自己分管的问题所在及其处理状况。

四　城市网格化管理具有从单纯反馈性管理趋向前馈性管理的特色，可以使城市管理由事后问责式管理变为事前预警性管理

现代城市社会运行的快速多变使缓慢的反馈控制已不能适

应现代城市管理的需要。现代城市问题的"突发性"常使得我们的一些城管部门顾此失彼、应接不暇，甚至疲于奔命。他们往往被称为"救火队"，哪里发生了严重的事情就赶到哪里去救急。"城市问题越来越难以控制"成了大家的共识和慨叹。那么，如何掌控现代和未来的城市？城市网格化管理模式中所具有的前馈控制性给我们以深刻启示。在社会控制理论中，前馈控制和"亡羊补牢"式的反馈控制不同，前馈控制是运用不断获得的最新的有关社会运行的可靠信息加以预测，并将期望的社会管理目标（如我们现在所说的城市管理问题）同预测的结果加以对照，在出现问题的临界点之前就发现问题，事先制定纠偏措施，将问题解决在萌芽状态，不使问题越过"警戒线"，不使问题堆成山而积重难返，以确保管理目标与预期结果相一致。城市网格化管理就是一种趋于前馈性的快速控制机制，它可以在事情处于萌芽状态时就及时发现，因而具有预警功能。经验告诉我们：凡是能够及时发现的问题，都比较易于解决；凡是等到闹大了的问题，往往都是不易解决的老大难问题。城市网格化管理对于问题的发现，贵在及时。例如，据新华网湖北频道 10 月 24 日报道："汉口前进一路与民意街交会处有暴露垃圾。"城管监督员将这一信息传至武汉市江汉区城市管理监督中心，接到指令 2 分钟后，环卫工人到达现场即将垃圾清走，整个过程仅用了 27 分钟。由于网格化管理系统设置了专门程序，向各责任部门"施压"。每一个处理单下发后，电子地图上的定位点所在处就会亮绿灯，离规定办理时限不到 24 小时转为黄灯警示，超期仍未完成的亮红灯警示，严重超期的变成黑色。试想如果没有实施网格化管理，许多小事就会逐级放大成为大事（如井盖丢失→翻车→围观→交通堵塞→被延误的种种人和事……垃圾堆放过多和时间过长，不仅清理困难，而且还会产生其他的危害和连锁反应）。

五 城市网格化管理集成多种现代科技手段，为城市管理提供了一种崭新的长效机制，是城市管理改革与管理现代化的一个方向

我们的城市在日新月异地发展着和变化着，我们的城市管理也应当与时俱进，否则滞后的城市管理必然会制约城市的进一步发展。在以往的城市管理中，从某种程度上可以说带有相当多的"运动式"或"突击式"的传统管理成分，即便有一些"长效的"制度性措施，但由于缺乏监管和落实的力度，也不免流于形式。所以依靠"××大检查""创建××城区""迎接××"等方式或手段来促进一下某一方面的工作，也就成了某些职能部门或领导推进工作的惯用管理手法。但是这种手法具有明显的间歇性，不仅不能持之以恒，而且事后往往会故态复萌，需要再次"××"。这不仅不利于形成管理城市所需要建立的长效机制，而且会给政府形象带来诸多负面影响。而网格化管理和服务系统就是利用现代控制理论和诸多高科技手段建立的一种长效机制。这种机制可以把管理部门及其工作人员的职责和责任牢牢地绑定在"电子化网格"中，只要电子网格一开通，各部门处理问题的效率就会在电子大屏幕地图上一目了然，所有问题及其责任都会大白于天下，任何渎职和怠工行为都会无处遁形。这种管理模式，不仅为政务公开和群众监督开辟了有效的新渠道，而且对于服务型政府的建设更具长远意义。

六　城市网格化管理有利于实现市民与政府的快速互动，为居民群众参与城市管理提供了便捷渠道，有利于实现城市管理的社会化

现有城市管理的主体主要限于政府职能部门，群众参与极少，而且收效甚微。在这种情形下，政府纵有千只手，也难理城中万端事。因此，不仅政府部门总有"四处救火，疲于奔命"的苦衷，而且老百姓也有一串串"投诉没门路，解决无期限"的烦恼。而城市网格化管理与服务系统开通后，社区居民反映身边问题，不再受信息渠道不畅的阻碍；政府职能部门也能够随时查出问题，免去了因信息不畅而导致管理服务缺位的困扰。各地试行城市网格化管理的实践表明，城市网格化管理新模式有利于实现市民与政府的良性互动，实现政府与居民"零距离"互动，形成老百姓与政府共同管理城市的新局面。这被认为是一项实实在在的惠民举措和开明举措，极大地提升了政府在老百姓心目中的形象和老百姓参与城市管理的积极性。

综上所述，鉴于城市管理和社会管理具有极大的兼容性和交叉性，运用以前馈控制为导向的网格化管理方法，不仅是城市管理的创新，而且对社会管理创新也具有极大的启发和借鉴意义。

第四节　网络舆情监测方法

网络舆情监测方法其实和我国古代的以"采诗"的方法进行民意调查是一脉相承的。该方法是在互联网时代运用网络

技术对民意调查的新发展。

从社会学理论上讲，舆情本身是民意理论中的一个概念，它是民意的一种综合反映。"舆"的基本字义有三个：①车中装载东西的部分，后泛指车；②古代奴隶中的一个等级，泛指地位低微的人，亦用以指众人；③疆域：舆地、舆图、堪舆（相地，风水）。综合这三种意思，"舆情"就是指生活在特定地域中的民众（群众、老百姓）对自己的生活状况以及与此相关的对施政当局的看法和意见。舆情这个概念与民意很相近，简言之，舆情就是群众对当局的看法和意见。但是，从现代舆情理论的严格意义上讲，舆情本身并不是对民意规律的简单概括，而是对"民意及其作用于执政者及其政治取向规律"的一种描述。一些专门研究舆情理论的学者认为，舆情是舆情因变事项发生、发展和变化过程中，民众所持有的社会政治态度。这里特别强调的是，舆情定义中的"民众社会政治态度"，是指民众对执政者及其所持有的政治取向的看法、意见和态度。民众的这种社会政治态度说到底是对自身利益需求的一种诉求和表达，它不仅包括民众对国家政治的看法、意见和态度，对社会政治的看法、意见和态度，同时还包括民众对社会事物的看法、意见和态度。一句话，"民众社会政治态度"是民众要求执政者不断改善民情状况的一种诉求和意愿的集合。①

在进入互联网时代的当代社会中，无论是民意还是舆情的传播和形成，都带来了巨大的革命性变化——出现了"网络舆情"。

所谓网络舆情，就是通过互联网传播的人们对于当局的看

---

① 王来华：《舆情研究概论》，天津社会科学院出版社，2003。

法和意见（包括认知、态度、情感和行为倾向的集合）。网络舆情是社会舆情在互联网空间的映射，是社会舆情的直接反映。[①] 网络舆情主要通过电子邮件、新闻评论、BBS、博客和维客等途径传播，以互联网为依托，在依赖网络的开放性、虚拟性、互动性的同时，借鉴传统媒体传递信息的模式，形成了自己的特点。

1. 直接性和便捷性

在网络上发表言论与传统媒体相比具有无费用、及时、多快好省的优点。通过 BBS、新闻评论、博客网站和即时通信软件特别是手机短信等途径，网民看完帖子后就可以立即发表意见，下情直接上达，民意表达更加畅通，这是任何一个传统媒体都无法比拟的。

2. 突发性和可隐蔽

由于借助论坛、博客等网络平台传播信息简单、直接且身份隐蔽，网民能够快速、大胆地甚至是不负责任地发表意见，呼唤声援，在短时间内形成一种力量，以期引起社会和政府的重视。因此，网络舆情的形成往往非常迅速，事先没有征兆。当前民众对网络运用的热情较之部分领导干部的懒于应对，也助长了部分网民对官方"不作为"的负面情绪。一个热点事件的存在加上一种情绪化的意见就能形成星火燎原之势。

3. 多变性和随意性

网络传播由于其开放性和虚拟性，信息交流容易呈现非理性化、情绪化倾向，降低了自身的准确性和客观性。于是

---

① 刘毅：《略论网络舆情的概念、特点、表达与传播》，《理论界》2007 年第 1 期。

同一件事件就会出现多种版本的报道，或真或假，使得受众舆论呈现多样性。随着事件报道的进一步深入，受众的舆论方向不可避免地会发生改变，从而导致网络舆情的不稳定性与多变性。

4. 个体性和偏差性

互联网打破了时空、行业的限制，赋予每个人自由发表言论的权利，使得网民在任何时间、任何地点都可以自由发表自己的言论，而不必担心会因为言论不当而受到威胁。由于言论的自由和个人意愿的充分表达，为各种社会思潮提供了滋生的土壤，一些偏激或错误的信息也就不可避免地通过网络出现在人们面前。网络舆情从本质上而言仍旧属于虚拟舆情，这就使得网络民意很容易被人操纵，大大降低了其真实性。

综上所述，网络媒体与报纸、无线广播和电视等传统的传播媒体相比，具有进入门槛低、信息超大规模、信息发布与传播迅速、参与群体庞大、实时交互性强等综合性特点。由于网络信息的发布成本极低，信息的提供者、传播者和阅读者之间已经没有明显的界线，人们之间的话语权趋于均等化。信息网络已成为一个"虚拟社会"，具有非常明显的社会群体特征。与此同时，"虚拟社会"与真实社会之间的互动日益显著。总之，随着互联网的快速发展，网络媒体作为一种新的信息传播形式，已深入人们的日常生活。网友言论活跃已达到前所未有的程度，不论是国内还是国际重大事件，都能马上形成网上舆论，通过这种网络来表达观点、传播思想，进而产生巨大的舆论压力，达到任何部门、机构都无法忽视的地步。可以说，互联网已成为思想文化信息的集散地和社会舆论的放大器。所有这些，对执政者掌控社会舆情提出了严峻挑战。据不完全统计，中国目前仅境内网站便达 323 万个，约 80% 的网站提供了 BBS 服务。据抽样统计，每天人们通过论坛、新闻评论、博客等渠道发表的言论达 300 多万条，超过 66% 的中国网民经常在网上发表言论。面对每天海量的网络信息发布，传统的人工化舆情获取方式已无法满足当前政府及时掌握社会舆情的需要。所以，同样运用网络技术对舆情进行实时监测的"网络舆情监测系统"也就应运而生了。

所谓"网络舆情监测系统"，是针对在一定的社会空间内，围绕中介性社会事件的发生、发展和变化，民众对社会管理者产生和持有的社会政治态度于网络上表达出来意愿集合而进行的计算机监测的系统统称。网络舆情监测系统利用搜索引擎技术和网络信息挖掘技术，通过网页内容的自动采集处理、敏感词过滤、智能聚类分类、主题检测、专题聚焦、统计分析，实现各单位对自己相关网络舆情监督管理的需要，最终形成舆情简报、舆情专报、分析报告、移动快报，为决策层全面掌握舆情动态，做出正确舆论引导，提供分析依据。舆情监测系统通过对热点问题和重点领域比较集中的网站信息，如网页、论坛、BBS 等，进行 24 小时监控，随时下载最新的消息和意见。下载后完成对数据格式的转换及元数据的标引。对下载本地的信息，进行初步的过滤和预处理。对热点问题和重要领域实施监测，前提是必须通过人际交互建立舆情监测的知识库，用来指导智能分析的过程。对热点问题的智能分析，首先基于传统、基于向量空间的特征分析技术上，对抓取的内容做分类、聚类和摘要分析，对信息完成初步的再组织。然后在监测知识库的指导下进行基于舆情的语义分析，使管理者看到的民情民意更有效，更符合现实。最后将监测的结果分别推送到不同的职能部门，供制定对策使用。

网络舆情监控系统涉及互联网信息采集、互联网智能信息处理等技术，目前国内主要的软件供应商有北大方正、TRS、网智天元、线点科技、深圳乐思、谷尼等公司。其中北大方正、TRS、网智天元是最早做网络舆情监测系统的公司，具有目前技术较为先进和成熟的产品。但是近年来这类监测系统软件的后起之秀不断涌现，据不完全统计共有 68 种之多。这些软件的主要功能如下。

（1）热点识别功能。可以根据转载量、评论数量、回复量、危机程度等参数，识别出给定时间段内的热门话题。

（2）倾向性分析与统计功能。对信息的阐述的观点、主旨进行倾向性分析，以提供参考分析依据。分析的依据可根据信息的转载量、评论的回言信息时间密集度来判别信息的发展倾向。

（3）主题跟踪功能。主题跟踪主要是指针对热点话题进行信息跟踪，并对其进行倾向性分析与趋势分析。跟踪的具体内容包括信息来源、转载量、转载地址、地域分布、信息发布者等相关信息元素。主题跟踪功能建立在倾向性与趋势分析的基础上。

（4）信息自动摘要功能。能够根据文档内容自动抽取文档摘要信息，这些摘要能够准确代表文章内容主题和中心思想。用户无须查看全部文章内容，通过该智能摘要即可快速了解文章大意与核心内容，提高用户信息利用效率。而且该智能摘要可以根据用户需求调整不同长度，满足不同的需求。主要包括文本信息摘要与网页信息摘要两个方面。

（5）趋势分析功能。通过图表展示监控词汇和时间的分布关系以及趋势分析，以提供阶段性的分析。

（6）突发事件分析功能。突发事件不外乎有以下几种：自然灾害、社会灾难、战争、动乱和偶发事件等。互联网信息监控分析系统主要是针对互联网信息进行突发事件监听与分析，以及对热点信息的倾向性分析与趋势分析，以监听信息的突发性。

（7）警情预报功能。主要是针对舆情分析引擎系统的热点信息与突发事件进行监听分析，然后根据信息的语料库与报警监控信息库进行分析，适时发出警报，以确保信息的舆论健康发展。

（8）统计报告功能。根据舆情分析引擎处理后的结果库生成报告，用户可通过浏览器浏览，提供信息检索功能，根据指定条件对热点话题、倾向性进行查询，并浏览信息的具体内容，提供决策支持。

上述智能化的网络舆情监测系统，无疑对实施前馈控制模式的社会管理给予了莫大的帮助，但是从政府层面来看，我们亦不无遗憾地看到，整个网络舆情监测工作还是存在不少问题，主要有如下三个方面。

其一，网络舆情研判缺乏标准体系。在政府网络舆情治理方面，不少学者研究了网络舆情信息汇集、分析、预警机制，但尚未就这些机制所依据的具体标准做进一步阐述，没有全面规范的分析指标作为量化依据；在系统应用方面，大多舆情监测系统的软件厂商也仅给出利用软件得出的分析结果，而信息采集及分析指标含混不清，没有具体参数的说明。从理论和实践的现状看，网络舆情研判仍缺乏标准体系的建立，无法实现舆情网络特性的量化表征，从而影响舆情预警和演化规律分析这两项关键性工作的实施。

其二，忽视网络舆情监测技术。"工欲善其事，必先利其器。"当前政府网络舆情管理思路不对，工作大多集中于舆情管理机制层面，主要是制定网管策略、网络舆情应对机制等，倾向于从宏观管理制度及舆情发生后的应对策略上做文章，忽视了舆情的网络特征以及统计数据的价值挖掘技术，从而导致研判工作的本末倒置，即在没有科学的方法及技术手段作为支撑以及对舆情事件数据进行准确收集、统计、分析、研究的前提下，任何管理制度和策略实施的效果都只能停留于理论层面，无法实现日常网络舆情的监测和危机舆情的预警，从而在危机舆情爆发时，事前无预兆、事后无头绪，找不到应对的切入点，错误地判断舆情发展态势，从而在突发危机网络舆情的处置中处于被动地位。

其三，网络舆情监测预警手段落后。目前大多数地方政府，面对每天海量的网络信息发布，仍然是用传统的人工化监测手段来获取舆情。这显然已无法满足网络时代舆情监测的时效性。另外，网络舆情的特性决定了舆情监测和分析的复杂性，必须应用智能化信息分析处理技术，提高政府网络舆情研判能力。再者，在智能化系统的应用范围上，目前还仅仅局限于国家安全部门、公安部门和宣传部门，远远不能满足政府网络舆情应对工作的需要。凡涉及对公服务的政府部门都有必要在原有电子政务系统中引入网络舆情智能化研判系统，应对日益增强的网络舆论场。

第五节　政策模拟方法

政策模拟是指针对经济社会政策问题进行数学建模、模拟计算和基于计算机技术的政策虚拟试验。由于政策模拟具有通过仿真推演预先揭示风险和矫正对策的功能，所以对于实现经济社会安全领域的前馈控制具有极其重要的作用。

政策模拟是信息时代的新兴学科，是政策科学在分析技术上的发展。面对各种社会经济问题，通过对相应政策的模拟计算，分析其对社会诸多方面的影响，评估政策效果，可以提高政策制定的科学性。在政策模拟学科发展的同时，发达国家基于基础理论的研究建立自己的政策模拟系统——政策模拟器（Policy Simulator，PS），用于指导自己的国际贸易政策、国内经济政策，在国际贸易中争取主动。一些企业也开发了自己的政策模拟器。政策模拟器的一般定义是"一个为政府服务的决策支持系统（DSS），它的目标是寻求适当的政策去响应未来和发现社会经济面临冲击的政策对策"。① 政策模拟器被认为是用于探索各种政策情景的大型软件，通常它是以特定模型为核心的配备地理信息系统（GIS）的决策支持系统（DSS）。美国在 1986 年建设了国家宏观经济政策模拟器后，1997 年改造为 AMIGA（美国和世界动态经济一般均衡模型），可用来分析国家经济政策与贸易政策对美国 200 个部门的经济影响；1989 年加拿大由国家统计局与大学联合建立了政策模拟实验室，1991 年开发出政策模拟器；1993 年澳大利亚研发的 The MONASH Model 包含 113 个部门 56 个地区 282 种职业，用于分析财政、税收、环境等方面的经济政策，预测劳动力市场和收入分配。到 2000 年为止，当时实际上一些代表性的政策模拟器如表 1 所示。②

---

① 王铮、刘涛、朱艳鑫、吴静、杨念：《国家经济安全政策模拟器的开发问题》，《科技与社会》2007 年第 1 期。

② 王铮、刘涛、朱艳鑫、吴静、杨念：《国家经济安全政策模拟器的开发问题》，《科技与社会》2007 年第 1 期。

表 1　世界上一些代表性的政策模拟器

名称	AMIGA	Murphy Model	SPSD/M	Fair-Model	MSG2	Storm
建立国家	美国	澳大利亚	加拿大	美国	美、日、德、澳	印度
模拟尺度	一国	一国	一国	一国	多国	一国
模拟焦点	国家宏观经济政策的冲击中短程响应和短期经济预报，环境经济政策	国家宏观经济政策和中期、短期经济预报	国家与地方政府财政、社会福利和	国家宏观经济政策和中期、短期经济预报	国家间宏观经济相互作用，政策分析、单国经济预报	国家宏观经济政策、产业政策
时间单位	不详	季度	不详	季度	年	年
规模	200 个方程，265 个变量	100 个方程，165 个变量	不详	129 个方程，251 个变量	260 个方程，328 个变量	146 个方程，168 个变量
分析功能	进出口、投资、消费、能源、就业、环境	汇率、利率、就业、住房、技术变化	税收、财政、人口政策和社会福利	不详	进出口、投资、消费、能源、就业、技术变化	进出口、国家财政、投资、就业、农业政策

政策模拟是一门正在发展中的科学，已经广泛应用在各种经济领域，其中关于国家经济安全或多国经济博弈的政策模拟成为重点。因此有一种看法认为，政策模拟器是和平时期的"原子弹"。经过多年发展，多种方法被用于政策模拟领域，这些方法大致可以归类为：①计量经济学方法，②运筹学方法，③基于机理的数值解方法，④基于自主体模拟的动力学方法及

其他非数值方法，⑤系统工程方法，⑥最优控制方法等。在这些方法中，CGE方法是一种重要的基于机理的数值解技术。目前在方法学上，政策模拟正在与实验经济学密切结合。实验经济学可以为政策模拟模型获取参数，并且代替某些涉及人的行为特征的模型。政策模拟可以延伸实验经济学的结果，给出具体的政策。事实上，许多大学的政策模拟实验室兼有实验经济学实验室的功能。

政策模拟器有三个主要功能：①产生和评估政策情景方案，②模拟某个政策行为并进行推演预测，③管理数据。

在最近几年，政策模拟器在研究领域出现三种趋势：其一是集中研究能源与气候保护问题；其二是集中研究宏观经济危机引发的社会危机问题，这个问题在东亚金融危机后受到重视。危机问题的难点在于需要动态分析，所以动态分析引发了许多研究；其三是向社会管理领域渗透。如美国康奈尔大学开发的CORSIM 2002年推出4.1版，是基于个人电脑的人口模拟模型，模拟内容包括个人及其家庭基本的人口统计学特征如出生、死亡，结婚和离婚，迁移，教育水平，工作和收入水平，以及资产和债务量。此外，还用于社会保障计划等社会科学研究和政策分析。目前被美国国家社会保障局购买，也为加拿大、瑞士应用。第三种趋势说明，政策模拟器将会在社会管理的前馈控制方面大有作为。

中国科学院的王铮研究员认为，中国政策模拟器应该包括下列内容。

1. 基于数据挖掘的社会经济风险识别预警技术

国家安全分析的首要问题是风险识别。为此需要结合国家社会经济安全问题，发展相应的数据挖掘技术和复杂性分析技术，提出国家社会经济安全风险识别、风险防范和预警分析的经济计算体系。开展多元化信息形式下的国家经济安全问题起因研究和多主体的国家经济安全内在机理研究，开展"国家经济风险"序列模式发现技术及应对策略的时滞模型和"国家经济风险"在线监测、评价与分析挖掘原型系统框架设计及应用研究。

2. 国家宏观经济安全性政策模拟的 CGE 体系

结合我国经济增长中的宏观经济政策问题，面向国家宏观经济主要政策问题分析的 CGE 系统，可将重点放在国际价格冲击、税收、财政、就业和汇率等方面，并根据国际经济一体化的特征，发展针对开放性宏观经济政策分析的经济计算体系，建立应对跨国经济冲击的政策对策模拟器。根据我国的条件，CGE 模型将包括 43 个产业部门，方程数为 700 多个。

3. 国家资源环境经济安全政策模拟体系

资源环境经济安全模拟系统是为了对国家环境保护提供决策支持。如在气候保护方面应采取什么样措施，既能保证经济发展又可保护大气环境。结合我国经济增长中的能源和气候保护问题，建立国家环境经济安全分析和气候保护模式政策模拟器，结合我国经济增长中的能源、土地资源、水资源和城市化问题，建立国家环境资源供应安全分析、平衡增长与经济增长的资源强度最优增长前馈控制，发展针对国家环境经济政策与国家战略分析的经济计算体系。该模型体系应考虑国际大国的相互博弈对策和技术进步的作用。

4. 区域社会经济政策与风险防范模拟体系

当前中国区域经济的差距和协调发展是一个现实问题，如何制定最优的区域间经济政策以促进区域经济的协调发展，多区域社会经济政策与风险模拟系统可提供分析支持。为开发这样的系统，需要对我国区域的税收政策、财政政策、国家投资以及财政转移支付政策和我国区域差异变化分析等展开可计算模型研究，提出促进我国区域协调的经济政策体系和风险分析模式，开发区域宏观经济政策模拟系统。该模型系统计划将全国划分为八大区域，初步估计方程数为 1800 个。

5. 社会分配和福利风险防范评估体系

社会分配与福利问题往往是引起社会冲突的根本原因。因此，需针对社会发展中的人口问题、分配问题，研究国内收入分配、福利和社会保险的风险性及和谐模型，提出促进社会和谐的经济政策分析可计算模型、阈值识别和危机可减缓性模型。这里需特别强调的是，这种风险评估体系是建立在政策模拟基础上的而不是人为经验基础上的指标评估体系。

政策模拟器的应用虽然具有极为广阔和美好的愿景，但是我们必须看到政策模拟器既然被人们称为和平时期的"原子弹"，那么它就是实现社会管理前馈控制的尖端技术。我们在社会管理政策模拟器的建设中还有许多基础科学问题没有很好解决。据王铮（2007）等人分析，至少有如下问题：

（1）CGE 计算的动态化。利用 CGE 系统分析的经济系统，本身是动态的，而且需要预测。但 CGE 计算以经济系统的投入产出表关系为基础，这个投入产出表涉及技术消耗系数，该系数与技术进步相关，这个系数表怎样外推涉及模型问题和技术进步机制问题。另外，经济系统的动态变化方程也需要研究，特别是非稳定态的动态方程涉及非线性环节、动态校正问题、动态参数敏感性问题和多代等。目前国际上发表干预政策模拟器的成熟模型，几乎都是静态的。美国有关大学宣称，他们建立的 CGE 基础的政策模拟系统是动态的，但未见相关技术细节的报道。

（2）针对非线性系统的算法问题。目前流行的 CGE 求解技术几乎都是线性分析的，把所有方程线性化，这样只能分析小的干扰问题。当有大的政策变动或者外来冲击时，如国际市场的油价上涨幅度很大时，线性化系统的求解往往得不到满意的结果，因而需要发展针对 CGE 问题的非线性方程求解方法。

（3）CGE 模型问题。截至目前，CGE 模型体系尚未包括人力资本投入，更没有把人力资本分析纳入社会核算，这样的模型体系显然落后于增长理论的发展，再加上动态困难，CGE 系统对分析经济增长问题显然不完全适合，使得 CGE 系统的价值降低。与人力资本问题类似，经济学的一些新发现也需要纳入模型系统或者改变旧的认识。例如，可持续发展问题的提出告诉我们，资源供应的有限性使得经济活动不仅有后效性，而且具有前瞻性，资源价格是资源剩余量的函数，更为复杂的是技术进步一次次打破这种限制，一个分析长期经济政策的 CGE 系统必须考虑资源的有效性和技术进步。目前国内外学者用 CGE 系统分析气候保护，基本上没有考虑这两个问题，因此分析提出的政策往往有失偏颇。总之，CGE 模型需要做经济学修改与补充。

（4）多区域 CGE 模型问题。这个问题也是一个经济学问题，不过它比模型系统的补充和更新更为重要。传统的经济学理论往往考虑一个经济体，这个经济体充其量有个外围，是一个开放系统。现实的世界是多区域的（国家也是一种区域），这些区域相互作用，而且最终构成一个封闭系统，封闭性带来资源的有限性。多区域模型承认区域间相互作用，这就使常用的 CGE 分析的小国建设失效，从而提出新的计算方法问题。近五年来区域 CGE 模型研究逐渐兴起，中国国土辽阔，区域经济差距大，多区域模型特别适合分析中国问题，这需要我们更多地关注多区域的理论研究。

（5）CGE 问题求解的 web 计算问题。这里不仅有一般意义的计算，而且也涉及形成一个网络环境接收数据以适应更多部门的运用。为解决这些问题，需要发展适合 CGE 计算的网格技术并获得决策支持系统理论的进一步支持。近年来 Watson 等发展了在网络计算基础上的 PSE（Problem Solving Environment，问题解决环境）的概念，用支持多用户多功能需求的政策模拟分析。由于政策模拟的数据多源性、政策多样性以及不同级别的保密性，因而提出了关于网络计算的一系列问题。政策模拟的其他基础科学问题，如有关的空间运筹问题、经济弛管制问题和多国合作问题，需要从基础科学角度加以研究。在模拟技术方面，近几年 MAS（多自主体系统）技术得到充分重视，这就提出了 MAS 的一系列理论问题。

总之，政策模拟器的开发是通过科学手段规避风险、优化政策的科学工具，是信息时代寻求安全发展的新"核武器"，建立面向社会管理的政策模拟器，无疑将是实现社会和谐稳定的有力武器。

第五章　我国社会管理中前馈控制的问题[*]

　　现代社会越来越复杂化，同时作为一个系统也就越来越脆弱，尤其伴随着科技的迅速发展和经济全球化，各种风险日益呈现爆发概率提高、蔓延速度加快、空间范围增大的特征，以致现代社会被冠以"风险社会"之名。我国的情况更加特殊，不仅正处于发展环境最好的"战略机遇期"，而且处于"社会转型"的关键时期，从国际经验的社会发展序列谱上恰好对应着"非稳定状态"的频发阶段。故而在"改革、发展、稳定"的关系中，社会稳定是维系国家系统有序运行的根本保证。因此，在我国未来的发展进程中，科学、定量、实时地监测和研判社会稳定风险在各个领域的变化，通过加强社会预警，对潜在的社会风险进行前馈控制，是降低社会管理成本，有效维护社会稳定的必然选择。为此，党中央早在2003年召开的十六届三中全会上就作出"建立健全社会预警体系和应急管理机制"的英明决策，并在后来的四中、五中、六中全会中加以反复强调。然而至今令人喜忧参半的是，在"预

---

　　*　本章根据阎耀军在《国家行政学院学报》2012年第4期发表的论文《我国社会预警体系建设的纠结及其破解》编写。

警"和"应急"之间，我国的"社会预警体系"，与从中央
到地方庞大的"应急管理体系"相比，却显得极不平衡。我
国社会预警体系的建立和健全，似乎与中央的要求相差甚
远。那么，"预警"和"应急"之间究竟是什么关系？"预
警"和"应急"孰轻孰重？何以造成"重应急、轻预警"
的局面？是什么阻碍着社会预警和前馈控制工作的切实展
开？提高社会预警的信度和效度的关键是什么？如何像建立
纵到底、横到边的"应急管理体系"一样，建立起覆盖全社
会、全领域、全行业的社会预警及前馈控制管理体系？诸多
问题纠结在一起的关键是什么？如何才能破解？这些就是本
章将要探讨的问题。

第一节　"预警"和"应急"之间
究竟是什么关系？

　　预警是前馈控制的基础和前提，应急是在预警失效或无预
警情况下对突发事件的处置。就控制理论来看，前者属于前馈
控制，后者属于反馈控制。那么预警和应急孰轻孰重？二者之
间究竟是什么关系？在展开讨论之前，我们不妨先回顾一下中
央对此问题的提法和表述：

　　2003 年十六届三中全会："建立健全各种预警和应急机
制，提高政府应对突发事件和风险的能力。"①

　　2004 年十六届四中全会："要建立健全社会预警体系，形

―――――――――

① 《中共中央关于完善社会主义市场经济体制若干问题的决定》，新华网，
2003 年 10 月 14 日。

成统一指挥、功能齐全、反应灵敏、运转高效的应急管理机制，提高保障公共安全和处理突发事件的能力。"①

2005 年十六届五中全会："建立健全社会预警体系和应急救援、社会动员机制，提高处置突发性事件能力。"②

2006 年十六届六中全会："按照预防与应急并重、常态与非常态结合的原则，建立……实现社会预警、社会动员、快速反应、应急处置的整体联动。"③

显然，在中央的上述提法和表述中，"预警"和"应急"在逻辑上的并列关系和先后次序是毋庸置疑的。但是匪夷所思的是，自 2003 年以来的 10 年时间中，我国政府建立了从中央到地方的相当庞大的"应急管理体系"，但是"社会预警体系"与中央反复强调的"建立健全"要求相差甚远。至今我们还没有看到一个出自政府部门的正式的社会预警职能机构。或许我们不能排除那些"维稳办""信访办"尤其是"应急办"等机构中有着部分社会预警功能，但这些机构并不是专司社会预警的职能机构。因为"预警"是一种专业性、科学性甚至技术性非常强、非常复杂、非常困难的工作，不是随便什么机构或个人想搞就能搞得了的。

在理论上和实践中，都有人企图把"预警"包含在"应急管理"之中，其实这是不妥的。从危机管理理论看，"预警"和"应急"处于危机管理过程的两端——输入端和输出端；从控制理论看，"预警"和"应急"属于两种不同的控制

---

① 《中共中央关于加强党的执政能力建设的决定》，新华网，2004 年 9 月 19日。
② 《中共中央关于制定国民经济和社会发展第十一个五年规划的建议》，新华网。
③ 《中共中央关于构建社会主义和谐社会若干重大问题的决定》，新华网。

形式——前馈控制和反馈控制；从语义学理论来看，"预警"和"应急"属于两个完全不同的词——前者在自然语言的语义中用来指称对未发生事物的预断，后者用来指称对已发生事物的应对；从学科领域来看，"预警"和"应急"分属于两个不同的领域——前者属于认识论领域，具有虚拟性，而后者属于行政管理领域，具有很强的实务性。

当然，"预警"和"应急"具有极其密切的联系，这也是毋庸置疑的。同时这也是不少人企图把"预警"纳入应急管理之中的重要原因。因为如果没有预警，很难有效"应急"。但是工作上的需要并不能成为在学理上"应急管理"应该包含"预警管理"的理由。反过来想一下，如果我们早已料到的危机事件发生了，这时我们对这一危机事件处置，准确地说那叫从容应对，而不是应急。再者，如果我们将所有的危机都预警到了，难道还有"急"可应吗？所以，只有当没有预警或预警失误情形下的危机管理活动才能称为"应急管理"。

其实，"预警"和"应急"这两个词的悖论关系也恰恰是一种互补关系。一方面，天有不测风云，人的认识能力是有限的，不可能料事如神，事事尽在预料之中，所以需要对未曾料到的突发事件进行"应急管理"；另一方面，急有应接不暇，客观世界是无限的，如果完全没有预警，事事都要临机应对，岂不顾此失彼，疲于奔命？很显然，"预警"和"应急"两者都不可能做到百分之百。所以，"预警"和"应急"在公共危机管理中犹如鸟之双翼、车之两轮，互为依托，缺一不可。

那么"预警"和"应急"孰轻孰重呢？"预警"和"应急"的畸轻畸重，有史以来就是一种十分矛盾的状况。最初人们可能出于对客观世界的无知和敬畏，对预警是非常重视的，古人"视兆以知吉凶",[①] 据推测早在五千年前就出现了龟卜，三千五百年前出现蓍筮，周代的宫廷里设立专司预警的"龟官"，其地位之高与御史相当。[②]《礼记·中庸》中甚至把预警的重要性推崇到极致——凡事预则立，不预则废。但是不知从何时起，一些人认为只有"沧海横流方显英雄本色"，而虚拟化的"预警"几近偏废。这种情景在前述"曲突徙薪"的典故中有着生动而深刻的体现。其实这个典故讨论的就是一个"预警"和"应急"孰轻孰重的问题：把烟囱改弯不使火星窜出，使柴草远离烟囱不使接触火源，这是对火灾的预警管理；发生火灾，再去救火，是应急管理。结论是评论功劳，首先应当奖励提出"曲突徙薪"建议的人，而不是救火被烧伤的人。唐末诗人周昙曾就此事大发感慨："曲突徙薪不谓贤，焦头烂额飨盘筵。时人多是轻先见，不独田家国亦然。"[③] 联想我们现在的社会管理，我们奖励了多少"救火英雄""抗洪英雄""抗震英雄"……但至今我们还没听说过奖励名目中有过"防火英雄""防洪英雄""防震英雄"……中央从十六届三中全会以来的连续四次全会中反复强调要建立健全社会预警体系和应急管理机制。可是在近 10 年来，我们似乎并没有奖励过那些在"预警"方面做出过贡献的人，而是把"应急"放在了十分突出的位置。在我们的管理文化中的大多数情形是：当危机处置成功后，参与处理危机者往往得到奖掖，而危机出现前的预见者，常常是不受重视甚至是不受欢迎的人。这

① 《辞源》，商务印书馆，1979，第 431 页。
② 阎耀军：《社会预测学基本原理》，社会科学文献出版社，2005，第 20 ~ 24 页。
③ 《全唐诗》卷一〇二 ~ 七二八。

种"重应急、轻预警""曲突徙薪无恩泽，焦头烂额为上客"的思维和行为定式，造成一种管理文化氛围上"重应急、轻预警"的不平衡，反映在社会管理上的失衡就是大量"突发性事件"的发生（据有关研究人士估算，我国平均每天发生250多起，每年近10万起，外媒报道则远远高于这个数字），而我们的"应急办"们在无预警（或弱预警）应急管理模式下，难免仓促上阵、捉襟见肘、越应越急，日益陷入力不从心的窘境。"若嘉徙薪客，祸乱何由生。""预警"和"应急"孰轻孰重，曲突徙薪的故事的确很值得我们深刻反思。

此外，从现代社会越来越快的运行速度和现代控制理论来看，我们应该给予社会预警以更多的重视。因为从属于反馈控制的应急管理的最大缺陷是在问题出现到问题得到控制之间有一段时间滞差，在这个时滞中，"问题"的量和质都可能发生很大变化。所以，尤其是对"大滞后系统"所产生的"时间滞差效应"，往往又会导致"潘多拉魔盒效应"，使得危机后果不可挽回。因此，以预防为主的前馈控制应当是现代危机管理的重中之重和难中之难，而前馈控制的基础和前提便是社会预警。

总之，在"风险社会"的大趋势下，在"矛盾多发期"的社会转型中，我们现在很难看到哪里能够做到"从容应急"，更不敢奢望做到"无急可应"。原因是我们对中央有关"预警"与"应急"的有关精神和要求，只落实了"半壁江山"。"一手软、一手硬""一条腿长、一条腿短"的危机管理模式害莫大焉。

第二节　阻碍前馈控制的四重障碍

"预警"和"应急",自古至今,其道理已经讲得明明白白。但为什么还是会形成"重应急、轻预警"这种"明知故犯"的现象和局面呢?其中的原因深刻而复杂,有科学技术方面的,有管理体制方面的,还有思想观念方面的,等等。方方面面的原因交织在一起,构成阻碍社会预警真正进入公共危机管理体制和机制的四重障碍,如图4所示:

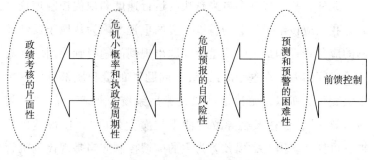

图4　前馈控制面临的四重障碍

第一重障碍:社会预测和预警的困难性

在科学认识中有描述、解释和预测三个层次,后者最难,所以很少有人愿意做这种又艰巨成本又高而产出又少又慢的事情。[①] 在政界更是如此,沧海横流方显英雄本色,能摆平危机者很容易立功受奖晋升,所以我们出了很多抗险救灾的功臣和英雄。但是预警就不同了,它不仅很难,而且还有不确定性和

---

① 阎耀军:《试论社会科学与社会预测》,《社会科学战线》1997年第6期,第254页。

虚拟性，很难出政绩，历史上鲜有因预警而立功者，前述曲突徙薪的典故已经深刻说明了这一点。

第二重障碍：危机预报的自风险性

以 2003 年欧美大停电为例，停电给美国造成的经济损失每天就高达 300 亿美元。如果预报一个城市在一个月之内将发生地震，结果地震并未发生，而造成的停产搬迁等经济损失可能比停电的损失还要大。政治上的骂名更要命。所以谁也不愿冒这种风险。报喜不报忧的俗话，从某种意义上看也有其合理的一面。

第三重障碍：危机事件的长周期性和为官执政的短期性

百年不遇的大洪水和几十年一遇的大地震谁都怕，但谁都有侥幸心理。为官一任是五年，连任两届也就十年。博弈的结果是谁都不愿意把有限的时间、精力和人力、财力、物力更多地投入到很难见效、很难出政绩的预警上去。执政短期行为这个官场痼疾不除，预警是永远难以真正搞好的。

第四重障碍：政绩考核制度不完善

不仅是政绩考核中的 GDP 本位问题，还有 GDP 计算中只算加法不算减法，不减"带血的 GDP"[1] 的问题。据国家安监总局披露：我国每年因自然灾害、事故灾害和社会安全事件造成上百万人伤亡，经济损失 6500 亿元左右，占我国 GDP 的 6%。[2] 既然不算减法，官员们为什么要特别花大力气去预警防患呢？一旦出了事摆平了还能彰显能力和取得政绩。

诸如此类状况，这些年来不能说没有改变，但极其有限，根本不足以促使"预警"和"应急"之间达到应有的平衡。

---

① 《谋发展须安全至上，不要带血 GDP》，《人民日报》2011 年 7 月 28 日。
② 《中国政府新闻》，人民网，http://gov.people.com.cn/GB/46737/3895401.html。

所以，尽管我们国家社会科学基金曾经设立过有关课题（如2006年的重大招标项目就有"建立健全社会预警体系及应急管理机制"的题目），但是我们认为还是有必要把"预警"问题单独提出来重新研究。因为以往把两个问题放在一起来研究，由于上述种种原因，往往是"应急"掩盖"预警"，甚至有些人"揣着明白装糊涂"，企图用"应急管理"包含或代替"预警管理"，把应急管理中所包含的预警管理中的一小部分说成是预警管理的全部。换言之，就是想把全部的预警管理工作完全装进应急管理之中去，这是极为荒谬和有害的。近10年来我们的公共安全管理状况，客观上毋庸置疑地说明了这一点。

第三节　预警工具科学化中相互
纠结的三个瓶颈

"预警"和"应急"不平衡的直接后果是预警与预控的脱节，这除了外部原因外，其实更多是预警自身的原因，即我们预警的效度和信度不高，其实就是大家认为你这个预警工具不好使，没多大用。"工欲善其事，必先利其器"，所以研发出管用的科学化的预警工具，就成了中央所期望的"建立健全社会预警体系"的关键。然而话又说回来，真正管用的预警工具的出现，还得依赖诸多外部条件。我们现在面临着三个相互依赖又相互制约的方面，如图5所示：

上述模型表达着三者之间这样一种互为瓶颈的关系。

首先，A遇到来自B和C两个方面的瓶颈。B瓶颈最为明显，我们现行的组织体制和运行机制不支持预警工具的科学

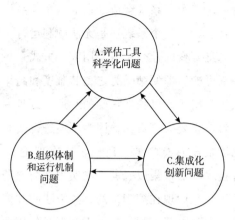

图5　预警工具科学化的三个瓶颈

化。稍有专业常识的人就会知道，社会预警的主要工具之一是评估指标体系，而这种主观构建的对复杂非物化现象的计量标尺，是需要通过在客观实践中不断验证和校正才能够逐步接近科学的（包括用来构建指标体系框架的理论模型、每一个指标的权重值、各指标之间的相关关系等），而且每一次的验证和校正都不是一劳永逸的，因为社会在发展变化，预警指标体系必须如影随形、与时俱进。可是我们的现行体制基本上不能够给社会预警指标的科学验证提供机会，业内经常遇到的就是系统的和高质量的数据供给问题和社会预警指标的制度化运行平台问题。国内曾经提出过的社会预警指标体系少说有数十种，至今几乎没有任何一种得到过连续运行和公认的科学化验证。从 C 来看，社会预警工具的科学化应包括理论、方法和技术诸方面，从使用和实用的角度看，任何一个方面的单独科学化都是一种片面的科学化。这就犹如零部件和整车的关系，零部件再好，不能集成整车，还是没有实际意义。例如，现代意义上完整的社会预警系统，应当由指标系统、运行机制系统和信息管理系统三个子系统组成。在前两个子系统完成的情况下，如果没有后者，整个系统还是无法顺利运行。因为在现代高速运行且瞬息万变的社会中，采用人工方式采集和处理海量数据已几乎不可能。即便勉强为之，其难度和高昂的成本也是任何实际工作部门所难以长期承受的。退一万步说，即便能够承受，其时效性也要大打折扣，因为不能进行实时监控的社会预警系统几乎是没有意义的。所以，光有理论和方法的科学化，而没有技术的加盟集成，就不能实现社会预警的自动化进而推进科学化。我们现在搞理论的、搞方法的和搞技术的多数是各自为政，甚至老死不相往来，无法形成集成化创新。

其次，B也遇到A和C两个方面的瓶颈。从A来看，自身科学化的问题远没有解决，这样B对其要求的组织体制和运行机制的设计也就缺乏相应设计安排的积极性；从C来看，不能实现集成化创新，B也就难以做出整体性和系统性的制度安排和运行机制设计。

再次，C也遇到A和B两个方面的瓶颈。从A来看，理论、方法、技术诸方面的单一科学化问题都还没完全解决好，显然难以进行有效集成；从B来看，现行科技管理体制还缺乏大尺度跨学科交叉研究的机制，传统上文、理、工分割的组织格局基本还是画地为牢，这也使得需要多学科集成创新的现代社会预警遇到很大困难。

第六章 破解前馈控制诸多纠结的设想和设计

由上可见，社会预警体系的建立健全面临诸多问题的困扰，而且牵涉面甚为广泛，很难一一理清并开方对应。那么，究竟有没有能够牵一发而动全身的破解之策呢？答案是肯定的。我们认为，上述纠结之根在于社会预警的科学化问题。解决了社会预警的科学化问题，就找到了破解纠结的钥匙。可以断言，社会预警自身的科学化问题不解决，其他问题终将会陷于"剪不断，理还乱"的境地。换言之，只要社会预警科学化的问题解决了，一切矛盾都将迎刃而解。对此，现代发达国家建立"政策模拟器"的做法，对我们社会预警科学化的思路很具有启迪意义。

第一节 开发 "社会风险模拟器" 的设想

政策模拟器（Policy Simulator，PS）的一般定义是"一个为政府服务的决策支持系统（DSS），它的目标是寻求适当的政策去响应未来和发现社会经济面临冲击的政策对策"。① 政策模拟器是在政策模拟学科发展的同时，发达国家基于基础理论的研究，利用数学和计算机方法，建立的一种政策模拟系统。政策模拟器作为一种用于探索各种政策情景的大型软件，由于具有通过仿真推演预先揭示风险和矫正对策的功能，所以被称为保障国家安全的新"核武器"，并且在经济领域和军事领域得到广泛运用。在经济领域，现在世界上一些著名的政策模拟器有美国的 AMIGA 和 Fair-Model，澳大利亚的 Murphy Model，加拿大的 SPSD/M，美、日、德、澳联合开发的 MSG2，以及印度的 Storm 等。在军事领域，则有美国的最大型作战模拟系统，已经能够把数十个战区连在一起进行模拟〔如美国国防高级技术研究项目局支持的国防仿真交互系统（DSI）已经能把从韩国到欧洲的 65 个作战模拟站连在一起进行作战模拟〕。② 而且这种模拟在实战中得到了很好的检验。以海湾战争为例，美军通过作战模拟获得了称为"100 小时战争"的作战方案，在后来的实战中完全应验，模拟可谓精确地描绘了实战，实战又忠实地体现了模拟，真正实现了"运筹帷幄之中，决胜于千里之外"。

其实如果剥去现代科技的外衣，仅从模拟风险和应对预演方法的本质层面来看，政策模拟古已有之。如前所述的"墨子救宋"的典故就是典型案例，只不过墨子当时的"政策模拟器"不是计算机而是一根腰带和几块木片而已。现代意义上的政策模拟器不仅是随着现代科技的发展而产生的，

---

① 王铮等：《国家经济安全政策模拟器的开发问题》，《中国科学院院刊》2007 年第 1 期，第 49~56 页。
② 王小非：《海军作战模拟理论与实践》，国防工业出版社，2010，第 365~366 页。

更是随着现代社会的高度复杂性、脆弱性，尤其是在 20 世纪德国社会学家乌尔里希·贝克所揭示的"风险社会"的来临而催生的一种规避风险的工具。所以，从这个意义上说，也许将政策模拟器称为"风险模拟器"更为贴切。

目前世界各国政策模拟器开发和应用的主要领域基本局限在经济领域和军事领域，而对社会领域的政策模拟研究鲜有涉及。政策模拟在 20 世纪 80 年代传入我国后获得很快发展，但目前主要还是在宏观经济政策、企业经济政策、资源环境政策和工程项目领域中徘徊，只有极少数人进行过局部的社会政策模拟研究。[①] 所以社会领域的政策模拟，尤其是针对社会稳定风险的政策模拟器（以下简称"社会风险模拟器"）的研发工作势在必行。

社会风险模拟器是一个为政府避免社会危机、维护社会稳定服务的决策支持系统。社会风险模拟器的主要任务应该包括两个层面：其一是对社会风险的识别，其二是有针对性的政策推演。为此需要结合社会风险问题进行建模和仿真，通过多种信息形式下的社会风险问题起因研究，以及多主体的社会安全内在机理研究，提出具有正确性和可信度的理论分析模型；需要发展相应的数据挖掘技术和复杂性分析技术，提出社会风险识别、风险防范和预警分析的计算体系；需要根据社会风险序列模式发现技术及应对策略，利用仿真交互网络系统对社会稳定风险进行在线监测、评估和风险对策模拟研究。总之，由于社会风险模拟器的开发本身就是一种集成创新，而随着社会风

---

① 张世伟、万相昱、曲洋：《公共政策的行为微观模拟模型及其应用》，《数量经济技术经济研究》2009 年第 8 期；参见孙翊、王铮《中国多区域社会保障均衡的政策模拟》，《数量经济技术经济研究》2010 年第 4期。

险模拟器这一科学化的社会预警方式的实现和逐步完善，必然带来相应的组织管理创新和运行流程的再造，所以第五章所述的"四重障碍"和"三个瓶颈"的问题都将迎刃而解，我国以社会预警体系的建立健全为基础的前馈控制管理模式的建立亦将指日可待。

最后需要说明的是，由于本书主旨和篇幅所限，关于如何研发社会风险模拟器的问题，需要另外著文，特别是希望相关领域的专家高手展开全面而深入的研讨。在此笔者只是对问题的关键部位抛砖引玉而已。

第二节 社会管理前馈控制机制系统模式设计 *

前馈控制管理机制系统模式（以下简称前馈控制模式）的设计，对应于社会管理系统中的各行各业和不同层次应有所不同，没有固定的统一模式，所以本节仅就前馈控制模式设计的共同原则和一般模式（常模）提出建议。

一 前馈控制管理机制模式设计的原则

前馈控制模式的设计务必遵循三条原则，即以监测预警和风险评估为前提的原则，也可称为超前预测原则；预警预报和预案启动制度化链接原则，也可称为未萌先动原则；依赖可操作性的技术支撑体系的原则，也可称为操作务实原则。以下我们对这三条原则分别予以阐述。

---

* 本节内容根据阎耀军在《中国应急管理》2010 年第 9 期已发表论文《应急管理的前馈控制模式研究》编写。

（一）以监测预警和风险评估为前提的原则（超前预测原则）

前馈控制的目的和反馈控制等控制方式的目的是一样的，都是要达到对事物的控制，所不同的只是控制时点和控制方式的差别而已。由于前馈控制时点的前置，其控制目的的实现就必然要以监测预警和风险评估为前提。因为没有监测预警和风险评估，就无法做到"前馈"，而没有"前馈"，便没有所谓的"前馈控制"。

在前馈控制模式设计中坚持以监测预警和风险评估为前提的原则，主要考虑的是这一模式首先要具备社会影响评估和预警的机制和功能，主要是为重大工程、重大项目、重大政策和重大问题提供社会尺度，从源头上杜绝社会问题的产生。通过对其社会影响评估来及时了解某一行业或地区或整个国家社会发展的可能趋势，并对其可能对某一行业、地区乃至整个国家社会发展产生的影响进行预警，及时提出对策和建议，采取预控措施。所以，在前馈控制模式的设计中必须要建立一个强有力的预警社会风险的模块，通过它来监测和评估那些突发性事件的风险源、征兆、危机征兆与危机发生之间的关系；根据评估结果确定突发性事件监测的内容和指标，并确定突发性事件预警的临界点，从而才能实现真正意义上的前馈控制。另外，有关社会影响评估和预警的方法设计，也应当体现在模式的构架当中。其中，建立综合评估和监测的预警指标体系和决策分析模型是实现评估预警的关键所在，对此我们在后面将有详细阐述，在此暂不赘述。

（二）预警预报和预案启动制度化链接原则（未萌先动原则）

预警的目的是预控。预警是虚（具有虚拟性），预控是实（具有务实性）。离开了务实的预控，预警便成了子虚乌有的海市蜃楼，没有任何实际意义。所以，在前馈控制模式设计中必须体现预警和预控紧密结合的原则。目前在我国，预警和预控脱节的问题相当严重，无论在研究层面还是在实践层面都存在着严重的脱节。从研究层面看，可以说基本上还是停留在单纯预警阶段，预警之后的预控存在着很大的问题。这也是我们有不少问题越闹越大，始终得不到有效解决的原因。若深究起来，我们的预警也有问题，那就是前馈性差（预警研究中称为早期性差），总是当问题闹大了才来预警，这就增加了解决问题的难度。总之，学者们更倾向于只关心预警研究，至于如何预控，他们认为那是政府的事情。学者们认为自己的任务是发现和指出问题，而解决问题是政府官员们的事情，因此多疏于预控研究。从实践层面看，政府官员们对学者们"耸人听闻"的预警，只是姑妄听之并抱有侥幸心理。由于缺乏一种约束机制，尤其是具有刚性的制度约束，他们对一些预警研究往往敬而远之，认为是自己任期内解决不了或无须解决的问题。相反，他们倒是比较重视应急管理，企望能够遇险而应急。殊不知，若没有事先预警，安能从容"应急"？所以预警预控本来是密不可分的，只有预警和预控紧密结合，才能构成真正的前馈控制机制。机制是和制度相联系的，预警和预控的密切结合是以相应的制度安排为保证的，而不是靠人为随意临机结合的。据说国外有些国家的预警和预控就连锁得很好，如法国在"景气政策信号制度"中就规定，在"经济警告指标"（包括失业率、通货膨胀率、外贸入超率）三个指标中，任何一个指标出现连续 3 个月上升（比上月）1 个百分点以上，政府必须自动在一定范围内采取相应的预控措施，不需经过任何会议讨论和烦琐的决策程序。显然，有这样的制度化的连锁机制，就可以事先及时控制不利因素向社会系统的渗透或扩展。由此可见，前馈控制模式的设计中应当体现出这种预警和预控连锁的机制性通道和运行流程。

（三）依赖可操作性的技术支撑体系的原则（操作务实原则）

理论观念是行动的先导，但是它还不能在具体的实务中运行操作，所以必须有一套可以操作的技术体系加以支撑。广义的前馈控制技术包括政治技术在内的组织制度设计、法律法规和政策制定；狭义的前馈控制技术包括指标监测技术、风险评估技术、仿真推演技术、矛盾简化技术、冲突缓解技术以及依靠计算机网络的网格化管理技术；等等。总而言之，前馈控制的方法和技术是一个随着实践不断发展和丰富化的体系，前馈控制要通过一系列技术手段加以操作，在一整套技术体系的支撑下实际运行。

二　前馈控制机制系统的一般模式

任何目标的达成与否，最终取决于能否建立起实现该目标的有效机制。任何机制都是一个系统。在机制系统中，我们把系统的构成要素和要素间的组合秩序称为系统的静态结构，把系统要素间相互作用的方式称为系统的动态结构。前馈控制机制，就是一种以特定的规则规范系统内各要素的组成方式和各要素间的联系方式，以实现前馈控制管理功能的模式。

根据上述设计前馈控制机制系统的三个原则，我们设计前馈控制机制系统的一般模式，如图6所示。

上述模型中，虚线框Ⅰ为扰动因素预警模块，这个模块按照超前预测的原则，设置了风险评估和预警的主要技术方法和运行流程，其功能是对可能将要输入社会过程的扰动因素进行排查过滤，识别风险并进行报警；虚线框Ⅱ主要表达将预警和预控连锁起来的要件和主要通道，其功能是完成由预警向预控的转换；虚线框Ⅲ主要表达在扰动因素输入社会过程之前，对

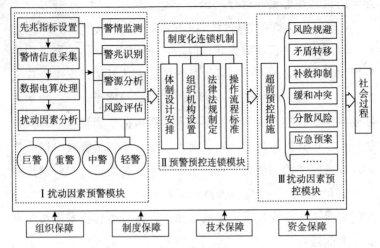

图 6   前馈控制机制系统的一般模式

不良扰动因素可以采取的各种控制方法和措施。三个虚线框模块被圈定在大实线框之内，以组织保障、制度保障、技术保障和资金保障为基础，整个模型置于社会过程模块之前，通过其内在结构体现其超前预测、未萌先动和操作务实三大原则。

第七章　对我国社会稳定施行前馈控制可能性的探索 *

前馈控制是面对原因的"事前控制"，是一种"不使事情发生"的思路，是一种"不战而屈人之兵"的境界。其优点很多，一是可以避免反馈控制的"控前损失"，二是可以避免反馈控制的"时间滞差"缺陷，三是控制起来比较容易，且控制成本较低。那么，如何对社会稳定实施前馈控制？根据大量的国内外经验，利用预警指标体系对社会稳定的状况进行实时监测并对社会失稳进行早期预报，实施前馈控制才能成为可能。因此，我们借鉴社会学的社会指标理论和方法，尝试建立了一套对社会稳定进行监测评估的预警指标体系。根据这一指标体系，我们采集了大量历史数据，对我国 1985～2002 年的社会稳定状况进行了时间序列分析和模拟预警，想以此来印证我们曾经经历的社会过程和本指标体系的效度和信度，以期能够为维护社会稳定提供一种前馈控制工具。研究发现：如果我们当年能够进行科学的社会预警，并实施前馈控制，是完全有可能避免社会危机发生的。

下面，本章将对这项探索的方法和步骤进行详细阐述。

---

* 本章内容主要根据阎耀军在《学术研究》2006 年第 9 期发表的论文《对社会稳定施行前馈控制可能性的探索》编写。

第一节　用来解释社会稳定机理的
理论模型和指标体系框架

社会作为一个超复杂的巨系统，其运行依赖于内部各子系统在一定结构中的相互作用，各子系统互动无非造成社会运行的三种情况：良性运行、恶性运行和介于两者之间的中性运行。社会稳定是社会良性运行的一种状态，其实质是社会各子系统之间的有序互动。所以，我们要对社会稳定程度进行测评并进而达到预警的目的，就必须先有一种能够从内在逻辑上解释清楚这种评估对象的理论模型。

图 7 是我们针对测评社会稳定的需要所构建的理论模型：

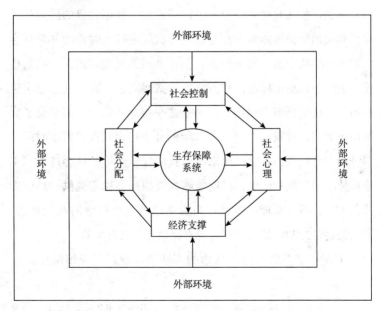

图 7　社会稳定前馈控制模型

上述理论模型有六个要点。

（1）生存保障系统。从社会生物学意义上看，人类实际上是自然界中的一个具有社会性的生存系统。如果这个生存系统得不到有效的保障或者受到威胁，那么社会就会从根本上丧失和谐稳定。社会稳定的核心问题实际上就是人的生存保障问题。其他问题都是由此衍生而来。因此，我们在社会稳定指标体系的理论架构中，以"生存保障系统"作为逻辑起点。

（2）经济支撑系统。人类要满足生存需要，必然要通过生产活动来取得生存资料，这样就形成了使人类得以维持生存的"经济支撑系统"。根据马克思的"经济基础决定上层建筑"的理论，这个系统不仅为人类生存提供物质基础，而且对社会的上层建筑产生着决定性的影响，因而处于整个社会稳定系统的基础地位。

（3）社会分配系统。人类在获取生存资料的生产劳动中，每个社会成员或群体为社会提供的劳动是有差别的。要构建和谐稳定的社会，就必须形成一个能够体现按劳分配原则的"社会分配系统"。分配上的平均主义和不合理的过大差距，都会严重影响社会的和谐稳定。

（4）社会控制系统。由于人类需求的无限性和生存资源的有限性，人类获取生存资源的行为必然要受到一定的限制，在特定的"游戏规则"中有秩序地进行。这样就会形成执行和维持特定秩序的"社会控制系统"。社会控制系统是社会稳定的维护机制，社会控制系统如果乏力或崩溃，社会就会陷入无序状态。

（5）社会心理系统。人是有主观能动性的社会主体，人的社会行为受主观意识支配。包括上述系统在内的一切社会系统的客观存在，都会在人的脑海中留下主观映像。在特定的主观映像影响下，人们会对自己的生存状态产生相应的心理活动，这就构成了"社会心理系统"。社会的和谐稳定与否，实际上是在人们主观意愿驱使下的社会行为所造成的一种社会后果。

（6）外部环境系统。社会是一个抽象概念，实际存在的具体社会总是以一定地域为载体的。由于现代社会的高度开放性，每一个具体社会实体的和谐稳定，不可能不受到本区域以外的其他社会系统和非社会系统的影响。由此，域外社会因素和自然因素便构成了特定区域社会稳定的"外部环境系统"。随着全球化的趋势和人与自然关系的日益紧张化，外部环境系统对社会稳定的扰动因素必将越来越重要。

上述模型中各子系统的功能和它们之间的相关关系呈现异常复杂的情景，由于本书主旨和篇幅所限，恕不展开描述。①

根据上述理论模型，衍生测评社会稳定前馈控制指标体系框架如图 8 所示：

上述框架共分为三个层次的指数指标。第一级指数指标是"社会稳定综合指数"，反映该指标体系监测评价的目标——社会稳定程度。第二级指数指标由"生存保障指数""经济支撑指数""社会分配指数""社会控制指数""社会心理指数"和"外部环境指数"构成社会稳定的一级子系统，反映社会稳定的不同侧面。第三级指数指标是第二级指数指标内部构造的分解，由 12 个模块构成二级子系统，每两个模块为一组，分别隶属于相应的二级指标。这样设计不仅是为了详细地反映

---

① 阎耀军：《社会稳定的计量及预警预控管理系统的构建》，《社会学研究》2004 年第 3 期。

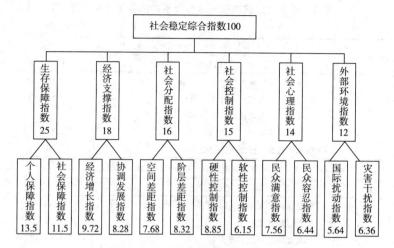

图8　社会稳定前馈控制指标体系框架

每个二级指标的内部构造，更主要的是为了便于在计量检测中寻找致使社会不和谐稳定因素所在的具体部位，明晰工作中的薄弱环节并增强指标体系的分析比较功能。

第二节　用来测评社会稳定程度的具体指标

用来评估社会稳定程度的具体指标（即原始指标）共55个。它们的确定，主要是运用德尔斐法，由具有一定资格的专家，按照课题组提供的指标体系框架，在预选指标中限量遴选。①

————————————

① 中国社会科学院和部分省市社会科学院的资深研究员、部分大专院校的教授和政府有关职能部门的处级以上干部，共50多人接受了本课题组实施的德尔斐法调查，并参加了指标体系理论框架的论证和指标遴选工作，在此谨致感谢。

表2　社会稳定前馈控制指标体系的指标及权重一览

单位：%

1-1　生存保障指数中的个人保障指数（13.5）

	指标名称	权重
1	中等收入阶层所占比重	2.16
2	城镇居民年人均可支配收入增长率	0.565
3	农村人口年人均纯收入增长率	3.24
4	城镇实际失业率	2.835
5	最低生活保障线以下人口比重	2.70

1-2　生存保障指数中的社会保障指数（11.5）

	指标名称	权重
1	社会保障总支出占 GDP 比重	2.30
2	失业保险覆盖率	2.30
3	社会保障综合给付率	1.84
4	拖欠工资数额占工资总额比例	1.725
5	离退休职工养老金与工资之比	1.495
6	医疗保险覆盖率	1.84

2-1　经济支撑指数中的经济增长指数（9.72）

	指标名称	权重
1	国内生产总值增长率	1.944
2	人均国内生产总值增长率	2.3328
3	人均财政收入增长率	1.944
4	农业增加值的增长率	1.8468
5	全社会固定资产投资额增长率	1.6524

2-2　经济支撑指数中的协调发展指数（8.28）

	指标名称	权重
1	绿色 GDP 占传统 GDP 比重	1.5732
2	居民消费价格指数比上年增减	1.9044
3	全社会零售物价总指数	1.8216
4	第三产业增加值占 GDP 比重	1.9872
5	银行贷款中不良资产比重	0.9936

3-1　社会分配指数中的空间差距指数（7.68）

	指标名称	权重
1	东中西部人均收入差距变动比	2.5344
2	城乡人均收入差距比	2.5344
3	行业间人均收入差距比	2.6112

3－2　社会分配指数中的阶层差距指数（8.32）

	指标名称	权重
1	10%最富有家庭收入与10%最贫困家庭收入比值	3.4944
2	全国居民基尼系数	3.2448
3	农业人口中贫困人口比重	1.5808

4－1　社会控制指数中的硬性控制指数（8.85）

	指标名称	权重
1	政府财政收入占 GDP 比重	1.1505
2	偷漏税比率	0.885
3	每万人警力配备人数	1.239
4	国家公务员职务犯罪率	1.1505
5	重大贪污腐败案件破案率	1.1505
6	重大刑事案增长率	1.1505
7	重大事故发生率	0.885
8	参与群体性突发事件人次率	1.239

4－2　社会控制指数中的软性控制指数（6.15）

	指标名称	权重
1	对党政主要领导人的认同程度	1.599
2	对社会公共道德的评价值	1.353
3	媒体舆论导向负面效应评价值	1.23
4	民间负面政治流言传播状况	0.984
5	政务公开率	0.984

5－1　社会心理指数中的民众满意指数（7.56）

	指标名称	权重
1	对政府官员秉公办事的满意度	1.5876
2	对干群关系的满意度	1.512
3	对政府行政效率的评价值	1.512
4	对社会发展前景的信心指数	1.512
5	对社会秩序的满意度	1.4364

5－2　社会心理指数中的民众容忍指数（6.44）

	指标名称	权重
1	对收入差距的可容忍程度	1.8676
2	对腐败现象的可容忍程度	1.7388
3	对物价上涨的可承受程度	1.3524
4	对司法不公正的可容忍程度	1.4812

6-1	外部环境指数中的国际扰动指数（5.64）	权重
	指标名称	
1	世界经济衰退影响度	1.9176
2	对立意识形态渗透	1.7484
3	武装干涉和恐怖主义袭击	1.974

6-2	外部环境指数中的灾害干扰指数（6.36）	权重
	指标名称	
1	成灾面积占耕地面积比重	2.2896
2	灾害造成的生命损失数量	2.226
3	灾害造成的资产损失数量	1.8444

第三节　社会稳定的时间序列数据分析和模拟预警

一　运行社会稳定前馈控制指标体系的操作流程

社会稳定指标体系是一种人为构造的"软的"的计量工具，是存在于人们头脑中的观念的外化。这种"软尺"的使用，不像"硬量具"那样简单方便，它需要一个运行载体作为操作平台，才能够发挥作用。因此，我们建立了对社会稳定指标体系实施运行的操作平台，即社会稳定监测预警管理系统（见图9）。

该操作系统是根据现代社会预警的理论和方法研制，并且在计算机系统软件支持下实现的一种对社会稳定运行的质量进行监测、评估、识别、报警和对策选择的一整套人机智能化的高效能现代管理系统。这套管理系统，不仅可以通过指标体系的运行对社会稳定程度（SHWD）进行有效监测、识别和预

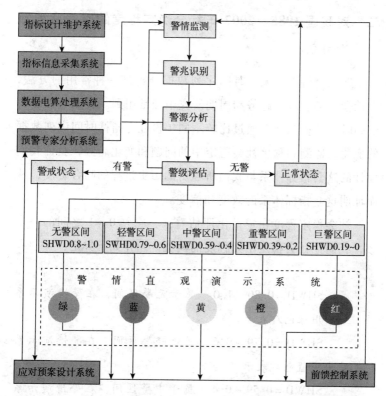

图9　社会稳定前馈控制指标体系的操作流程

警，而且还可以随着开发的深入给出参考性对策建议，为决策者提供正确决策的依据，是政府进行社会安全管理的重要手段，可以极大地提高社会安全管理的效率和科学性。上述操作系统由指标设计维护系统、指标信息采集系统、数据电算处理系统、预警专家分析系统（含警级评估系统和警情演示系统）、应对预案设计系统和前馈控制系统等若干子系统构成，限于本研究主旨和篇幅我们对此不一一展开。①

————————————

① 阎耀军：《现代实证性社会预警》，社会科学文献出版社，2005。

二 对我国 1985～2002 年社会稳定程度的时间序列数据分析

在社会科学领域，时间序列数据分析是一种常用的方法，在社会趋势、经济趋势和周期研究中经常用到。我们对社会稳定的时序分析，旨在通过比较不同年份社会指标时间序列数据的变化，监测和预警社会稳定中的问题和变化趋势，验证我们设计的这套指标体系与我们所经历的历史过程的吻合程度，从而证明这套指标体系的效度和信度。

社会稳定程度在定量化评估看来，它是 0～1 之间的一个数，我们把社会稳定不同程度的阈值区间作如下界定：

SHWD = 0.80～1.0　属于无警区间，在警情演示系统中用绿色灯表示

SHWD = 0.79～0.6　属于轻警区间，在警情演示系统中用蓝色灯表示

SHWD = 0.59～0.4　属于中警区间，在警情演示系统中用黄色灯表示

SHWD = 0.39～0.2　属于重警区间，在警情演示系统中用橙色灯表示

SHWD = 0.19～0.0　属于巨警区间，在警情演示系统中用红色灯表示

依照本节提出的社会稳定指标体系，对我国 1985～2002 年全国生存保障子系统、经济支撑子系统、社会分配子系统、社会控制子系统、社会心理子系统、外部环境子系统六个子系统和谐稳定度变动态势的时间序列分析如图 10 所示。

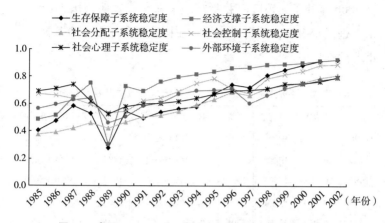

图 10 我国 1985～2002 年社会稳定度的时间数列分析

其中各子系统的详细年度数据[①]及警级分析如下:

表 3 生存保障子系统稳定度详细年份数据及警级分析

年份	SHWD 预警区间	年份	SHWD 预警区间	年份	SHWD 预警区间
1985	0.4063 = 中警	1991	0.4975 = 中警	1997	0.7215 = 轻警
1986	0.4735 = 中警	1992	0.5397 = 中警	1998	0.8106 = 无警
1987	0.5817 = 中警	1993	0.5641 = 中警	1999	0.8537 = 无警
1988	0.5309 = 中警	1994	0.5776 = 中警	2000	0.8842 = 无警
1989	0.2777 = 重警	1995	0.6792 = 轻警	2001	0.9154 = 无警
1990	0.5430 = 中警	1996	0.7437 = 轻警	2002	0.9276 = 无警

从表 3 的数据可知，全国生存保障系统稳定状况，1985 年至 1994 年近 10 年中一直处于中警区间，其主要原因是当时社会保障制度改革滞后，与经济改革不配套。1995 年至 1997 年处于轻警区间，说明社会保障制度改革初见成效；1998 年

---

① 本书所使用的数据均根据《中国统计年鉴》提供的有关数据计算和问卷调查，下同。

至 2000 年处于无警区间并呈现上升态势，说明我国人民生活水平进一步提高，社会保障体系在构建和谐社会中发挥着日益重要的作用。

表 4　经济支撑子系统稳定度详细年份数据及警级分析

年份	SHWD 预警区间	年份	SHWD 预警区间	年份	SHWD 预警区间
1985	0.4871 = 中警	1991	0.6912 = 轻警	1997	0.8642 = 无警
1986	0.5163 = 中警	1992	0.7631 = 轻警	1998	0.8853 = 无警
1987	0.6481 = 轻警	1993	0.7953 = 轻警	1999	0.8906 = 无警
1988	0.7543 = 轻警	1994	0.8160 = 无警	2000	0.9023 = 无警
1989	0.3022 = 重警	1995	0.8381 = 无警	2001	0.9151 = 无警
1990	0.7260 = 轻警	1996	0.8625 = 无警	2002	0.9237 = 无警

由表 4 中数据可知，全国经济支撑系统的稳定度除了 1985 年和 1986 年处于中警区间外，大部分年份处于轻警和无警区间，这说明我国的经济支撑系统对于社会的稳定起到了强有力的支撑作用，这种强力支撑作用从 20 世纪 90 年代以来表现得越来越突出。

表 5　社会分配子系统稳定度详细年份数据及警级分析

年份	SHWD 预警区间	年份	SHWD 预警区间	年份	SHWD 预警区间
1985	0.3756 = 重警	1991	0.5032 = 中警	1997	0.6638 = 轻警
1986	0.3927 = 重警	1992	0.5128 = 中警	1998	0.7155 = 轻警
1987	0.4215 = 中警	1993	0.5451 = 中警	1999	0.7392 = 轻警
1988	0.4623 = 中警	1994	0.5929 = 中警	2000	0.7583 = 轻警
1989	0.4186 = 中警	1995	0.6317 = 轻警	2001	0.7921 = 轻警
1990	0.4652 = 中警	1996	0.6874 = 轻警	2002	0.8116 = 无警

从表 5 来看，我国社会分配系统的稳定度，除了 2002 年处于无警区间的下限以外，其余年份皆有警情，这种警情在 20 世

纪 80 年代的中后期比较严重，90 年代之后逐年有所缓解。

表 6 社会控制子系统稳定度详细年份数据及警级分析

年份	SHWD 预警区间	年份	SHWD 预警区间	年份	SHWD 预警区间
1985	0.6731 = 轻警	1991	0.6237 = 轻警	1997	0.6766 = 轻警
1986	0.6621 = 轻警	1992	0.6423 = 轻警	1998	0.7863 = 轻警
1987	0.6394 = 轻警	1993	0.6931 = 轻警	1999	0.8154 = 无警
1988	0.5921 = 中警	1994	0.7542 = 轻警	2000	0.8431 = 无警
1989	0.5331 = 中警	1995	0.7865 = 轻警	2001	0.8879 = 无警
1990	0.5467 = 中警	1996	0.7140 = 轻警	2002	0.8923 = 无警

从表 6 数据看出，我国社会控制子系统的稳定度，除了 1999 年以来的四个年份处于无警区间外，此前所有年份皆有警情，其中 1988 年、1989 年、1990 年三个年份处于中警区间，反映了当时的社会状况。此外我们还可以明显地看出 1985~1988 年 SHWD 从轻警向中警的下降趋势。

表 7 社会心理子系统稳定度详细年份数据及警级分析

年份	SHWD 预警区间	年份	SHWD 预警区间	年份	SHWD 预警区间
1985	0.6931 = 轻警	1991	0.5979 = 中警	1997	0.7032 = 轻警
1986	0.7153 = 轻警	1992	0.6015 = 轻警	1998	0.7125 = 轻警
1987	0.7419 = 轻警	1993	0.6182 = 轻警	1999	0.7488 = 轻警
1988	0.6165 = 中警	1994	0.6458 = 轻警	2000	0.7524 = 轻警
1989	0.5240 = 中警	1995	0.6731 = 轻警	2001	0.7661 = 轻警
1990	0.5784 = 中警	1996	0.6956 = 轻警	2002	0.7993 = 轻警

由表 7 可见，社会心理子系统的稳定度全部处于有警区间，其中 1988 年、1989 年、1990 年、1991 年四个年份处于中警区间，反映了当时政治风波社会心理形势；其余年份皆处于轻警区间，说明我国在社会稳定的社会心理系统方面一直存在

一些问题，中央提出构建和谐社会实乃英明之举。

表 8　外部环境子系统稳定度详细年份数据及警级分析

年份	SHWD 预警区间	年份	SHWD 预警区间	年份	SHWD 预警区间
1985	0.5657 = 中警	1991	0.5821 = 中警	1997	0.6033 = 轻警
1986	0.5931 = 中警	1992	0.6077 = 轻警	1998	0.6654 = 轻警
1987	0.6294 = 轻警	1993	0.6725 = 轻警	1999	0.7139 = 轻警
1988	0.6428 = 轻警	1994	0.6957 = 轻警	2000	0.7465 = 轻警
1989	0.4604 = 中警	1995	0.7026 = 轻警	2001	0.7786 = 轻警
1990	0.5037 = 中警	1996	0.7152 = 轻警	2002	0.7931 = 轻警

　　从表 8 看，所有年份都出现轻度或中度警情，其中 1985 年、1986 年、1989 年、1990 年、1991 年五个年份处于中警区间。这说明：一方面我国社会稳定的外部环境不存在严重警情，另一方面外部的（社会的和自然的）扰动因素又始终存在。

　　社会的和谐稳定与否，是社会内部各子系统合力作用的结果，拟合上述六个子系统稳定度的曲线和数据，我们可以得到社会总体稳定度走势如图 11 和表 9 所示。

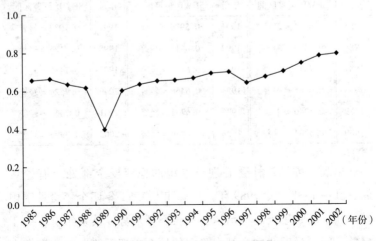

图 11　社会总体稳定度走势

表9 社会总体稳定度走势数据

年份	SHWD 预警区间	年份	SHWD 预警区间	年份	SHWD 预警区间
1985	0.6549 = 轻警	1991	0.6358 = 轻警	1997	0.6425 = 轻警
1986	0.6627 = 轻警	1992	0.6521 = 轻警	1998	0.6733 = 轻警
1987	0.6352 = 轻警	1993	0.6542 = 轻警	1999	0.7014 = 轻警
1988	0.6168 = 轻警	1994	0.6673 = 轻警	2000	0.7438 = 轻警
1989	0.3994 = 重警	1995	0.6912 = 轻警	2001	0.7856 = 轻警
1990	0.6031 = 轻警	1996	0.6975 = 轻警	2002	0.7969 = 轻警

由表 9 可见，我国在 1985～2002 年的各个年份中都存在轻微警情，但是在 1989 年处于重警区间。这说明我国正处于社会转型和矛盾多发期，体制改革的震荡、利益格局的调整、收入差距的扩大，以及某些干部以权谋私的腐败行为，极易诱发社会冲突。稍有不慎，就会导致严重警情的出现。

三 对 1989 年社会危机的模拟预警

众所周知，我国在 1989 年出现了严重的社会危机。在今天看来，那场危机未来之前，我们能否事先发出预警，并对其实施前馈控制呢？回答是肯定的。其实我们在前面对于社会稳定度的回溯性评估，已经具备了对 1989 年危机模拟预警的性质。首先，在 1988 年，社会各子系统的和谐稳定度中就有四个（生存保障、社会分配、社会控制、社会心理）已经处于中警区间，其平均值只有 0.5505；生存保障系统连续四年在中警区间徘徊；社会分配系统连续四年处于重警和中警区间；社会控制系统连续四年呈稳定程度下降、警情级别上升的态势；社会心理系统从 1987 年的 0.7419 陡然下降到 1988 年的 0.6165，说明当时社会舆情已经发生了明显不利的变化；这时外部环境系统处于中警和轻警区间；只有经济支撑系统在

1989 年前的四年中警情呈减轻态势，在 1988 年达到了各个子系统中轻警的最高值 0.7543，已经接近无警区间。试想如果不是当时经济支撑系统的强力支撑作用，社会危机预警的警级不仅会越过中警和重警的临界值，而且很可能越过重警区间进入巨警的阈值范围。综合来看，我国社会稳定的综合指数（或称预警指数）在 1988 年就已经逼近了进入中警区间的临界值，而且是呈连续三年下降的趋势，这时如果我们能够发出中警预报，党和政府采取缓和社会矛盾的前馈控制措施，就有可能遏制社会运行向中警乃至重警发展的势头，避免社会危机的发生。

第八章　前馈控制在我国信访
工作中的应用研究[*]

　　前馈控制在我国信访工作中的应用研究主要体现在对信访问题的监测预警方面。

　　信访问题，主要不是指群众在信访中所反映的具体问题，而是指在信访活动过程中所引发的问题。根据《中华人民共和国国务院信访条例》第二条规定，信访被认为是"公民、法人或者其他组织采用书信、电子邮件、传真、电话、走访等形式，向各级人民政府、县级以上人民政府工作部门反映情况，提出建议、意见或者投诉请求，依法由有关行政机关处理的活动"；联系我国历史上历代政府对待信访或者说准信访活动的治政方式来看，应当说通过信访反映民意，提出意见、建议和投诉本身应该是一个很正常的社会现象，是"不成问题的"。所以本章所指的"信访问题"，要联系我国进入社会转型期以来出现的"信访洪峰"来理解。据有关部门统计，自1993年以来，我国信访

---

　　[*]　本章根据阎耀军和宋协娜、张美莲共同发表的论文《信访问题预警的理论模型及指标体系》(《国家行政学院学报》2010年第3期）和《我国信访问题预警机制的全面整合与系统构建》(《天津大学学报》2010年第4期）编写。

总量呈持续上升趋势，① 在这期间出现过若干次被称为"信访洪峰"的信访高峰，据有关媒体披露，目前我国有高达两千万的信访大军。② 总之，"信访洪峰"的总体特征是信访量非常之大，成千上万的人来到党委和政府部门或者重要公共场所"上访"，表达形式具有激烈化倾向，而信访部门和相关政府部门对其诉求一时难以解决，从而对社会稳定构成严重威胁。这就是我们所说的"信访问题"。③ 所以，可以把信访问题定义为：有悖于正常信访秩序并影响到社会稳定的异常信访行为或信访形式。信访问题的具体表现形式主要是超大规模的集体访和集体越级访，尤其是那些带有对抗冲突性的集体访和越级集体访。

所谓对信访问题进行前馈控制，就是运用现代实证性社会预警方法，④ 在对信访及信访过程中所反映的一系列问题进行系统监测、评估和研判的基础上，提前发现并预报可能引发的信访问题的过程。其目的是早发现、早调处、早解决，从而避免信访问题的发生。信访问题前馈控制系统是我国整个社会管理体系中的一个子系统，但是由于信访问题的产生具有深层的综合性原因，而信访制度又是一种覆盖全社会各个领域和层次的政治制度，所以信访作为反映中国社会问题的一面镜子，它要比其他子系统（如生产安全子系统、公共卫生安全子系统等）具有更强的综合性和覆盖性，因而信访问题的前馈控制在整个社会管理体系中具有十分特殊的重要地位。"为之于未

① 于晓明：《社会转型期山东信访形势分析与对策研究》，山东人民出版社，2006，第 13 页。
② 国外华人媒体《看中国》2009 年第 116 期。
③ 宋协娜、周念群：《略论信访问题预警系统建设》，《理论学刊》2007 年第 2 期。
④ 阎耀军：《现代实证性社会预警》，社会科学文献出版社，2005。

有，治之于未乱。"① 开展信访问题的前馈控制，不仅可以提高我们对信访问题的预见性，从而使信访工作由被动的反馈控制向主动的前馈控制转变，② 而且对于实现和谐信访，维护社会稳定具有极为重要的意义。

第一节　信访问题实施前馈控制的理论模型及指标体系

无论是受控对象还是施控主体都必然有内在的逻辑结构，而揭示这种内在逻辑联系的架构或者说解释系统，就是理论模型。我们对信访问题前馈控制的理论模型及其衍生出的预警预控指标体系设计如下（见图 12）。

该模型由两部分组成，上方实线框图是物理模型，表达信访问题形成的多向度、多因果的逻辑架构；下方虚线框图是评价模型，表达信访问题预警的多方面、多层次的操作架构；中间连接两个框图的虚线箭头表示评价模型脱胎于物理模型的依赖关系。物理模型来源于对错综复杂的信访活动的深入分析，其任务是化繁为简，抽象出信访问题形成的因果逻辑；评价模型承继物理模型的逻辑体系，其任务是展开预警指标体系的骨干支架，以便使一系列导致信访问题发生的具体指标有所附着。

现将该模型中各个模块的理论内涵及其衍生的指标阐释如下。

---

① 《老子》，第六十四章。
② 阎耀军：《加强社会管理的前馈控制研究》，《国家行政学院学报》2006年第 4 期。

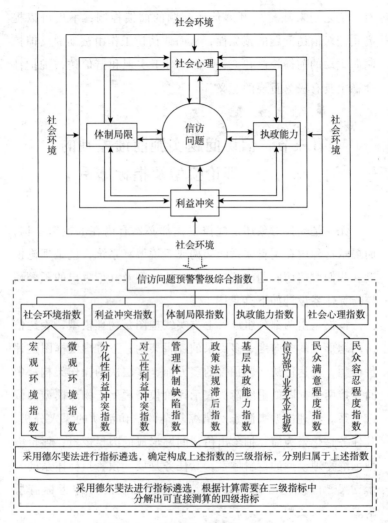

图 12　信访问题前馈控制理论模型

一　信访问题模块

　　如前文所述，"信访问题"从字面上可以有两种理解。一是信访所反映的问题，如对某问题的建议、检举、诉求、求决等。二是由信访处置过程中产生的问题，如重信重访、集体访、越级访以及由信访引起的群体性突发事件等。本模型中"信访问题"模块作为信访问题的集合，主要是指后者，但同时也包含前者，因为后者与前者有着极为密切的联系。两者的区别在于，前者是因问题而信访，后者是因信访而产生问题。但是由于信访问题预警必须通过监测引起信访的具体问题及其原因，才能达到预警信访过程中产生的"信访问题"的目的。因此，本模型把"信访问题"模块定义为以后者为目标指向，前者与后者相关联的集合。

"信访问题"模块是本模型的核心目标模块，即警情模块；其余模块（社会环境、利益冲突、体制局限、执政能力、社会心理）均为警源模块，即产生信访问题的因素模块。它们各自从不同的角度揭示和反映"信访问题"产生的原因，并相互依赖、相互制约和相互影响，发生多向度的和全方位的联系；它们可以单独滋生或诱发信访问题，也会在相互影响中共同滋生或诱发信访问题。因素模块和目标模块之间构成因果关系。

二　社会环境模块

在本模型中，社会环境是指与产生信访问题的政治、经济、文化等所有相关的社会因素的总和。如前所述，信访已有上千年的沿革，新中国的信访制度也有半个多世纪的历史。经验告诉我们，其间信访内容和数量波动的曲线，实际上是社会生活流变的反映，信访问题的形成尤其是"信访洪峰"的出现，与其所处的社会环境密切相关。

我国现阶段的社会环境可从宏观和微观两个层面来观察。从宏观环境来看，我国处于人均 GDP1000～3000 美元的风险高发期。根据国际发展经验，人均 GDP1000～3000 美元通常是一个国家从传统社会向现代社会转变的重要阶段，在这个阶段中，产业结构、城乡结构、就业结构都会发生迅速转型。由于产业、城乡、就业结构迅速转型，社会利益格局剧烈变化，往往容易引起经济失调、社会失序、心理失衡、社会伦理混乱，致使各种社会矛盾层出不穷，各种社会风险爆发概率增高。由此可见，社会发展的宏观环境是形成信访问题的"大气候"。

从微观环境来看，首先，我国各地区的微观环境有所差别。较先进入 1000～3000 美元发展阶段的地区，社会矛盾较之其他地区突出，因而信访问题产生的可能性要高于其他地区；其次，处于社会转型事件节点（如城市化过程中的征地、拆迁；经济结构调整中的企业改制、改组，工人下岗二次就业；等等）的地区或单位，社会矛盾较之其他地区或单位突出，因而信访问题产生的可能性要高于其他地区或单位；再次，社会变动敏感期（如党政机构换届选举、高端外事活动、重大节日纪念日等）易使社会矛盾外显，诱发信访问题的可能性要高于其他时期。为此，我们从宏观环境和微观环境两个方面来设置信访预警测量指标。

1. 宏观环境指数

（1）经济发展阶段：以 GDP 进入 1000～3000 美元发展阶段为阈值区间，分接近、达到、超过三种情况取值。

（2）城市化速度：由征地、拆迁以及农民工进城数量等若干表征城市化发展速度的具体指标的综合值构成（理由提示：随着城市化进程的加快和城市建设的飞速发展，必然涉及大量的征地和拆迁问题以及农民工的社会保障问题）。

（3）所有制结构变化：由反映企业改制改组、劳动就业方面的若干指标的综合值构成（理由提示：随着大批企业进行改制改组和破产倒闭，劳资双方的利益矛盾开始显性化，因劳资纠纷引发的群体性信访必然大幅度上升）。

2. 微观环境指数

（1）民生问题指数：特指当地所有与政策相关的 N 个涉及民生问题的具体指标的综合值（理由提示：不同地区或不同时期的民生问题是动态变化的。为了使这一指标具有普适性，其指数中的具体指标应该是因时、因地制宜的，不可强求一律和一成不变）。

（2）政治敏感期指数：指容易引发或被信访人利用的换届选举期间、重大外事活动期间、政治性纪念日等。

三　利益冲突模块

利益冲突模块在本模型中表达与社会环境相联系并由其决定的各种利益冲突之总和。社会环境中经济基础和社会结构的变化，导致形成新的利益群体和利益格局，社会利益格局的剧烈变化，使社会开始出现较大范围的利益不和谐现象。由利益矛盾引发的群众信访带有很强的物质利益性。民以食为天，物质利益矛盾反映的是分配上的不公平。不平则鸣、不和则访是现阶段群众信访量激增的主要原因，也是我们进行信访问题预警的主要警源。

利益冲突的产生有两种情形：一是利益群体分化所产生的不同利益群体的分化性利益冲突，即当改革触及体制硬核，利益分化割裂了改革共识，强势集团利用掌控的公共资源优势，在公共政策的制定和执行过程中恣意侵吞社会资源，使制度变迁中出现"改革效益强势化"和"改革成本弱势化"的趋向，各种利益差距扩大，致使社会出现大范围的不和谐现象进而导致利益冲突。二是个人私欲膨胀所产生的与公共利益对立的对立性利益冲突。掌握公共资源的人一旦私欲膨胀，便成为侵犯公共利益的贪官污吏。从古至今，只要有贪官污吏侵吞公共利益，就有为维护公共利益奋起反腐倡廉的正义之士。由此，在揭露腐败和掩盖腐败、伸张正义和打击迫害之间便形成了尖锐的对立性利益冲突。因此，本模块拟从分化性利益冲突和对立性利益冲突两个层面测量信访问题的形成。

1. 分化性利益冲突指数

（1）收入差距指数：由城乡收入差距和阶层收入差距的综合值构成。

（2）涉农利益冲突指数：现阶段以失地农民补偿安置到位率、进城务工农民社会保障覆盖率、农民工工资拖欠率等指标综合构成。

（3）涉工利益冲突指数：由调查失业率、下岗职工低保覆盖率、劳资纠纷信访率等指标构成。

（4）特殊利益群体指数：由存在的和潜在的利益受损群体所占的比例综合构成。如环境污染与生态破坏致使利益受损者的比例、复员退伍及伤残军人和困难企业军转干部待遇受损者比例、征地拆迁利益受损者比例等。

2. 对立性利益冲突指数

（1）公款消费占财政总支出比例上升率。

（2）公务人员经济犯罪率。

（3）反腐败举报上升率。

四　体制局限模块

体制局限模块在本模型中，是指在信访处置过程中，由于新旧体制冲突和政策滞后而导致的对某些问题暂时不能妥善解决（或从根本上解决）的信访现象。大量信访事实说明：与新形势、新情况不相适应的旧的管理体制和政策法规，以及面对新形势、新情况而显现的体制缺失和政策空白，是许多信访诉求久拖难决，从而造成越级上访、重复上访和对抗性上访的重要原因之一。

体制局限可以从两个方面看。一是管理体制缺陷。现行信访制度在职能定位和制度设计上，并不具有行政职能，处理信访事项的权力有限，不可以也不可能去解决本应由负有一定职责的国家机关办理的社会事务，面临着法治的挑战。因此，现行信访体制中存在的一些不足被认为是制约化解信访矛盾的瓶颈。二是政策法规滞后。在社会转型过程中，处理信访诉求的难易程度之所以发生了很大变化，就是因为现在有许多问题尚缺乏从根本上进行处理的政治条件和法律条件。比如，国有企业破产可以按照《企业破产法》进行，但集体企业破产则无法可依；城市房屋拆迁可以按照有关条例办理，而农村房屋拆迁补偿则无章可循，补偿标准过低；还有困难企业军转干部问题以及进城农民工的社会保障问题等均属此类。

为了在信访预警中客观地反映上述情形，我们分管理体制缺陷和政策法规滞后两个方面进行测量。

1. 管理体制缺陷指数

（1）信访有序化程度（从信访标准的建立和实行方面定性考察）。

（2）大信访机制整合程度（从信访整合机制的建立和实行方面定性考察）。

2. 政策法规滞后指数

（1）无法可依的信访案件占总信访量比重。

（2）新旧政策冲突信访案件占总信访量比重。

五 执政能力模块

信访活动作为一种社会现象，其动态从来就与执政者的执政能力高度相关。我国所处的社会转型期既是发展的黄金期，又是矛盾凸显期、利益格局调整期和矛盾纠纷多发期，由此而带来的信访量增多，从某种意义上讲也是一种正常现象。解决的办法不是消除信访，也不可能消除信访，而是如何实现信访正常化。信访正常化包括信访总量和上访规模的正常化、处理信访案件程序和效率的正常化、信访人心态和期望值的正常化等等。从某种意义上讲，这对政府执政能力是一个考验。经验告诉我们，越级群访大都事出有因，或因一项政策或法令出台失当，或因政府一项行政行为谬误。由此可见，低劣的执政能力和复杂的社会矛盾所形成的反差，是信访问题产生的一个十分重要的警源。

我国是一个大国，如果所有的信访案件都集中到中央，势必造成秩序的混乱，从而影响社会稳定。国家信访局认为，当前进京群众信访反映的问题中，有80%是可以通过各级党委和政府的努力在基层得到解决的。地方政府没有提供应有的帮助是导致来京上访人数增多的重要原因。所以，要实现处理信访案件程序和效率的正常化，杜绝信访问题的出现，加强基层的执政能力是关键。

基层的执政能力也包括基层信访部门的业务能力。信访部门业务水平是执政能力在信访工作中的具体体现。目前居高不下的信访量以及上访秩序的混乱虽然主要不是由信访部门的工作质量所引起的，但现时期信访部门作为调解人民内部矛盾的重要部门之一，具有利益表达、矛盾疏导、问题督察等重要功能，其业务水平的高低无疑也会对信访问题产生某种影响。因此，对其工作质量的测量，也应该是信访预警的重要方面之一。为此，我们在本模块中设置基层执政能力指数和信访部门业务水平指数两个指数指标。

1. 基层执政能力指数

（1）施政不当引发信访案件占总信访量比重。

（2）信访首次性结服率。

（3）重信重访率。

（4）越级集体访次数。

2. 信访部门业务水平指数

（1）信访工作前置程度：由领导下访次数等反映信访关口前移的具体指标组成。

（2）信访工作规范程度：县、乡、村实行信访工作标准化比率。

（3）信访问题预测能力：由反映开展问题排查、舆情分析、风险评估、预警预控工作情况的指标组成。

（4）安全情报沟通能力：由反映信访工作信息化的软硬件水平及其与安全、公安等部门情报信息互动的指标组成。

六　社会心理模块

信访行为是信访者带着激烈情感活动的行为，所以信访预警实际上是对信访人"人心"的测量。众多人心的聚合，形成反映民众心态的社会心理。社会心理因不易直观而往往被忽视，但是社会心理一旦对信访问题产生强化作用，就会让人对信访形势的变化感到突然，从而丧失在形势变化面前的主动权。在实践中，我们对信访形势的分析无论多么符合"理性"、多么"科学"，但往往由于忽视了群众的思想情绪和社会心理的变化而出现判断失误。所以信访预警不能见物不见人，见人不见人心。因此，我们在信访问题预警模型中设置"社会心理"模块，用以测度社会心理形势变化对信访问题产生的影响。

实践经验表明：在许多群体性事件中，会有不少非直接利益群体参与其中，这说明不满情绪的蓄积会形成潜在的社会心理形势，从而使人们的行为趋向发生变化。这种变化在信访过程中是以相对平和的方式出现还是以突发震荡的方式出现，取决于社会心理问题的蓄积能否适时有效地予以缓解。当然，也不是所有社会心理现象都是信访问题的构成因素，需要注意的只是对信访问题可能会发生作用的若干社会心理现象，这些社会心理现象不是固定不变的，但在一个时期里又具有相对固定性。因此，我们选择民众满意程度指数和民众容忍程度指数，从正负两个方面来测度社会心理形势对信访问题的影响。这两个指数的具体指标构成如下。

1. 民众满意程度指数

（1）对政府官员秉公办事的满意度。

（2）对干群关系的满意度。

（3）对政府执政能力的满意度。

2. 民众容忍程度指数

（1）对司法不公正的可容忍程度。

（2）对行政不作为的容忍程度。

（3）对收入差距的容忍程度。

表 10　信访问题预警指标体系一览

一级指标	二级指标	三级指标	四级指标
信访问题预警警级总指数	社会环境指数 宏观环境指数	01 经济发展阶段	以进入 1000～3000 美元发展阶段为阈值区间，分接近、达到、超过三种情况取值
		02 城市化速度	由征地、拆迁以及农民工进城数量等若干表征城市化发展速度的具体指标的综合值构成
	微观环境指数	03 所有制结构变化	由反映企业改制改组、劳动就业方面的若干指标的综合值构成
		04 民生问题指数	根据当地当时的情况由 N 个涉及民生的具体问题的综合值构成
		05 政治敏感期指数	领导班子换届选举期、重大外事活动期、政治性纪念日
	利益冲突指数 分化性利益冲突指数	06 收入差距指数	城乡收入差距、城乡阶层收入差距（按五等分法）、其他……
		07 涉农利益冲突指数	失地农民补偿安置到位率、进城务工农民社会保障覆盖率、农民工工资拖欠率、其他……
		08 涉工利益冲突指数	调查失业率、下岗职工低保覆盖率、劳资纠纷信访率、其他……
		09 特殊利益群体指数	由存在的利益潜在的各个利益受损群体所占的比例综合构成
	对立性利益冲突指数	10 公款消费占总财政支出比例上升率	（已是具体统计指标，不再分解）
		11 公务人员经济犯罪率	（已是具体统计指标，不再分解）
		12 反腐败举报上升率	（已是具体统计指标，不再分解）

续表

一级指标	二级指标	三级指标	四级指标
信访问题预警警级总指数 — 体制局限指数	管理体制缺陷指数	13 信访有序化程度	主要领导接访比率、接访场所达标率、接访档案规范程度、由信访转为来访比率
		14 大信访机制整合程度	成立"接访中心"比率、信访联席工作会议、相关信息和情报共享程度、接访听证制度……
	政策法规滞后指数	15 无法可依信访案占总量比重	(已足具体统计指标，不再分解)
		16 新旧政策冲突信访案占总量比重	(已足具体统计指标，不再分解)
		17 施政不当引发信访案件占总访量比重	(已足具体统计指标，不再分解)
执政能力指数	基层执政能力指数	18 信访首次性结服率	(已足具体统计指标，不再分解)
		19 重信重访率	(已足具体统计指标，不再分解)
		20 越级集体访次数	(已足具体统计指标，不再分解)
	信访部门业务水平指数	21 信访工作前置程度	由领导下访次数等反映信访关口前移、把信访接待场所设到最基层的具体指标组成
		22 信访工作规范程度	县、乡、村实行信访工作标准化比率
		23 信访问题预测能力	由反映开展问题排查、舆情分析、风险评估、预警预控工作情况的指标组成
		24 安全情报沟通能力	信息化软硬件水平、相关部门信息沟通情况

续表

一级指标	二级指标	三级指标	四级指标
信访问题预警警级总指数 社会心理指数	民众满意程度指数	25 对官员秉公办事的满意度	问卷调查
		26 对干群关系的满意度	问卷调查
		27 对政府执政能力的满意度	问卷调查
	民众容忍程度指数	28 对司法不公正的容忍度	问卷调查
		29 对行政不作为的容忍度	问卷调查
		30 对收入差距的容忍度	问卷调查

总结上述指标体系框架，共分为五个层次四级指标。第一个层次是目标层（信访问题预警警级总指数），第二个层次以下都是因素层，第三层次是第二层次内部构造的分解，第四层次是第三层次内部构造的分解，从而形成既层层向下深入分解又层层向上递归综合的金字塔结构式的预警指标体系。各级指标中每个指标的权重，均系运用德尔斐法和 AHP 法确定。需要特别说明的是，本章所设权重值，为特定区域和特定时期的调查值，仅供实际用户参考。具体用户在使用本指标体系时，尤其是第四级指标，其权重值乃至指标设置，完全可以根据当时当地的具体情况适当调整。

第二节　信访问题前馈控制系统的整合和运行机制

信访问题前馈控制机制是指信访系统为发挥其前馈控制功能，以一定的规则规范系统内各组成要素间的联系的内在协调方式。信访问题前馈控制机制由信访预警系统的组织机构、职责分工、运行流程、监督执行以及保障系统构成。根据前馈控制机制的功能链条，信访问题管理活动可分为信息汇集、信息分析、警情研判、警级发布、警势预控、应急管理等环节。只有当上述要素环节全面整合，并一一贯穿到信访以及和信访相关系统的各个职能部门中去并协同运转，信访问题前馈控制机制的系统构建才能真正达成。

一　全面整合我国信访问题前馈控制机制的必要性

全面整合信访问题前馈控制机制，是指在高层领导者的统一领导和参与下，通过法律的、制度的、政策的作用，在包括预警专业技术在内的各种资源支持系统的支持下，通过整合组织和社会协作，通过全程的前馈控制管理，提升政府对信访问题管理的能力，以期有效预防、回应、化解和消弭各种信访问题，从而保障社会的稳定，实现社会的正常运转。

全面整合信访问题前馈控制机制，不仅指整合信访部门内部现有的各种资源，还包括与信访相关机构的组织和协作，因为只有建立起内外结合、上下联动、主辅交叉的预警网络，信访前馈控制机制才具有普适性和全面性，才能保证其运行的规范、协调和高效。

全面整合信访问题前馈控制机制，对于提升对潜在信访问题的预警能力，应对近年来不断攀升的信访总量和频频发生的大规模越级上访，尤其是带有冲突性的信访行为，具有重要意义和迫切性。当前，我国正处于社会转型的关键时期，由于产业结构、城乡结构、就业结构迅速转型，社会利益格局剧烈变化，往往引起经济失调、社会失序、心理失衡、社会伦理混乱，致使各种社会矛盾层出不穷，各种社会风险爆发概率增高。信访是反映中国社会问题的一面镜子，自 1993 年以来我国信访总量呈持续上升趋势和数次"信访洪峰"，鲜明地印证了这种情况。因此，中央从十六届三中全会以来的历次全会上反复强调要建立健全社会预警体系。信访作为一种反映社会稳定的晴雨表，不仅是全社会预警体系的有机组成部分，而且是一个具有相对独立性的重要的预警子系统。这个子系统是否能够形成中央在《关于加强党的执政能力建设的决定》中提出的"统一指挥、功能齐全、反应灵敏、运转高效"的管理机制，对于我们超前化解和应对信访问题，维护社会稳定影响甚大。然而不容乐观的是，尽管我们在信访工作的局部地区、局部环节或个别

单位中建立了一些诸如"信访风险评估""信访问题排查"等
具有信访问题预警意义的制度和做法，但就整体而言，仍为一
鳞半爪，不仅不成体系，也不尽符合预警规范。尤其是在组织
机构上，信访机构庞杂繁多，归口不一，不仅信息难以共享，
而且政策掌握不一，工作范式各异。所以我们可以认为，具有
全面整合意义的系统的信访问题预警机制远没有形成。毋庸讳
言，信访问题预警机制的不完备直接削弱了我们对"潜在信访
问题"的超前预知能力，进而对"信访洪峰"的到来应对乏力。

因此，我们必须按照中央建立畅通、有序、务实、高效的
信访工作新秩序，实现新时期"统一领导、部门协调，统筹
兼顾、标本兼治，各负其责、齐抓共管的信访工作新格局"①
的要求，对信访问题前馈控制体系和机制进行全面整合。

二　全面整合我国信访问题预警机制的基本原则

全面整合我国信访问题前馈控制机制是一项复杂的系统工
程，涉及方方面面的工作。但择其要者，不外乎预警所依附的
载体——预警组织结构的整合、预警所依赖的方法——预警工
具系统的整合、预警所指向的目标——预警和预控的整合。为
了实现这三个方面的整合，我们必须提出信访问题前馈控制机
制系统构建的基本原则。

（一）科学规范的原则

预警活动自古有之，人类历史上曾先后出现过神灵性预
警、经验性预警、哲理性预警和实证性预警四种形式，逐步走
向科学。可以说现代预警作为一种基于超前认识的管理活动，

---

① 《中共中央、国务院关于进一步加强新时期信访工作的意见》（中发
〔2007〕5号）。

已经发展成为一种比较完备的科学体系。构建信访问题预警体系要遵循科学规范原则，表明信访问题预警机制系统的构建要以科学化为追求目标。预警机制系统是否具有科学性，是决定该机制系统在实践工作中是否能够发挥作用的关键和前提。信访问题预警机制构建的科学性主要体现在理论模型的科学性，预警指标的可靠性、动态性、可操作性，预警过程的规范性、严谨性，预警组织设置的合理性和运行程序的有效性等方面。例如，现代实证性预警理论认为，实施预警的主要工具是由一系列先兆指标组成的预警指标体系。如果没有指标体系，就无法实现定性和定量结合的科学预警。但是我们在调查中发现，一些地方自称已经建立了信访预警机制或开展了信访预警工作，但一问他们并没有建立起一套预警指标体系，所以他们这种预警是不符合科学规范的。围绕着预警指标体系这个核心工具，还会有德尔斐专家调查法、舆情或民意调查法、风险评估法等一系列预警工具，这些都需要在科学规范的原则下予以整合。总之，构建信访问题预警机制是一项系统工程，必须在符合科学规范的条件下才能真正建立。

（二）尊重实践首创原则

构建信访预警机制不能闭门造车，不能单靠逻辑演绎，更不能简单照搬西方的理论和做法。信访制度是一项中国特色的政治制度，必须从中国的国情出发，必须从中国信访工作的实践出发，将广大信访工作者的相关做法和创造加以总结提炼并使之与现代预警理论相结合，进而形成适用于中国国情的信访问题预警体系。事实上，在多年的信访工作实践中已经存在着不少有信访问题预警意义的相关做法，如"信访工作关口前移机制""领导干部下访机制""潜在信访问题排查机制""信访风险评估预测机制""信访代理机制""舆情分析机制"，以及具有会诊和协调性质的"信访工作联席会议机制"等。这些做法和经验都是十分宝贵的，只是犹如散落的无线之珠，需要我们以现代预警理论之线加以串联编织，形成科学的信访问题预警体系。这也是我们所倡导的"全面整合"的题中应有之义。

（三）预警与预控相结合原则

在预警机制的构建中，预警和预控应该是不可分割的两个方面，因为预警的目的在于实现预控。离开预控，预警也就没有任何意义。但是从学理上分析，预警和预控确有区别。

——从"预警"来讲，有两种情况：一种情况是成功的预警之后人们可以通过事先纠偏等调控措施，掌控事态的变化和进程，使警情不致出现，这就无所谓"应急管理"；另一种情况是预警虽然成功，但人们无法掌控事态的发展变化，所以事先准备应对预案以防不时之需，这种早有防备的应对是从容的应对，而不属于严格意义上的"应急管理"。

——从"预控"来讲，也有两种情况：一种情况是有预警但预警失效（这是难免的），始料未及的事件突然发生了，这就必须有对"突发事件"的应急管理；另一种情况是根本无法预警（因为有些事情是不能预警或者很难预警的，即天有不测风云），人们只是根据过去的经验提出种种假设：如果某种事情一旦发生了应该怎么办？所以，事先制定种种相应的预案以防不测，这就必须有对"可能事件"的应急管理。

上述分析说明：预警的目的在于实现预控，而要预控就必须做好预警和在预警失效情况下的预案，社会预警的实质在于实现社会控制。社会控制分为反馈控制（事后控制）和前馈控制（事前控制）。"预警"属于前馈控制，"应急"属于反馈控制，两者是辩证统一的，也是不能脱离和不能偏废的。中央对社会预警的提法，从原来单纯提"建立健全社会预警体系"到进一步提出"建立健全社会预警机制和应急管理体系"的改变，其重要的用意之一，我们理解就是要把预警和预控更好地结合起来。但是现在的问题是预警和预控的脱离仍为预警机制建设中的通病。学者们只关心预警研究，至于如何预控，他们认为那是政府的事情。学者们认为他们的任务是发现和指出问题，而解决问题是政府官员们的事情，因此多疏于预控研究。从实践上看，政府官员们对学者们的那些似乎"耸人听闻"的预警只是姑妄听之。由于缺乏一种约束机制，尤其是具有刚性的制度约束，他们对一些预警研究往往敬而远之，认为是自己任期内解决不了或心存侥幸不会遇到的问题。鉴于此，在信访问题预警机制全面整合的系统构建中，必须把预警与预控的结合作为一个重要原则并给予高度重视。

三　信访问题前馈控制机制的全面整合模式暨系统构建

任何机制都是一个系统。在机制系统中，我们把系统的构成要素和要素间的组合秩序称为系统的静态结构，把系统要素间相互作用的方式称为系统的动态结构。系统的静态结构是系统的"硬件"，它决定该系统是此系统而非彼系统，是系统具有其特定功能的基础；系统的动态结构是系统的"软件"，它决定着系统要素间动态作用的方式，调整着系统要素功能发挥的方向与强度，以达到系统整体功能最大化的目的，规定系统要素和系统整体运行所依据的基本准则。在大信访格局的概念下建立信访问题预警机制的模式系统，不仅需要对信访和涉及信访系统的静态结构进行一定程度的要素调整，更重要的是需要对信访和涉及信访系统的动态结构进行创新和重塑。鉴于此，我们对信访问题预警机制模式系统的设计拟从静态结构和动态结构两个层面展开。

（一）系统的静态结构——信访问题预警机制组织结构模式的设计

全面整合理论中的一个重要概念是组织整合（又叫组织化），是指通过组元之间的制度和组织结构的设计以实现各部分之间较为稳定的关联过程与状态。组织机构犹如机制的骨骼，它不仅构成机制运行的载体，同时也反映了机制的宏观架构。要想从建立信访问题预警机制的角度对原有的信访组织体系进行整合，必须在分析信访系统现行组织机构结构的基础上，按照建立信访问题预警机制的要求进行必要的调整和重塑。现将我们设计的信访问题预警机制模式的静态结构图示如下（见图 13）。

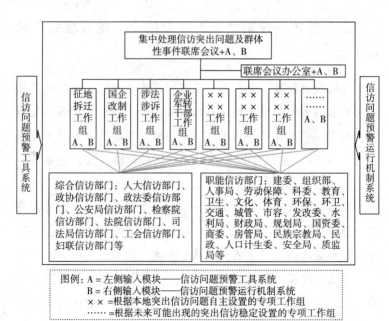

图 13 信访问题预警机制模式的静态模型

上述模型显示，要想使庞杂的信访系统全面整合为"统一领导、部门协调、统筹兼顾、标本兼治、各负其责、齐抓共管的信访工作新格局"，必须依靠信访联席会议制度。实践证明，信访联席会议是一种对庞杂林立的信访机构的有效整合方式。这种制度是根据胡锦涛对 2003 年"信访洪峰"批示于2004 年建立的，全称为"集中处理信访突出问题及群体性事件联席会议"，其主要职责是了解、掌握信访突出问题及群体性事件的情况和动态，针对信访突出问题及群体性事件提出对策建议，组织协调有关方面处理跨部门、跨行业、跨地区的信访突出问题及群体性事件，督促检查有关部门和地方处理信访突出问题及群体性事件各项措施的落实。其实这些职责中已经隐含了对信访问题预警的职能，我们在模型中添加 A、B 两个要素群，意在对其进一步突出强调并系统化和规范化。

从预警的角度看，信访联席会议不仅具有舆情汇集和信息共享的功能，而且具有沟通警情和集体研判的功能。因此，模型要求各省、市、县以及乡镇政府均应以信访联席会议的形式，对信访预警机构进行整合。信访联席会下设联席会议办公室，作为信访问题预警的常设机构，行使信访问题预警中心的职能。信访联席会议办公室主任应由高于同级各部委办局的领导担任，或由"低职高配"的信访办（局）主任兼任，以确保信访组织整合的权威性效果。

图 13 所示模型还显示，在信访联席会议及其办公室下面，根据突出的信访问题设立若干专业工作组，如征地拆迁问题、国有企业改制问题、涉法涉诉问题、企业军转干部问题等，每个小组模块有两条线连接所有的"综合信访部门"和"职能信访部门"，表明他们有权就专门领域的信访预警，进行多维交叉的跨部门整合。

图 13 中左右两侧的输入模块，左侧的模块表示预警工具系统的输入：在模型的各个层次中，均需运用以预警指标体系为核心工具的一系列规范的预警方法和技术手段，通过专用的政务网络平台，形成信息共享和制度化的沟通和交叉连锁机制；右侧的模块表示预警运行机制系统的输入：在模型的各个层次中，均需与信访问题预警运行机制的动态模型（即操作流程模型，见图 14）相链接并切实贯穿到各自的工作中去。在每个层面内部形成相对独立的信访问题预警体系的同时，保持对外部的开放性和有效的链接与协同。

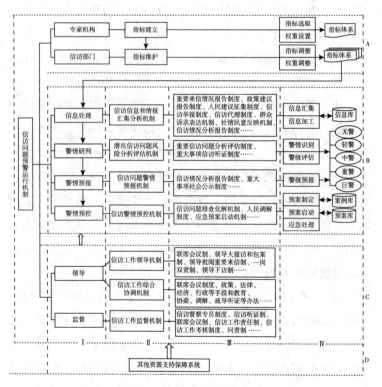

图 14　信访问题预警机制模式的动态模型

（二）系统的动态结构——信访问题预警运行机制模式的设计

信访问题预警运行机制模型由 A、B、C、D 和 Ⅰ、Ⅱ、Ⅲ、Ⅳ 的多维矩阵组成。从纵向排列来看，信访预警运行机制模式主要由以细虚线分割的 A、B、C、D（见图 14 右侧）自上而下的四大模块构成。

A——指标体系构建和维护模块：该模块位于整个运行机制的最上方虚线框内，这意味着指标体系是预警工作的依据和前提。指标体系的形成主要依靠专家机构和信访部门的工作人员共同研发设立，并在实践中不断修正和完善。指标的多少、权重都是随着信访问题的变化而不断变化和调整的。

B——预警运行流程模块：该模块位于整个运行机制的中间部位，表明其为预警运行系统的核心流程。从预警活动的一般管理过程来看，信访问题预警主要包括信访信息处理、信访问题警情研判、信访问题警情预报、信访问题警情预控四个主要任务。

信访信息处理指信息汇集和分析。信访问题预警运行机制系统内的各个部门要严格按照既定指标体系的范围采集，将能够反映信访问题发展趋势的重要信息进行分类、汇总、存储，以生成新的信息库。然后从信息库中提取有用信息，进行数据的简单整理和加工，初步诊断信访问题的态势。

信访问题警情研判指警情研究和判断警级。根据信息处理部门汇报的预警状态数据值来识别警情。寻找警源并最终对警级进行评估，在警情演示系统中用五种不同颜色来表示"无警""轻警""中警""重警"和"巨警"。

信访问题警情预报。警级评估判定后一方面要按规定程序向有关部门及时呈报，另一方面可根据需要借助媒体力量发布警级，并公布相应的预控对策；同时要密切跟踪报道警情的发展状况，使各方面都及时参与到预控管理过程中来。

信访问题警情预控指在发现危机或得到危机警报后，对危机发展态势进行及时、有效的预先控制行为。通过警势预控可以用较小的代价迅速化解危机，避免危机的扩大和升级，掌握危机应对的主动权。做法是从已有的案例库中提取类似问题的预控对策加以适当改进形成新的预控对策并进行最佳选择，最终落实。

C——信访预警领导、监督保障模块：该模块位于运行机制模型下部，这表明强有力的领导机制和监督机制是整个系统运行的基础性条件。信访预警工作的开展离不开强有力的领导机制和卓有成效的监督机制。做好信访工作，搞好信访问题预警必须加大领导力度，事实表明，只有领导高度重视，工作才能开展得好。此外，预警的整个过程还应当接受监督，可以通过岗位责任制、问责制、评估、奖惩等形式实现。

D——其他资源支持保障系统模块：位于整个大虚线框下方，是该机制运行和发挥作用不可或缺的重要基础，具体包括组织保障、制度保障、技术保障和资金保障等等。

本模型从横向排列来看，信访预警运行机制模式主要由以粗虚线分割的从左至右Ⅰ、Ⅱ、Ⅲ、Ⅳ四个部分，即预警活动、预警机制群，相应具体制度群，具体任务以及台账、库等构成。

Ⅰ——预警流程模块：依次是信息处理—警情研判—警情预报—警情预控。此外还包括领导、监督两个关键任务。统一领导、严格监督是预警活动有效的保证。监督是针对整个过程而言的，采取的形式和机制多种多样。

Ⅱ——机制保障模块：对应Ⅰ中的预警流程依次建立保障机制：信访信息和情报汇集分析机制、潜在信访问题风险分析评估机制、信访问题警情预报机制、信访警情预控机制。

Ⅲ——机制构成模块：对应Ⅱ中的机制，汇集整合各种相关制度、措施或子机制。从实践来看，全国各地已经产生了众多带有机制性的做法和举措，图14中仅为列举而已。

Ⅳ——功能输出模块：表示前述模块Ⅰ、Ⅱ、Ⅲ运行后生成的具体功能。这些功能如图14所示有调整后的指标体系、各种信息资料库，如案例库、预案库等。

第三节　基于 MIS 的信访预警预控管理信息系统构建设想

通过对信访预警理论模型较为全面、系统的分析，构建一套综合、系统的判别信访工作是否处于危机状态的指标体系，并建立较为完善的信访预警机制。然而，如果在使用过程中，采用人工来利用该指标和机制完成信访预警工作，由于专家数量和数据量较多，其难度很大并且成本极高。同时，预警管理的核心在于危机及相关指标的实时跟踪、监测和反馈，大量的重复计算是任何信访部门所难以承担的。因而，有必要实现评估模型的软件化，开发出相应的可操作的电脑软件，于是我们提出构建信访预警管理信息系统。

信访预警管理信息系统，是指在信访监测—评估—预警—预控理论基础上，利用国家信访工作计算机管理系统平台和互联网信息技术，通过建立统一的、法定的规范、数据标准、数据交换格式的软件系统，制定相应的制度和管理办法，实现各级信访管理部门之间，以及信访管理部门内部各职能部门之间的信息共享，使相关部门做出及时准确的预警，并启动应急机制消除危机的一套软件系统。①

目前，随着危机管理研究领域的扩大和研究深度的加强，危机管理中的信息问题日益突出，国内外专家学者越来越注意到信息技术在危机管理中的应用，但关于信访多见于信访信息管理系统的构建，专门针对信访预警管理的信息系统研究尚属首创。但全局性的危机信息管理、公共卫生、企业预警等方面的研究已经有很大的进步，对我们研究信访预警管理信息系统的建设起到了很好的范例作用。2009 年 12 月 12～13 日"第四届国际应急管理论坛暨中国（双法）应急管理专业委员会第五届年会"（International Symposium on Emergency Management 2009）在北京召开，会议主题覆盖涉及企业危机管理（包括危机的预测与响应）、城市发展中的公共安全与危机管理、灾难管理的地理信息系统、行业危机管理、事故管理等领域，大会就用户需求、监控与处理、地理信息系统、系统与软件开发、人机交互、训练与仿真及其他相关内容进行探讨。预警管理与系统软件开发的联系日益密切，其理论研究及实际操作都呈现前所未有的盛况，对信访预警管理信息系统的开发研究都有着重大的帮助和启发。

一 信访信息化基础建设基础上的信访预警管理信息系统构建

自 1999 年 1 月 1 日起，中共中央办公厅、国务院办公厅

---

① 王慧、阎耀军：《信息技术在民族危机关系预警管理中的应用》，《延边大学学报》2009 年第 5 期。

信访局"信访工作计算机管理系统"正式运行。自 2005 年 5 月 1 日起施行的《国务院信访条例》第十一条明确提出：国家信访工作机构充分利用现有政务信息网络资源，建立全国信访信息系统，为信访人在当地提出信访事项、查询信访事项办理情况提供便利。县级以上地方人民政府应当充分利用现有政务信息网络资源，建立或者确定本行政区域的信访信息系统，并与上级人民政府、政府有关部门、下级人民政府的信访信息系统实现互联互通。《国务院信访条例》从法律的角度明确了信访信息化建设的地位。2006 年 8 月 5 日，胡锦涛总书记在听取关于信访工作汇报时做出重要指示："改进和做好信访工作要充分利用信息化工具和手段，要建立和完善信访信息系统，可以先建从中央到省这一级，然后逐步推进到市（地）、县。从最初接受信访、建立信访档案，到具体经办人，以及办结时间和结果等都要纳入这个系统。这样，信访部门既可以通过信访信息系统这个平台向信访人员反馈办案情况，也可以使信访人员和有关领导通过这个系统直接了解有关问题解决的进度和程度。减少人员往返，节省人、财、物力，提高信访工作效率，提高信访管理水平。"

由此可见，信访信息化建设基础条件已经成熟。一是以全国政府专网为基础，实现了国家信访局与国务院办公厅、部分省信访局、部分地市信访工作机构的互联互通；同时，各级信访工作机构经过近 10 年的努力，计算机等信息化建设基础设施已经具备。二是各级信访干部具备了与信息化相关的基础知识。三是随着信息技术的飞速发展，支持信访信息化建设的技术手段已经完备。信访信息化基础条件的完备为信访预警管理信息系统的运行提供了不可或缺的平台。① 借助这个平台，可以使相关部门同步得到原始信息、获得更多的信息评价、进行多渠道的信息对比，从而集中精力分析处理那些对信访问题有重大或潜在重大影响的信息，获得危机的先兆信息，为准确的危机决策或为决策咨询提供保证，估计出危机发生的概率及危害程度，然后决定每一种危机预警范围和预警对象，对可能出现的危机进行实时监控并迅速做出反应，从而收到准确、及时、事半功倍的效果。

二 MIS 下的信访预警管理信息系统基本功能

信息技术引入管理后所形成的管理信息系统（Management Information System，MIS）经历了电子数据处理（EDF）阶段、狭义管理信息系统阶段、决策支持系统（DSS）阶段、广义管理信息系统阶段。特别是广义管理信息系统可定义为一个以人为主导，利用计算机硬件、软件、网络通信设备以及其他办公设备，进行信息的收集、传输、加工、存储、更新和维护，以企业战略竞优、提高效益和效率为目的，支持企业的高层决策、中层控制、基层运作的集成化的人机系统。② 在此定义基础上，信访预警管理信息系统具有如下基本功能。

1. 信息的收集

任何信息系统，如果没有实际的信息，那么它理论上的功能再强，也是没有任何实用价值的。根据数据和信息的来源不同，可以把信息收集工作分为原始信息收集和二次信息收集两种。原始信息收集是指在信息或数据发生的当时当地，从信息

---

① 朴顺玉：《管理信息系统》，中国人民大学出版社，1994。

② http://baike.baidu.com/view/2670.htm。

或数据所描述的实体上直接把信息或数据取出，并用某种技术手段在某种介质上记录下来，它要求时间性强、校验功能强、系统稳定可靠；二次信息收集则是指收集已记录在某种介质上，与所描述的实体在时间与空间上分离开的信息或数据。[①]其关键在于有目的地选取或抽取所需信息和正确地解释所得到的信息，具体来讲，就是由于时间和空间的分离而在不同的信息系统之间在指标含义、统一口径等方面的统一认识。在信访预警实际工作中，例如，某一地区的某些信访指标是由各县的数据加工获得的，可以将从地区收集的信息视为原始收集，但是从另一方面来看，所谓地区这一实体是虚的，其属性值的计算是依据其下属单位所提供的数据加工而获得的。因此，省信访部门和地区信访部门之间的关系同样需要注意指标解释、口径统一等二次信息收集中所应考虑的问题。

2. 信息的存储

信息系统必须具有某种存储信息的功能，否则它就无法突破时间与空间的限制，发挥提供信息、支持决策的作用。即使以信息传递为主要功能的通信系统，也要有一定的记忆装置，否则就无法管理复杂的通信线路。无论哪一种信息系统，在涉及信息的存储问题时，都要考虑存储量、信息格式、存储方式、使用方式、存储时间、安全保密等问题。简单地说，信息系统的存储功能就是保证已得到的信息不丢失、不走样、不外泄，整理得当、随时可用。[②]为了满足这些要求，人们在逻辑组织与技术手段上都做了大量的工作，取得了显著的成效。

3. 信息的加工

除了极少数最简单的信息系统，如简单的小型查询系统

---

① G. 戴维斯：《管理信息系统》，新疆人民出版社，1988。
② 朴顺玉：《管理信息系统》，中国人民大学出版社，1994。

外，一般来说，系统总需要对已经收集到的信息进行某些处理，以便得到某些更加符合需要或更加反映本质的信息，或者使信息更适于用户使用，这就是信息的加工，并可以分为数值运算和非数值数据处理两大类。数值运算包括简单的算术与代数运算、数理统计中的各种统计量的计算及各种检验、运筹学中的各种最优化算法以及模拟预测方法等。非数值数据处理包括排序、归并、分类以及平常归入字处理（Word Processing）的各项工作。关于信息的加工，一般认为，信息经过加工后，更加集中、更加精练、更加反映本质。这在许多情况下是正确的。但是必须看到，信息加工过程是人们按照自己已有的认识去粗取精的过程，必然舍弃了某些自己认为"粗"的、带偶然性的内容。这一取舍是否得当，往往是需要事后验证的，应持比较谨慎的态度。[①]

4. 信息的传递

信息的传递并不只是一个简单的传递问题。信息系统的管理者与计划者必须充分考虑所需要传递的信息种类、数量、频率、可靠性要求等因素。在实际工作中，信息传递问题与信息的存储常常是联系在一起的。当信息分散存储在若干地点时，信息的传送量可以减少，但由于分散存储带来的存储管理上的一系列问题，如安全性、一致性等，就会变得难以解决。[②] 如果信息集中存储在同一个地点，存储问题就比较容易解决，但信息传递的负担将大大加重。实际工作中常常面临这二者的权衡和合理选择。

5. 信息的提供

信息系统的服务对象是管理者，因此，它必须具备向管理

① 陈禹：《信息系统的分析与设计》，电子工业出版社，1986。

② P. Coad. *Object Oriented Analysis*，Jorden，1990.

者提供信息的手段或机制，否则它就不能实现其自身的价值。提供信息的手段是信息系统与管理者的接口或界面，它的情况应视双方的情况来定，即需要向使用者提供的信息情况以及使用者自身的情况。

以上列举了信息系统的五项基本功能。在具体的信息系统中，它们的实现机制是极不相同的，在设计中考虑的优先次序也是因系统而异的。但是，任何一个信息系统，都必须设置必要的部分去完成这些功能，任何一个环节上的疏漏都将使整个信息系统失调。现将以上的讨论用表格形式予以综合。[①]

三　信访预警预控管理信息系统的具体功能

根据信访预警实际工作要求，把现在应用的业务处理系统（电子数据处理系统）、管理信息系统、决策支持系统以及办公信息系统置于统筹规划，全面安排、控制与管理之下，把信息作为资源来看并予以处理，以实现信访预警管理目标。该系统可主要设置以下功能子模块。

模块一：用户权限管理子模块

系统依据相关工作管理部门人员的工作范围、职责等原则，设置、分配不同的访问权限和操作权限。用户权限的具体划分要适应平台的设计，满足必需的系统访问及操作权限，从而实现根据用户权限限制用户访问和操作的功能。通过本模块可以查看、设置用户的角色权限以及系统使用记录等。

模块二：系统管理配置子模块

关联系统配置接口，通过该模块用户可以完成以下操作：

（1）根据实际情况和需要，管理、配置系统各功能模块

---

① L. 迈尔斯：《现代系统工程学概论》，四川人民出版社，1983。

的运行参数，如设定采集策略、设定告警规则等；

（2）监视、查看系统模块的运行状态；

（3）可设置并管理用户组、用户（包括专家用户和政府用户）权限等资源，用户管理子模块则执行角色权限分配等操作；

（4）查看并管理系统日志、各功能模块的运行日志。

模块三：专家基本信息子模块

专家基本信息子模块主要实现信访预警管理信息系统中相关专家包括该领域专家重点研究领域、最新相关研究成果等的初始化数据收集、录入、存档功能，形成专家库，同时与上述用户权限管理子模块结合自动生成专家用户权限。

模块四：预警指标子模块

该子模块的功能除了配合信息监测收集子模块实现其信息收集功能外，还承担着预警指标维护的功能。首先，该指标体系是信访预警监测指标体系及其监测等级研究的成果，由三级共 27 个指标构成。指标体系的时效性要求决定了我们要随着信访预警的发展来不断更新该指标体系，使其构成与时俱进，以发挥最大的效用。

该子模块的指标维护功能实现可设定为德尔斐法与 APH 法的合体，由德尔斐法进行具体指标的收集，而后通过 AHP 法对指标权重进行修改，从而全面完成指标体系修改。德尔斐法通过设置在线调查问卷的形式对相关人员进行调查，可进行四轮征询调查。运用 AHP 法进行系统分析分为四个步骤，首先要把问题层次化，即根据问题的性质和达到的总目标，将问题分解为不同的组成因素，并按照因素间的相互关联影响以及隶属关系，将因素按不同层次聚集组合，形成一个多层次的分析结构模型（见图 15）。

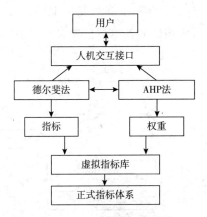

图 15　信访预警指标子模块

模块五：信息监测收集子模块

对于所构建社会稳定监测预警信息管理系统来说，关于社会稳定的信息是维持它正常运作的前提和基础。没有及时可靠的信息的支持，整个系统就如巧妇难为无米之炊，没有存在的价值。由此可见，此子模块的主要功能就是在信访预警监测指标体系的基础上监测数量众多的信息渠道和收集各种相关信息。

信息监测收集子模块是对有可能引发不稳定现象的分散蕴含在不同时空域的有关信息的采集和积聚系统。准确及时、先进可靠的信息采集，是该管理工作的基础，对整个信息系统活动的成败将产生决定性的影响。长期以来，我国信息采集局限于单一的正规组织上行信息流。这种方式存在难以克服的弊端——信息的迟滞和真实性的缺乏。信息因为某些组织结构、技术、人为等因素，在一级级向上传递过程中被损耗殆尽，使得领导层或有关机构无法及时了解并正确应对社会稳定问题的爆发。该子模块可以在一定程度上大大减少有效信息的遗失，可以实现信访预警监测指标体系基础上的多元化危机信息收集、传递，并形成相应的基本数据库（见图16）。

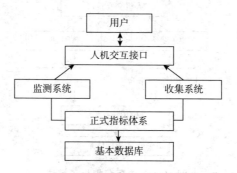

图16　信访信息监测收集子模块

模块六：数据处理子模块

该子模块主要实现对"信访预警监测指标体系"中具体指标原始数据的处理和数据计算的功能，即处理基本数据库中的数据生成处理后数据库（见图17）。

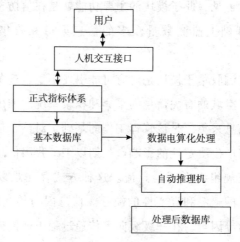

图17　信访数据处理子模块

根据指标的不同，可分为定性指标和定量指标，不同类型的定量指标又可运用不同的量纲化数学模型。若指标为定性指标，无法量化，则可使用专家评分法在权重范围内设定定性等级打出 X_i 的分数即可，即直接赋值，系统提供五点量表。学者 Berdie（1994）根据研究经验，综合提出以下看法：①大多数情况下，五点量表是最可靠的，选项超过五点，一般人难有足够的辨别力。②三点量表限制了温和意见的表达。五点量表正好可以表示温和意见与强烈意见之间的区别。③由于人口变量的异质性关系，对于没有足够辨别力的人而言，使用七点量表法会导致信度的丧失；对于具有足够辨别力的人而言，使用五点量表又令人有受限的不适感。④量表的点数越多，选答分布就越广。选答很广的分布缺乏信度。综合考虑，为便于数据处理，课题选用五点量表。对于压力承受度，分别是："重""较重""一般""较轻""轻"。对于不满意度，分别是："不满意""比较不满意""一般（说不清）""比较满意""满意"。①

模块七：预警子模块

信访问题管理的最理想状态是将信访事件造成的社会不稳定消灭在潜伏时期或萌芽时期。这有赖于政府部门对信访事件发生程度、趋势和结果的预测、预报能力。该子模块的功能就是通过数值计算来判断各种指标和因素是否突破了警戒线，根据判断结果决定是否发出警报、发出何种程度的警报以及用什么方式发出警报。一般来说，在对信访事件应对过程中如果能在最短的时间里通过分析手头拥有的信息及时发现不稳定前

---

① 彭学君：《大学生群体危机生成演化机理与控制研究》，北京理工大学学位论文，2006。

兆，进而采取一些必要的防控措施，就有可能把其造成的损害减至最小。但在另一方面，也必须清楚地认识到预警功能并不是万能的，面对当前瞬息万变的国内外环境，要想绝对避免不稳定事件的发生是绝对不可能的。因此，此功能的最终目的绝不是将所有的不稳定事件都消弭于无形之中（毕竟有许多因素是政府自身所无法左右的），而是尽早地发现前兆，进而及时地发出警报，保证政府有更充裕的反应时间，以减少损失。

模块八：预控子模块

所谓预控，是指在发现不稳定事件征兆和信号并进行确认后，或者在事件已经开始来临但还没有造成巨大损失时，迅速采取措施，对其进行及时、有效的控制，尽可能用较小的代价迅速化解，避免扩大和升级，造成大规模的人员伤亡和财产损失。实施预控一方面是对警情、警源和警兆等信息的回复性、反馈性行为，另一方面也是对所预报警级的准确性进行检验与评价的行为。因此，该子模块的主要功能是在有警状态下完成对不稳定事件的预控，而后启动相应的预案库、案例库和专家库（见图18）。

对相应数据库、案例库、预案库的说明如下。

1. 处理后数据库

此处数据库为经过数据处理后的指标数据。包括各个评估指标通过不同的量化数学模型得到社会稳定监测定量指标数据，以及管理人员、专家学者依据相关知识和经验定性的各种有关社会稳定的定性数据。

2. 预案库

预案库是处理方提供的关于社会不稳定问题预案，以特定的结构存储的相关联的预案模型的集合。人们可以根据预案的性质、用途等属性的不同对其进行分类和维护并提供使用。

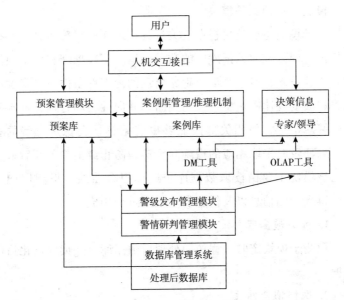

图 18　信访问题预控子模块

3. 案例库

案例库是事件时间、地点、起因、经过及处理方法的收集和积累，用于支持不同信访事件引发情境下决策活动，具有智能作用的人机系统。案例库汇聚了历史上针对不同的社会不稳定问题的成功处理经验，通过人工智能系统实现危机管理的科学决策，避免因管理中非程序化决策可能造成的失误。

模块九：应急处理子模块

一般来说，在信访事件的应对过程中如果能在最短的时间里通过分析手头拥有的信息及时发现前兆，进而采取一些必要的防控措施，就有可能把损害减至最小。但在另一方面，也必须清楚地认识到预警功能并不是万能的，因此建立相应的事后应急处理信息管理模块也十分有必要，是信访预警管理信息系统的有效组成部分。

模块十：预测子模块

该子模块主要是指根据有关过去和现在的相关信息、情报等数据，即处理后数据库中的数据，运用逻辑推理和科学预测的方法、技术，对某些信访现象出现的约束性条件、未来发展趋势和演变规律等做出估计与判断，并向社会和管理者发出确切的警示信号，使相关部门能够提前了解社会稳定发展的状态，以便及时采取相应的措施和策略，防止或消除不利后果。

该模块主要由读取数据库、选择拟合曲线、得到回归方程、得到预测信息以及信息发送五个过程构成。

1. 读取数据库

预测子模块定时远程访问处理后数据库，并读取量化后的数据。

2. 选择拟合曲线

读取历史数据以后，要依据所观察时序列建立预测模型，然后用趋势外推法对将来可能发生的攻击行为进行预测。在给定一个实际观察时序列 y_t（t = 0，1，2，…，n）的条件下，能建立的预测模型可以不同，但预测模型选择的正确与否直接关系到预测的准确程度。

3. 得到回归方程

我们将通过以上方法所选取的曲线进行回归曲线拟合，需要从数据库中取出对应过去每一时间粒度内攻击 X_i 所发生的频度值 Y_i，这对应一组数据（X_i，Y_i），然后根据该组数据值选择所要拟合的曲线方程，根据最小二乘法使得其误差的平方和最小。

利用计算机在本模块中进行回归分析的基本方法，可选的曲线模型如下。

（1）线性模型：线性模型是曲线模型中最简单的一种，

其数学公式为 $y = a + bx$；

（2）指数模型：也叫复比增长模型，其数学公式为 $y = k + ab^x$；

（3）修正指数曲线模型：其数学公式为 $y = k + ax^b$；

（4）Logistic 曲线模型：呈 S 形，是生长曲线的一种，又称为皮尔曲线模型，其数学公式为 $y = 1/(k + ab^x)$；

（5）非线性模型：是多项式回归模型中最常用的一种，其数学公式为 $y = a + bx + cx^2 + dx^3 + \cdots$

4. 得到预测信息

前三步我们已经得到了在过去对应每一种攻击频度的拟合函数，通过这个函数，我们选取适合的 x 值，对信访事件延伸影响情况进行预测。[①]

针对每一种拟合函数，我们计算出未来一段时间将要发生社会不稳定事件的可能，得到将来一段时间最有可能发生的预测信息。

此外，还应特别注意信访预警管理信息系统相关的数据标准至少应包括数据元标准、信息交换标准和业务流程标准三项内容。

（1）数据元标准。对信访问题预警指标领域的基本数据对象进行规定和属性描述。尤其是对于公用的信息单元，赋予一致的定义。例如，公款消费占财政支出比例上升率、信访工作前置程度等。数据元标准使得在相关语境下的基本信息对象有一个唯一的、准确的描述，避免产生歧义。数据元标准是其他规范的基础，使得相关系统有"共同语言"。

---

① 陈磊、任若恩：《时间序列判别分析技术和指数加权移动平均控制图模型在公司财务危机预警中的应用》，《系统管理学报》2009 年第 6 期。

（2）信息交换标准。信息交换标准描述不同信息系统间需要交换信息时所遵循的技术方式和内容格式，它是系统间协同作用的基础，尤其是与国家信访工作计算机管理系统的对接。有了这些信息结构规范，相关的信息系统就做好了信息交换的准备，消除"信息孤岛"，实现业务协同和数字化的真正"联动"。

（3）业务流程标准。信访预警管理信息系统的成功运行离不开好的预案体系和优化的流程。突发公共事件虽然有突发性，但如果没有平时对各种信访危机事件预案（国家、地方、部门）的科学整合，对相关业务流程的反复推敲、演练，再好的信息系统在实战中也难以充分发挥作用。所以，业务流程标准的建立为实际的信访预警管理信息系统操作起到了很好的规范作用。①

5. 信息发送（略）

四 信访预警管理信息系统运行弊病

信访预警管理信息系统的具体功能设计日趋成熟，但在具体运行过程中可能存在如下弊病。

1. 信息收集得不完整，或盲目地重复收集

管理工作所需要的信息没有及时、准确、完整地记载下来，也就无法有根据、有把握地做出是否上马的决策。然而，现在普遍存在的是无计划地重复收集信息。这种情况不仅造成各级工作人员重复的、无效的劳动，而且必然造成信息的不一致，即同一指标多个数值。显然，这种情况对于管理者来说，

---

① 赵豪迈:《电子政务中政府模型与建设方法研究》，同济大学管理学博士学位论文，2006。

不仅没有好处，而且造成假象，导致错误的决策，带来巨大损失。

2. 信息的传输速度太慢或严重失真，以致失去了信息支持决策的作用

由于技术条件与体制问题，在许多单位中，信息的传递速度慢到令人难以容忍的程度，给工作造成许多损失。而信息的失真则可能是无意造成的或有意造成的。手工输入信息时难免发生错误，如果不采取及时有效的措施，这种无意中发生的错误就会累加起来，使信息歪曲到无法使用的程度。在我国这种情况更加突出。不能否认，在目前情况下，有意歪曲信息的现象还是相当普遍地存在着，从信息处理的角度来看，这也是必须解决的。

3. 信息系统只能满足例行的信息需求，而不能满足随机的信息需求

目前在机关和科室工作的人员，基本上在从事信息服务工作。但是他们所做的工作主要是完成日报、月报、年报之类的例行信息处理工作，他们对领导或上级主要是提供例行的信息服务。但是，随着体制的改革，各级领导与管理人员越来越多地提出了许多临时性的和随机的信息需求，恰恰是这些信息需求在他们的管理工作与决策中起着决定性的作用。[①]

以上的各种弊病在各级各类信息系统中是相当普遍的，造成问题的原因也是多方面的，如许多问题的产生来源于管理体制的不合理。另外，技术手段的落后也是产生这些问题的重要原因。这些问题的产生还来源于人们的信息意识不强。所谓信息意识是指对信息的重要性、对自身的信息需求、对自己所承

---

① 朴顺玉：《管理信息系统》，中国人民大学出版社，1994。

担的信息责任等问题的认识程度与自觉程度，首先是各级领导干部的信息意识。如果担负决策任务的各级领导干部对信息的重要性认识不足，对于自己所需要的信息不清楚，就不可能对信息系统提出确切的要求，更不可能对信息系统进行有效的组织与管理，这样，种种弊病的出现也就成为不可避免的了。①

五　信访预警管理信息系统构建支持

针对信访预警管理信息系统运行弊病可提供以下支持来解决问题。

1. 信访预警预控管理法律、制度保障

虽然在构建突发公共事件应急法律体系方面我们已经取得一些成绩，但目前关于信访预警的立法体系还有待于建设，其中存在一些问题：一是现行法律没有确立统一的信访预警处理制度；二是现有相关制度不够完善；三是突发信访事件应急体制和机制还不够健全。我国在公共危机信息管理制度建设方面已经形成了具有中国特色的体系结构与规范，但是专业的信访预警相关法律、制度还需要创新。相关制度创新、体制创新和机制创新是今后信访预警管理理论研究和实践探索的一项长期而艰巨的任务。国外及国内其他行业的一些先进经验值得借鉴和参考。

2. 信访预警预控信息保障资源配置系统

根据决策参谋咨询人员所在的机构，可以把危机管理中发挥"外脑"功能的智囊组织机构分为三类：第一类是行政性的决策信息、咨询机构，它们在党政机关序列中，隶属于各级党委和政府及其下属部门，是从事信息收集、政策研究的机

---

① 朴顺玉：《管理信息系统》，中国人民大学出版社，1994。

关；第二类是半官方的政策研究、咨询机构，它们介于官方和民间，是客观分析政策的研究机构；第三类则是民间的政策研究、咨询机构，包括一些学（协）会的研究组织、公司、大学的研究所等。① 在危机的各个阶段，这批智囊人员要加强对信访预警的深度研究，建立健全各种数据库和模型，预测危机发生的领域、可能性、频率和强度，帮助信访部门制定反危机的战略规划和应急预案，使信访预警决策和管理建立在科学的基础之上。

3. 提高信访预警管理信息系统应急联动和整体应急反应能力

信访预警预控管理信息体系整体能力的提高可以反映在信访预警管理制度和技术两个层面。一方面，需要加强协调组织建设，明确信访联动部门职责，打破条块分割的管理模式，建立信访各部门之间、不同社会机构之间集中、统一、高效的横向信息沟通渠道和信息沟通机制；另一方面，需要技术上的支持和保障。应用先进的现代化通信技术和计算机网络技术，构成一个跨学科、跨专业的综合系统工程。② 因此，具有较高的信访事件处理能力和专业技术水平，是提高信访预警信息管理体系联动和整体应急反应能力的重要保证。

4. 加强信访预警信息管理人员的教育与培训并纳入现行信访工作体制

信息无处不在，但在进行人为的处理和分析以前并不具有任何价值，虽然建立健全了完善的信息收集和沟通的渠道，但不经过处理就等于没有收集到信息，因此需要信息处理、分析

① 李晓翔、谢阳群：《危机信息系统研究》，《情报理论与实践》2007 年第3 期。

② 王伟：《公共危机信息体系构建与运行机制研究》，吉林大学博士学位论文，2007。

方面的专门人才。可首先通过信访预警信息管理实践和培训，培养和提高相关管理人员的预警意识，使其具有发现信息、收集信息、研究信息并善于运用先进信息手段传递信息和沟通信息的能力。其次，信访部门还应配备人力资源信息系统，建立信访预警信息管理人力资源库，提供人力支持。再次，将信访预警纳入日常信访工作，并将信访预警管理信息系统的使用作为考察相关工作人员工作绩效的一个标准，促使该系统的使用及推广。

第九章　前馈控制在我国民族关系管理中的应用研究

　　民族关系是民族之间各种联系的总和，是复杂社会关系的特殊表现形式，其存在形态主要表现为民族间、民族地区与中央之间关系的团结、和睦、协调以及矛盾、冲突、对立两种形式。我国作为一个多民族国家，民族关系是社会关系中至关重要的层面，良好的民族关系是构建社会主义和谐社会的重要条件。胡锦涛总书记在 2005 年 5 月召开的中央民族工作会议的讲话中，将社会主义和谐社会的民族关系特征表述为"平等、团结、互助、和谐"①，这是我们党深刻总结处理民族问题经验的科学结论，是民族工作必须把握的根本原则。我国现阶段的生产力发展水平和社会发展程度决定了我国现阶段民族关系的特点是：民族平等的不完全性、民族团结的相对性、民族间互助合作的有限性和互助与竞争的共生性，以及共同繁荣的初步性。② 从这个意义上讲，目前我国的民族关系还有进一步巩固与发展的巨大空间，我们还面临着处理好民族关系问题的艰

---

① 胡锦涛：《在中央民族工作会议暨国务院第四次全国民族团结进步表彰大会上的讲话》，《人民日报》2005 年 5 月 28 日。
② 金炳镐、严庆：《论民族关系发展与和谐社会构建的切合》，《青海民族研究》2007 年第 1 期。

巨任务。那么，如何科学地认知这个巨大空间的尺度？如何准确地识别民族关系的问题所在？建立定性和定量相结合的民族关系监测—评估—预警指标体系，对民族关系实施前馈控制管理就成为必然选择。

第一节　民族关系预警预控系统的
理论模型及指标体系[*]

一　系统分析模型逻辑架构的设计和阐释

我们根据我党深刻总结处理民族问题经验的科学结论，以"平等、团结、互助、和谐"作为民族关系的核心结构，设计和谐民族关系的系统分析模型如图 19 所示。

民族关系系统分析模型由两部分组成。上方框图是物理模型，下方框图是评价模型，中间的连接线表示评价模型来源于物理模型的依赖关系。物理模型表达和谐民族关系的逻辑架构，评价模型表达民族关系的操作架构；物理模型来源于民族关系的客观现实，其任务是抽象出民族和谐的逻辑关系；评价模型脱胎于物理模型的逻辑体系，其任务是将抽象的民族和谐概念具体化。在物理模型中，"平等""团结""互助"三个相互联系的模块共同构成民族关系"和谐"的内在要求，而"国际环境"则构成在全球化背景下民族关系和谐的外部条件。在评价模型中，民族关系的和谐体现在民族关系的政治、

---

*　本节内容根据阎耀军已发表论文《民族关系和谐的逻辑结构和系统分析模型——兼及测度民族关系和谐状况的指标体系设置》，《中南民族大学学报》2008 年第 3 期。

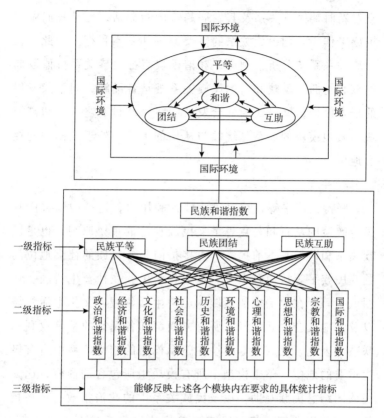

图 19　民族关系系统分析模型

经济、文化等 10 个"领域模块"中，而所有的民族关系"领域模块"都要遵守和体现平等、团结、互助的原则，并按照这三个原则衍生出具体指标。现将上述物理模型中各个模块的理论内涵及其相互关系解析如下。

1. 和谐

和谐是社会主义民族关系的本质。[①] 和谐，既是中国共产

---

① 胡锦涛：《在中央民族工作会议暨国务院第四次全国民族团结进步表彰大会上的讲话》，《人民日报》，2005 年 5 月 28 日。

党对新时期民族关系及其发展趋势的新概括，也是我们做好
民族工作、处理民族关系的重要原则和基本目标。因此，在
民族关系系统分析模型中，和谐模块表征民族关系价值取向
的核心指向，反映和谐的民族关系既是各民族共同繁荣发展
的根本保证，又是民族社会发展的终极性目的之一。和谐模
块与其他模块的关系是统领与从属的关系，处于该模型的核
心地位。

2. 平等

坚持民族平等，反对民族歧视和压迫，这是中国共产党
民族政策的基石和马克思主义民族理论的重要原则，也是民
族关系和谐的基本前提，其直接指向是各民族的社会地位问
题。民族平等从内容来说，是指各个民族在社会生活的一切
领域平等。在政治生活领域、经济生活领域、文化生活领域
以及其他社会生活领域，所有方面都和各民族的平等权利相
联系。因此，民族平等模块在整个模型的结构体系中占有极
为重要的地位，整个模型中所有模块中所包含的内容，比如
民族团结、民族互助，以及民族关系中的政治指数、经济指
数、文化指数等，都与民族平等模块发生千丝万缕的联系，
无不关乎平等原则。

3. 团结

民族团结是社会和谐发展的必要前提，也是民族关系和谐
的基本特征和核心内容之一。社会主义社会各民族之间的团
结，是以中国共产党的领导为核心的，是以社会主义制度和祖
国统一为基础的。民族团结作为中国民族政策体系的重要组成
部分，它包括：①反对民族压迫和民族歧视。②维护促进民族
之间和民族内部的团结。③各族人民和睦相处、和衷共济，共
同促进祖国的发展繁荣。④反对民族分裂，维护祖国统一。民

族团结的原则要求各族人民热爱祖国、维护祖国统一，反对一切破坏团结、分裂祖国的活动。因此，在整个理论模型的因果结构中，民族团结这个模块实际上是其他所有模块的产出结果，与其他模块是一种相辅相成的关系。

4. 互助

民族互助是中国共产党处理民族问题的一个基本原则，也是表征和谐民族关系的基本内涵之一。然而，在现实的民族关系中，由于历史的原因，各民族社会形态的起点很不相同，各个民族经济社会发展上存在很大的差异，并因此造成事实上的发展差距。所以，发展较快的民族应尽义务帮助后发展民族，通过"互助"来缩小事实上的发展差距；对那些发展相对落后的民族给予特殊优惠和照顾，采取特殊的政策、灵活的措施、优惠的办法，帮助其发展经济和社会事业，以缩小民族间的发展差距。在理论模型中，互助模块在整个理论模型的互动结构中，起着途径和手段的作用，是其他各个模块实现自身的必经之途。

5. 国际环境

在全球化浪潮的今天，研究一个国家内部的民族关系，已不可能忽视境外政治、经济、文化、宗教因素对该国民族关系的影响。应当拓展眼界，努力从世界各国互动关系的视角来看待每个国家内部的族群关系。[①] 从世界各国和我国近年的民族关系状况来看，民族关系正越来越多地受到国际环境的影响，而且这种影响与宗教问题交织在一起，显现出愈演愈烈的趋势。因此，我们在模型中设置了表达这种客观实际的"国际环境"模块。这个模块和其他模块的关系是外因和内因的

---

① 马戎：《全球化与民族关系研究》，《西北民族研究》2007 年第 4 期。

关系。

　　总之，和谐是模型结构中的"目标模块"，是统领整个模型的内核；平等、团结、互助既是民族和谐的基础，又是民族和谐的主要特征，这三个"特征模块"在模型中是互相依赖、互相制约、互为因果的逻辑关系，共同构成民族和谐之鼎立三足，缺一不可。与此同时，这三个特征模块又脱胎于理论模型渗入评价模型，并与评价模型中的政治因素、经济因素、文化因素、社会因素（狭义的）、历史因素、环境因素、心理因素、思想因素、宗教因素和国际因素 10 个具体的"领域模块"构成了一种全方位的双向辐射关系，即评价模型中的每一个"领域模块"，均要在所内含的指标中渗透或体现平等、团结、互助三个特征模块的内在要求。换言之，在所有具体的民族关系领域中，都必须从各自的角度或侧面体现平等、团结、互助的原则。

二　评价模型中各领域模块设置的理由及指标构成

　　评价模型，即指标体系的框架结构主要由民族和谐指数和在"平等、团结、互助"三项原则指导下的 10 个领域模块，以及分别隶属于各个领域模块的、由具体统计指标组成的指标群模块构成。10 个领域模块基本上囊括了民族关系的主要方面，它们对上以平等、团结、互助为评价尺度并受其统领；对下各自衍生出本领域表征平等、团结、互助的具体指标，并组成其内部的逻辑结构；而其相互之间，则构成相互依存、相互依赖和相互作用的动态关系，其中任何一个领域模块发生明显的变化，都会引起其他几个领域模块的相应反应。最后，由属于 10 个领域模块下的众多原始统计指标，按照一定的分类构成本模型的指标群模块。下面，将各领域模块（即二级指标）

设置的理由以及可以包含的具体指标加以阐释，同时给出各个指标的建议权重值① （具体指标见表11 "民族关系监测评估指标体系一览"）。

1. 政治和谐指数 （权重：14）

政治和谐指数是由若干反映民族政治和谐状况的具体指标构成的复合性指标。所谓民族政治和谐主要是指各族人民对政治共同体认同的性质。一般表现为民族社会的可控和有序状态，即政治共同体在根本制度性质不变前提下的动态平衡。具体包括各个民族之间政治权利和地位及其尊严、少数民族地区的自治权利等。在民族关系中，政治和谐居于核心的地位，是其他几个方面（模块）实现和谐的基础和前提，尤其在我国社会转型和世界全球化中，政治和谐往往决定着民族社会能否良性运行和协调发展。

2. 经济和谐指数 （权重：13）

经济和谐指数是由若干反映民族经济和谐状况的具体指标构成的复合性指标。民族经济和谐是指各民族地区在经济发展水平以及民生状况上的均衡性。一般表现为各民族地区经济发展的差异性以及结构的合理性，归根结底是反映民族地区民生状况的均衡性。在民族社会中，经济和谐居于基础地位，民以食为天，经济的发展是民生的前提。经济权利很大程度上会制约甚至决定其他权利的获得与实现。经济上落后的民族，不可能与经济上发达的民族实现真正意义上的平等。当今是经济高度发达的时代，也是人们更加重视和关注经济权利的时代。因

---

① 由于我国是一个多民族国家，每一指标在不同民族之间的重要性系数（即权重）是有差异的，因此，在测量不同民族的和谐状况时，某些指标的权重值应当根据具体情况进行特殊性调整，即变权处理。我们这里给出的权重值仅仅是根据总体情况的一般性建议。

此，经济模块是其他几个方面（模块）实现和谐的重要基础，它会从经济基础的角度对其他方面的和谐产生重要的乃至根本性的影响。

3. 文化和谐指数（权重：9）

文化和谐指数是由若干反映民族文化和谐状况的具体指标构成的复合性指标。民族文化和谐是指民族之间在文化上的相互尊重和认同。文化是一个民族存在的根基，每一个民族之所以作为民族而存在，一个重要的标志就在于它有自己独特的文化。每个少数民族的文化都是中华民族文化不可分割的重要组成部分，要构建和谐的民族关系，就必须了解和尊重每个少数民族的文化。特别是保护和利用好少数民族传统文化，繁荣发展少数民族文化，促使各族人民的文化生活更加丰富，也是全面落实科学发展观、构建社会主义和谐社会的内在要求。文化和谐是民族和谐的重要基础，是社会和谐的重要保障。加强各民族的大团结，增强中华民族的凝聚力，最根本的条件之一就是要实现各民族文化的普遍繁荣与和谐共处。

4. 社会（狭义）和谐指数（权重：10）

社会和谐指数是由若干反映民族社会发展和谐状况的具体指标构成的复合性指标。社会和谐在本指标体系中主要指"社会事业"层面的狭义的社会发展，用以反映民族之间在科、教、文、卫、体等社会事业领域发展的均衡状况，以及由此造成的民族和谐或不和谐状态。这个指标的设置，无论是从经济与社会协调发展及科学发展观的意义上讲，还是从目前我国少数民族在社会事业发展方面的实际状况来看，对于我国全面建设小康社会，实现民族关系的和谐，无疑都是十分重要的。

5. 历史和谐指数（权重：9）

历史和谐指数是由若干反映民族历史上和谐状况的具体指标构成的复合性指标。这个指标主要用以反映历史上所形成的民族关系对当代民族关系的影响。民族是一个历史的范畴，民族的产生、发展、消亡均是一个漫长的历史过程。许多民族关系现象，无论是友好往来还是敌对，往往有着深刻的历史渊源。历史总是与现实存在着纠葛，历史的创伤不但需要一个艰难的愈合过程，而且裂痕往往会成为新的民族矛盾的诱因。因此，历史不仅是解读民族关系和谐与否的重要因素，同时也是评估民族关系和谐与否的重要变量。换言之，构建和谐的民族关系，必须充分重视民族关系的历史因素。

6. 环境和谐指数（权重：8）

环境和谐指数是由若干反映民族地区自然生态环境和谐状况的具体指标构成的复合性指标。本指标体系中环境和谐指数的设立有双重含义：其一，和谐社会构建的基本核心理念是建设环境友好型社会，实现人与自然和谐发展。其二，当前我国少数民族地区尤其是西部地区的环境生态问题，已经成为影响民族团结、民族生存、民族发展，甚至严重制约友好型社会建设的一个事关民族和谐的重大社会问题。众所周知，我国少数民族地区拥有丰富的自然资源，这是少数民族赖以生存的物质基础。但是，由于特殊的历史、地理、经济和文化等方面的原因，民族地区的生态环境呈现严重恶化的趋势，尤其是在工业化过程中，我国资源环境保护存在着奉献区和受益区的区域错位现象，造成区域之间的利益冲突，受益区的繁荣有时以奉献区的被损害为代价。发达地区享用着民族地区供给的廉价资源，保证其经济快速发展，而民族地区付出的环境生态代价却得不到任何补偿，为了生存只有牺牲生态资源，最终必然导致生态环境的不断恶化。这种状况如不改变，不仅影响民族地区人民的生存，而且影响民族地区的稳定和边疆安全。总之，历史经验表明，民族地区的生态环境问题如果严重到一定程度，势必转变为相应的社会风险。

7. 心理和谐指数（权重：9）

心理和谐指数是由若干反映民族心理和谐状况的具体指标构成的复合性指标。心理和谐在本指标体系中特指各民族之间的心理认同，尤其是少数民族对党和国家民族政策执行效果的心理认同状况。随着我国社会的日益开放和市场经济的深化，我国各民族之间出现了历史上从未有过的全方位接触，民族之间的友好交往和密切联系超过了历史上任何一个时期。与此同时，一些不利于民族和谐的消极心理因素依然存在，如狭隘的民族意识、盲目的民族优越感或自卑感、民族恐惧心理或戒备心理、民族认知偏见或歧视，等等。应当说，我们党和国家在促进民族平等、团结、互助方面作出了很大努力，但是，由于民族心理和谐是各民族在参与各种经济、政治、文化生活时没有障碍和心理压力的自我感觉，这种抽象的精神性的感觉是要由各少数民族自己体会的，因此，本指标体系设置心理和谐指数，从少数民族自我心里感觉的角度来测量民族和谐状况。

8. 思想和谐指数（权重：10）

思想和谐指数是由若干反映民族思想观念和谐状况的具体指标构成的复合性指标。思想是行为的先导，思想与心理具有极为密切的联系，但是也有重要区别。从社会心理学角度讲，社会心理只是一种低水平的意识活动，而思想是一种高水平的意识活动。在民族关系中，民族心理作为一种低水平的社会意识活动，它是对民族存在的直接的原始反应，它处于自发的、朦胧无序的状态，而民族思想（如各种类型的民族主义思想）则是经过思想理论的加工提炼，形成了某种观念并上升为自觉的社会意识。这种"自觉的社会意识"作为一种社会意识形态，在民族关系中发挥着巨大的精神力量。而当代国际社会流行的一些民族分裂主义思潮，则是破坏民族团结的祸根。

9. 宗教和谐指数（权重：9）

宗教和谐指数是由若干反映民族宗教和谐状况的具体指标构成的复合性指标。在我国，宗教与民族有着十分密切的关系，宗教会引发推进民族团结、社会和谐发展的强大动能，也会在一定条件下爆发出破坏民族团结、社会安宁的强大动能。[①] 从历史和现实来看，宗教、民族、国家之间既有人类文明向前推进的健康互动，也有与之相伴的矛盾冲突。从当今世界来看，民族问题和宗教问题往往纠缠在一起，成为国际地区冲突、一些国家局势动荡不安的主要诱因。一个和谐的社会也应是一个宗教和睦的社会。各民族应当正确处理好本民族信仰和他民族信仰的关系，使宗教发挥向善、宽容，追求美好、平等及诚信的精神，为各民族和谐共存提供理念支持。

10. 国际环境和谐指数（权重：9）

国际环境和谐指数是由若干反映民族关系国际环境和谐状况的具体指标构成的复合性指标。国际民族关系环境和谐，在本指标体系中特指国外敌对势力对我国民族关系的干扰。设置这一指数有两方面原因：其一，随着经济全球化进程的不断加快和信息技术的飞速发展，社会越来越开放，不同国家和民族之间的交往不断增多，联系日益紧密，民族方面的各种思潮和活动更加活跃，这些因素对国内民族关系的影响越来越大。其二，我国不仅是世界上邻国最多的国家之一，也是周边民族成分最复杂的国家之一，民族主义思潮和活动相当活跃。我国少

---

① 牟钟鉴：《民族宗教与社会和谐》，《中国宗教》2005 年第 4 期。

数民族大多居住在边疆地区，而边疆地区历来是各种文化思潮和民族主义思潮交融、碰撞的敏感地区，是境外文化渗透的前沿地带，尤其是西方敌对势力加紧利用各种形式进行文化渗透，企图把我国民族地区作为"西化""分化"的突破口，这对我国的民族关系和谐和边境稳定构成了威胁。[①]

总之，评价模型（即指标体系框架）共分为四个层次三级指标：第一个层次是目标层，设一级指标"民族关系和谐综合指数"。第二个层次是准则层，设置指标遴选的三项原则。第三个层次是分目标层，即领域层，设 10 个二级指标，反映民族关系和谐的不同方面或侧面。第四个层次设三级指标，主要是对第二级指标（指数）内部构造的分解，由对应于 10 个二级指标的 10 组统计指标构成，共有 39 个。各级指标中每个指标的权重，系运用德尔斐法和 AHP 法确定。

第二节　民族关系预警预控系统的运行机制 *

民族关系预警预控机制由民族关系预警预控的组织机构、职责分工、运行流程、监督执行以及保障系统构成。根据预警机制的功能链条，预警管理活动可分为信息汇集、信息分析、警情研判、警级发布、警势预控、应急管理等环节。只有当这些环节一一贯穿到民委组织系统的各个职能部门中去并协同运转，民族关系预警机制才能形成。

[①]　国家民委民族问题研究中心：《周边国家民族主义思潮研究》，民族出版社，2006。

[*]　本节内容根据阎耀军与张美莲、王樱已发表论文《论我国民委系统民族关系预警机制的构建》（《中南民族大学学报》2009 年第 6 期）编写。

表 11 民族关系监测评估指标体系一览

一级指标	二级指标	参考权值	三级指标	参考权重
民族关系和谐综合指数权值100	1. 政治和谐指数	14	01 少数民族公民在人民代表中的比例	2.5
			02 少数民族公民在政协委员中的比例	2.5
			03 《民族区域自治条例》颁布实施率	2.5
			04 少数民族干部的培养使用率	2.5
			05 具有政治性的民族冲突事件指数（负）	4
	2. 经济和谐指数	13	06 民族区域农村人均收入与全国平均水平比	2.5
			07 民族区域城市人均可支配收入与全国平均比	2.5
			08 民族区域恩格尔系数与全国平均比	2
			09 国家对民族地区财政转移支付力度	2
			10 发达地区对民族地区对口支援力度	2
			11 民族区域经济技术协作项目资金增长率	2
	3. 文化和谐指数	9	12 民族语言广电覆盖率与全国平均水平比	3
			13 千人民族文字书刊印数与全国平均水平比	3
			14 民族文化遗产保护与全国平均水平比	3
	4. 社会和谐指数	10	15 民族地区人均受教育年限与全国平均比	2
			16 民族地区大学生就业率与全国平均比	2
			17 民族区域地方病、传染病率与全国平均水平比	2
			18 民族区域每千人医生数与全国平均水平比	2
			19 民族区域每千人病床数与全国平均水平比	2

续表

一级指标	二级指标	参考权值	三级指标	参考权重
民族关系和谐综合指数 权值 100	5. 历史和谐指数	9	20 历史上民族矛盾冲突的延续（负）	3
			21 历史上民族歧视和民族压迫带来的影响（负）	3
			22 历史上遗留下来的民族间事实上不平等的状况（负）	3
	6. 环境和谐指数	8	23 民族地区生态退化程度（负）	2
			24 民族地区环境质量指数与全国平均化	2
			25 民族地区资源开发补偿力度	2
			26 基本建设投资增长率与全国平均比	2
	7. 心理和谐指数	9	27 对民族区域自治政策执行效果的满意度	3
			28 对民族经济发展状况的满意度	3
			29 对民族关系实际状况的满意度	3
	8. 思想和谐指数	10	30 大民族主义思想（负）	2.5
			31 狭隘的民族主义思想（负）	2.5
			32 对中华民族的认同	2.5
			33 对国家的认同	2.5
	9. 宗教和谐指数	9	34 对民族宗教信仰自由满意度	3
			35 非法宗教活跃程度（负）	3
			36 反动宗教集团势力影响程度（负）	3
	10. 国际环境和谐指数	9	37 国外宗教极端主义势力干扰程度（负）	3
			38 国外民族分裂主义势力干扰程度（负）	3
			39 国外恐怖主义活动干扰程度（负）	3

任何目标的达成与否，最终取决于能否建立起实现目标的有效机制。民族关系预警机制，是民族关系预警系统为发挥其预警功能，以一定的规则规范系统内各组成要素间的联系的内在协调方式。

任何机制都是一个系统。在机制系统中，我们把系统的构成要素和要素间的组合秩序称为系统的静态结构，把系统要素间相互作用的方式称为系统的动态结构。系统的静态结构是系统的"硬件"，它决定该系统是此系统而非彼系统，是系统具有其特定功能的基础；系统的动态结构是系统的"软件"，它决定着系统要素间动态作用的方式，调整系统要素功能发挥的方向与强度，以达到系统整体功能最大化的目的，规定系统要素和系统整体运行所依据的基本准则。所以，在国家民委系统中建立民族关系预警机制，不仅需要对民委系统的静态结构进行一定程度的要素调整，而且需要对民委系统的动态结构进行创新和改革。

一　民族关系预警预控机制的宏观结构

组织机构犹如机制的骨骼，它不仅构成机制运行的载体，同时也反映了机制的宏观架构。要想把民族关系预警机制纳入原有的组织框架之中，换言之，要想使今后的民委组织系统能够具有较强的民族关系预警功能，必须在分析民委系统现行组织机构结构的基础上，按照建立民族关系预警机制系统的要求，对其进行必要的调整。

（一）民委系统的现行组织机构架构

国家民委是国务院主管国家民族事务的职能部门。国家民委下设办公厅、政策法规司、经济发展司、文化宣传司、教育科技司、国际交流司、财务司、人事司等8个职能司（厅），此外，还有机关党委、信息中心、离退休干部局、民研中心、古籍研究室、监督检查司、机关服务局等。这些机构共同承担着执行党和国家的民族政策，努力促进少数民族和民族地区经济、政治、教育、文化、科技等事业的发展，保障少数民族的合法权益，维护平等、团结、互助的社会主义民族关系的健康发展，实现各民族共同繁荣的重要任务。① 在国家民委领导之下，还有各省、市、自治区民委（宗教局），民委内部根据实际需要又设置若干个职能处室，一般为设办公室、政策法规处、经济发展处、文教宣传处、人事处、离退休人员工作室、纪检监察室、机关党委等，有的自治区民委根据本地方情况还设有宗教处、外事与参观接待处、民族语言文字处等。除了上述两级民委外，还有各少数民族自治州民族事务委员会，及各自治县（旗）民族事务委员会等。② 截至目前，我国已建立155个民族区域自治地方，其中，自治区5个，自治州30个，自治县（旗）120个。与此同时，对散杂居少数民族的权利也制定和采取了保障措施。在全国范围内建立了1173个民族乡。③

民委系统现行组织机构的静态结构如图20所示。

从图20中我们可以看出，国家民委隶属国务院领导，其下又直接领导各省、市、自治区民委，各省、市、自治区民委又领导该区域内若干个少数民族自治州、自治县（旗）等。从对这两级民委系统内设机构的职责④的研究来看，应当说各

① 吴必康主编《美英现代社会调控机制》，人民出版社，2002。

② 王晓林：《社会发展机制优化论》，中央民族大学出版社，2007。

③ 国家民委党组在《求是》杂志发表文章，http://www.seac.gov.cn/gjmw/xwxz/2007-08-17/11872590622922693.htm。

④ 各级民委内设机构的职责可登录国家民委网站查阅，此处因篇幅有限恕不罗列。

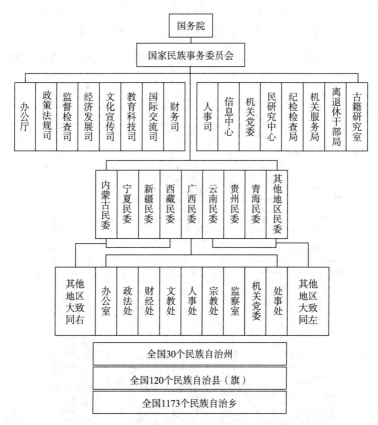

图20　国家民委系统现行组织机构的静态结构

职能部门都不同程度地具有维护民族关系的职能，但是民族关系预警管理活动的职责并不明确，甚至可以说在现有职能中是没有的。显然，这与中央"建立健全社会预警体系"以及国家民委"十一五"规划"建立民族关系预警体系"[①] 的要求是不相符或者是有差距的。因此，要建立民族关系预警机制，就

① 《国务院办公厅〈关于印发少数民族事业"十一五"规划的通知〉》，ht-tp：//www. gov. cn/zwgk/2007 - 03/08/content - 545955. htm。

必须首先将民族关系预警管理的各项职能明确化、规范化、制度化，并使其纳入各职能部门的日常工作中去，成为重要的一部分。这就必然涉及机构职能要素的重组和机构间互动方式的调整。

（二）预警系统的运行流程与民族关系预警机制的动态结构

从系统的动态结构来看，一般预警系统运行流程的典型结构如图21所示。①

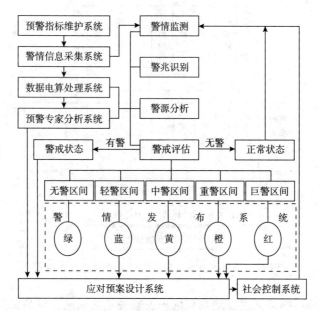

图21　一般预警系统运行流程的典型结构

显然，要建立民族关系预警机制，就必须结合民族工作的特点，将预警流程的一般性框架结构，创造性地复合于民委系统的组织架构中去。为此，我们设计民族关系预警机制系统模

---

① 阎耀军：《社会稳定的计量与预警预控系统的构建》，《社会学研究》2004年第3期。

式如图22所示。

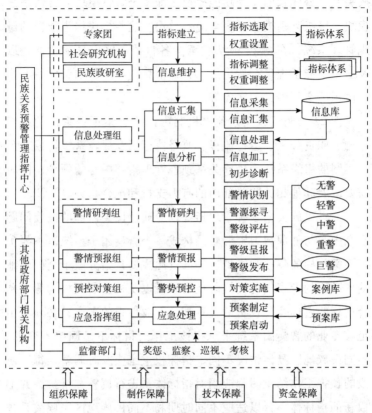

图22　民族关系监测预警预控系统模式

　　图22中大虚线框内的部分是预警系统的组织机构序列（信息处理组、警情研判组、警情预报组、预控对策组、应急指挥组）及其运行流程。大虚线框下面是民族关系预警机制运行的保障机制，由组织保障、制度保障、技术保障和资金保障四部分构成。中虚线框内是民族关系预警系统中的各组织机构的职责分工。中虚线框下面由监督部门通过各种监督手段构成民族关系预警的监督执行机制，实施对整个预警机制系统的

所有组织机构及其履责情况的全程监控；4 个小虚线框构成民族关系预警体系的 4 个功能模块，即预警智囊模块、警情信息模块、警级判别模块、警势应对模块。这些模块作为预警的微观管理系统，在图 22 中从左至右各自依次输出具体功能，以及这些功能系统运行后生成的各种信息资料库，如调整后的指标体系、案例库、预案库等。

图 22 表明民族关系预警机制由民族关系预警系统的组织机构、职责分工、运行流程、监督执行以及保障系统构成，且该机制的组织系统受民族关系预警管理指挥中心的领导，同时需要政府其他相关职能部门的有力支持和配合。

——民族关系预警管理指挥中心通过民委内部的民族问题研究中心与外部智力资源联系构成一个智囊团子系统，主要负责预警指标的建立和维护。外部资源主要是指分散于全国各地的各学科的专家、各民族院校的教授以及社会研究机构等。预警指标的遴选及其权重的设置都是专业性强的工作，必须要由足够专业的智囊团系统来承担该工作。指标不是固定不变的，不同民族地区具体情况不同，指标权重也应及时调整，每一阶段的预警工作结束后都应当对指标体系进行调整和维护，并形成新的指标体系，以适应不同时期和不同民族地区民族关系预警的特殊性。

——信息处理组主要负责信息汇集和信息分析的工作。该信息处理中心在民委系统内部的组织实体主要是下设各职能部门，他们要严格按照指标体系的范围采集能够反映民族关系发展趋势的重要信息并进行分类、汇总、存储，以生成新的信息库。信息分析组从信息库中提取有用信息，进行数据的简单整理和加工，初步判断出民族关系预警状态。

——警情研判组主要负责警情研究和判断警级的工作。根据信息处理组汇报的预警状态高低值来识别警情。寻找警源最终对警级进行评估，并在警情演示系统中用五种不同颜色来表示"无警"、"轻警"、"中警"、"重警"和"巨警"。

——警情预报组主要负责警情预报的工作。警级评估判定后，一方面向上要按规定的程序向有关部门及时呈报，另一方面向下更要善于借助媒体力量（民族地区社会公众）发布该警级，并公布相应的预控对策；同时要密切跟踪报道警情的发展状况，使公众及时参与到预控管理过程中来。

——预控对策组主要负责预控实施的整个过程。从已有的案例库中提取类似问题的预控对策，并加以适当修改，建立若干新的预控对策，进行最佳选择，并予以最终落实。

——应急指挥组主要是负责应急处置的所有工作。预控对策失败后就要立即启动应急预案，预案可以从已有的预案库中提取，但是应当注意可用性，在预案启动完成后也要将新的预案存储于预案库中，以备日后使用。

（三）根据建立预警预控机制的要求对民委系统结构调整的建议

根据预警机制框架结构的要求，预警管理活动可分为预警信息汇集、信息分析、警情研判、警级发布、警势预控和应急管理等环节。只有当这些环节一一贯穿到民委组织系统的各个职能部门中去，使其形成一个有序的运行链条，民族关系预警机制的建立才可能形成。图23是我们设计的一个将预警活动纳入民委组织系统之后所形成的一个宏观框架图。

图23表明，民委组织系统进行调整后，其运行机制发生如下变化。

民委系统与国家其他有关机构（如维护稳定办公室、安全部、公安部……），按照一定规则构成民族关系预警的协同

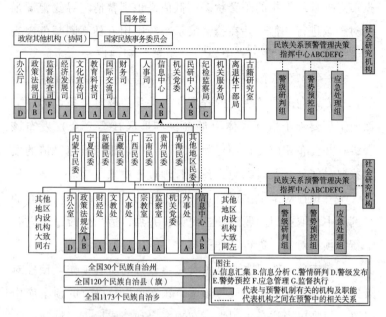

图23 预警预控职能纳入民委系统的宏观构架

关系；民委之下，各职能部门之上增加了一个专司民族关系预警管理的决策指挥中心，可由民委分管领导负责，协调、指挥各职能部门预警工作的展开。该中心全面负责预警工作，是民族关系预警的综合管理机构。其最突出的职能是警情研判、警势预控和应急管理，故内设三个专业研究组。

——警级研判组。其职责是对信息中心所反映的信息进行综合判定并确定警报级别。人员构成主要是本级民委的高层领导和一些具有专业知识和丰富经验的资深专家，这些专家主要来自全国各民族院校以及社会研究机构等。

——警势预控组。其职责是针对警情研判组的警报，采取预控措施来予以消除或缓解警势。该组主要由民委分管领导以及所属职能机构的主要负责人员组成。

——应急处理组。其职责是在预控措施失效后采取快速反应的应急处置。该组由各民委分管领导以及所属职能机构的主要负责人员组成。

民族关系预警管理决策指挥中心与社会研究机构相连接，形成一个民族关系预警管理的开放的智力支持系统。

各级民委的内设机构按照分工，大都赋予了民族关系预警信息的采集和汇集职能（图 23 中用符号 A 表示），他们将按照民族关系评估指标体系的指标分类，分别负责本部门分管指标数据的采集和初步汇集，之后将结果向本级信息中心汇集。政策法规司、信息中心、民族问题研究中心的预警职能更加突出，除了预警信息的采集和汇集之外，还具有预警信息的分析职能（图 23 中用符号 B 表示）。此外，监督检查司和纪检监察局可负责对预警机制运行的监督检查职能（图 23 中用符号 G 表示），其中的监督检查司还具有应急管理职能（图 23 中用符号 F 表示），办公厅负责警级发布（图 23 中用符号 D 表示）。地方民委内设机构中增设信息中心，行使预警信息汇集和呈报职责。地方民委信息中心在遇有重大警情信息时可在向本级民委呈报的同时越级向上级民委的信息中心直接呈报。

二　民族关系预警机制系统的微观结构

以上我们从民族关系预警机制的载体，即组织机构的角度阐述了宏观架构的设计，下面我们将从民族关系预警机制功能链条的角度，对该机制的各个功能环节展开微观分析。

按照整个预警机制系统各种功能传递的先后顺序，我们认为民族关系预警机制系统内部应当由以下几个功能子系统（即子机制）构成。

（一）预警信息汇集机制

在民族关系预警管理的整个过程中，信息发挥着十分重要的作用，它是整个预警机制系统的起点和基础，所有的决策、所有的组织、所有的应急机制、所有的行动协调，都建立在真实、迅捷、可靠、严密的信息基础之上。及时收集、传递和共享信息，可以保证政府及时和准确决策，协调应对危机的行动。因此，预警信息的有效汇集和监测是十分重要的。

预警信息汇集工作应当由民委系统内各职能部门按照一定的分工分别负责。各职能部门应当设专人，按照特定的监测预警指标，对该级政府辖区内面临和可能面临的不利于民族关系和谐发展的状况进行实时监测，密切跟踪。由于各职能部门收集到的信息处于分散状态，所以必须要有一个综合部门——信息中心，专门负责预警信息的汇集等管理工作。该中心不仅直接受本级民委领导，同时还要接受上级民委信息中心的领导并上报预警信息。

预警信息的传递过程也是预警信息在政府各部门之间的沟通过程，通过预警信息的传递，各有关的职能部门和人员被紧密联系起来，围绕着预警信息，危机应对系统开始发挥作用。但是由于在预警信息传递过程中各个传递环节的过滤往往存在不同程度的信息失真和衰减，因此建立一个有效的预警信息传递渠道并保持其畅通，是预警信息汇集的关键。预警信息汇报应注意时效性，为此要进一步明确和细化预警信息报告的内容、标准、程度、时限、渠道、协作等要求。

预警信息汇集机制模式如图 24 所示。

（二）预警信息分析机制

民委各职能部门的信息汇集到信息中心后，就需要对信息

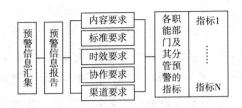

图 24　预警信息汇集机制模式

进行初步分析。预警信息分析是指根据所收集到的所有民族关系评估指标的实时监测数据进行分类研究，并结合历史数据，将这些数据转化为相应的指标值，同时将这些指标值与预先设定的指标"阈值"进行比较，来决定是否有出现影响民族关系和谐发展的危机因素，并找出警源。

　　信息分析工作技术含量较高，因此应有专业部门（预警信息分析机构）来承担该职能，组织方式上主要以专职研究机构为主，辅以社会研究力量。预警信息分析机构可就近设置在各级民委内部，由某个分管领导牵头负责。民委各职能部门要把对预警信息的汇集和分析与日常工作结合起来，同时信息分析机构还应当肩负起指导各职能部门信息收集点的工作和维护信息传递渠道的任务。

　　信息分析的方法主要有定性分析方法和定量分析方法。其内容包括监测、识别和诊断三个步骤，其中监测是预警系统正常运转的前提，识别是关键环节，诊断是技术性的分析过程，它们之间是前后有序、信息共享的因果关系。

　　——监测。对民族关系进行监测要选择恰当的信息监测范围，避免出现误警和漏警的情况，要紧密跟踪影响民族关系良性发展的危机苗头，实时监控危机的演变历程，如实记录危机的外部表征，通过对大量监测信息的整理、分类、存储、传递，建立信息共享的信息档案，并将监测信息及时、准确地输入下一个预警环节。

——识别。运用评价指标体系对各种监测信息进行分析判断，以识别出征兆，针对各种征兆分析主要诱因。识别的任务之一就是判断当前各个领域内的评估指标的状态已经或者正在变异，另一个任务就是判断该指标已发生的变化可能导致的连锁反应，即动态发展趋势。

——诊断。对处于警戒状态的评估指标进行诊断，对其征兆状态和程度进行评价，对其现实的致因进行综合分析，以明确哪个是主要的危险源。只有找到了危机主要的诱发根源，才有可能把握危机的来龙去脉，才可能继续开展下一步的预警管理活动。

预警信息分析机制模式如图 25 所示。

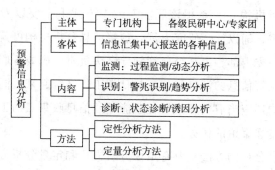

图 25　预警信息分析机制模式

（三）警情研判机制

警情研判不仅要结合对信息的监测、识别和诊断找出警源，而且更重要的是判断警情的严重程度——警级。警级是根据警情的警限区间，为表达警情的严重程度而人为划分的预警级别。在民族关系预警系统中，根据警情的发展演变，参照警情的警限或警情等级，运用定性分析与定量分析的方法，结合历史经验，便可判定警情的严重程度。判断警级是预警活动的目标之一，判断出警级后，就可以为决策部门提供支持。

警情研判难度很大，一般应由民委分管领导主持进行，由民委政策研究机构联合民族院校的专家学者以及社会研究机构一同完成。主要采用定性分析和定量分析相结合的方法，共同确定警级。定性分析是指在建立专家系统的基础上，根据预警指标系统的各影响因素建立阶梯层次结构和判断矩阵，由专家依据相关知识和经验，定性地评估警报等级。定量分析指根据获取的各种监测数据，运用预警的数学模型，定量地计算出警报等级。

警级作为衡量预警对象风险大小程度的尺度，一般划分为无警、轻警、中警、重警、巨警等级别，在预警图上以绿灯区、蓝灯区、黄灯区、橙灯区、红灯区表示。

警情研判机制模式如图26所示。

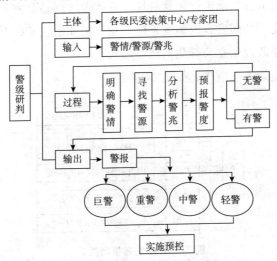

图26　警情研判机制模式

（四）警报发布机制

警级判定后，应立即向上级和有关部门发出警报。必要时还应及时向社会发布警报。俗话说"纸里包不住火"，当今社会，信息传播的渠道已经多种多样，特别是借助互联网这一平台，信息实现了高速、实时传播。因此，各级政府或有关部门若想隐瞒、封锁信息已不再可能。再者，从政务公开的角度讲，及时发布危机警报和相关信息，切实做到政府信息公开和保障公民的知情权已经成为各级政府的必然选择。

警级发布要遵循权威、准确、及时的原则，同时要具有连续性，使上级有关部门、媒体以及公众随时了解警情事态的发展变化，以便主动参与到政府预警处理的过程中来。因此，各级各地政府或民委机构需要建立一个统一的警报发布中心，直接隶属该层级地方政府来管理，方可避免各职能部门出于自身利益考虑延缓警报发布。统一的警报发布机构有利于保证发布警报的权威性、准确性和及时性。具体做法就是要完善新闻发言人制度。新闻发言人制度是建立在公民知情权基础上的一种制度，是政府信息公开化的重要形式。

警报发布机制模式如图 27 所示。

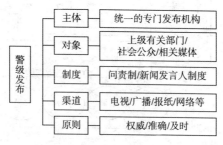

图 27　警报发布机制模式

（五）警势预控机制

警势预控是指在发现危机或得到危机警报后，对危机发展态势进行及时、有效的预先控制行为。通过警势预控可以用较小的代价迅速化解危机，避免危机的扩大和升级，掌握危机应对的主动权。警势预控的前提是预警，预警是预控的基础，预控是预警的目的，是对预警的理性反应，是预警的必然延续。预控对预警有很大的依赖性，没有预警提供及时准确的信息，预控就不可能实施，更谈不上效果。相反，没有预控，预警的意义也就不能彰显。

对民族关系进行预警的目的就是要实现对影响民族关系各种因素的早期预防和预控。实施预控的主体应是各级民委的警势预控中心。考虑到预控措施的实施可能需要协调和调动各种资源和力量，警势预控工作应由民委主要领导负责，统一指挥和调度，以充分利用各方资源和力量，增强预控效果。

警势预控要事先准备好在不同警情和警级下的预控对策，一旦警报发出，则根据预警信号的类型、性质、警级而采取相应的预控措施。这些预控措施包括组织准备、常态预控，非常态预控等环节。

实施警势预控首先需要进行组织上的准备，也就是开展预警分析和对策行动的组织保障活动，它包括整个预警系统活动的制度、标准、规章的制定，目的在于为预警活动提供有保障的组织环境。组织准备的任务之一就是规定微观的预警管理系统的组织结构（机构、职能设定）和运行方式，其二就是在系统发出警报的时候提供对策。其次，还要制订常态危机日常对策和非常态危机紧急应对计划。

由于既面临可能发生的风险，也存在着已经产生的危机，因此，实施预控应"具体问题具体分析"。就可能发生的风险而言，预控措施具有一定的主动性，因而主要采取回避风险、转移风险、分散风险、中和风险等方法；而对已经存在的危机现象来说，预控措施相对来说较为被动，主要采取的则是补救、抑制的策略。预控活动的功效主要取决于预防措施的针对性、社会群体的协调性、预警主体的能动性以及实施行为本身的规范化等因素，当然，在特殊情形下还应辅以一些强制性手段来保证预控活动的顺利进行。与此同时，如果在实施预控的过程中发现了不明风险，就有必要立即开始进行监测警情、寻找警源等工作流程，开展下一轮的预警活动。如果预控的效果好，那么警势将得到有效遏制，如果预控失败，则要立即启动应急预案，从而进入危机管理活动的下一个环节。

警势预控机制模式如图 28 所示。

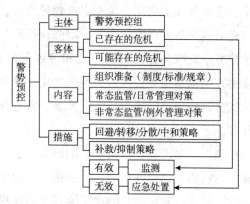

图 28　警势预控机制模式

（六）应急处置机制

天有不测风云，预警和预控的可能性空间都是有限的。当遇到难以预料的危机或预控失效的情况，就应当立即启动应急处置机制。应急处置机制是民族地区出现民族关系危机之后的应对，是一种建立在应急预案基础上的各部门协同配合的应急响应。因此从这个意义上讲，应急处置仍然属于预警管理的范畴。

应急处置的首要前提是应急预案的制订。应急预案是政府组织管理、指挥协调相关应急资源和应急行动的整体计划和程序规范。其中包含：完善的应急组织管理指挥系统，强有力的应急救援保障体系，综合协调、应对自如的相互支持系统，充分备灾的保障供应体系，体现综合救援的应急队伍等。制订好应急预案是科学、有效地处置危机事件的前提和重要基础。

在应急处置机制中，各部门的协同配合具有突出的地位。要建立协调一致、有序、高效的指挥系统，这是有效应对突发公共危机的重要基础和关键。当代社会瞬息万变，各种情况错综复杂，危机事件往往突如其来，猝不及防，从而使得任何一个部门，有时甚至是一级政府，即使水平再高、能力再强，也难以单独应对。为此有必要建立一种"统分结合"的机制，即平时各部门各司其职，危机来临时则必须形成资源统一配置、部门统一协调、力量统一指挥的协同应对机制。反观目前我国危机指挥体系和应对机制的现状，各系统、各部门各自为政的力量较强，而政府统一指挥协调的机制相对较弱。关键是缺少一个协同应对危机的机制。为此，有必要在各民族地区率先建立危机应急指挥中心，同时逐步尝试建立跨行政区域的协同体系，便于统一配置资源，协调各种关系，提高应对效率。

应急处置的顺利进行很大程度上取决于资金、物资和人员的及时投入。为此，各级政府和民委还应建立健全应急保障制度。应急处置机制模式如图29所示。

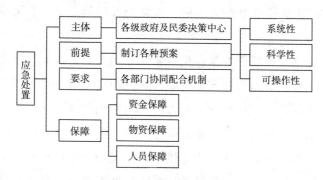

图 29   应急处置机制模式

（七）监督执行机制

民族关系预警监督执行机制，是指建立在民族关系预警指标体系及其运行规则基础上的一整套目标管理体系。这套机制应能对民族关系预警系统的运行质量实行纵向到底、横向到边的全方位、立体化的监督，确保民族关系预警系统所包含的工作内容在各民族地区以及各民族地区的各层次（省、地、县、乡、街道）中得到切实执行。民族关系预警监督执行机制主要由监督执行机构、监督执行的内容、监督执行的方式等部分构成。监督执行机构由国家民委分管领导，由监督检查司和纪检监察局对民委各相关职能部门的工作进行全面系统的监督。其内容包括：①针对信息汇集中的指标维护，监督有关部门及时进行指标及权重的修订及调整，以适应各种不断变化的情况；②在信息上报之后通过各种方式检查信息是否有瞒报、谎报及漏报等情况，规范信息上报的程序，提高信息利用效率；③针对信息分析加工后建立的数据库，定期或不定期地进行优化升级，更新数据，提高其参考价值；④对案例库、预案库的更新情况、丰富程度以及质量情况进行定期检查，促进库中资源不断充实和完善以及调用的方便；⑤在警级呈报的环节中，监督有关部门按照呈报规定准确呈报警级，检查相关的保密工作；⑥在警级发布环节中，保证发布机构的工作遵循有关规定和原则；⑦在警情研判过程中，防止少数干部不经调查研究"拍脑门"做出判断，或独断专行导致判断失误，检查并督促相关领导按照科学决策程序，积极吸纳专业社科机构和专家学者的研判意见；⑧监督各部门有关民族关系预警系统运行中的资金使用情况。

监督的主要方式有奖惩、考核、巡视、审计、问责等几个方面。

（1）奖惩：监督执行机构有权要求各部门真实客观地报告民族关系中出现的各种预警信息，依法对积极工作的机构和个人进行奖励，对隐瞒危机信息者、渎职的机构或个人进行严惩。另外，在监管机构内部进行检查，对于督导不力的部门或个人要给予惩处。

（2）考核：按照预警的责任分工范围，对相关部门及其领导进行政绩考核，综合运用民主推荐、民主测评、民意调查、实绩分析、个别谈话和综合评价等具体方法考核评价。

（3）巡视：派督察员到有关民族关系预警的各责任部门进行调查，深入群众了解情况，将督察、巡视的具体情况向派出单位组织汇报，发现问题及时解决。

（4）审计：审计财政拨付用于民族关系预警管理资金的使用情况，保证专款专用，杜绝浪费。

（5）问责：确保负有民族关系预警职责的责任单位和责任人始终处于一种负责任状态。对失职行为进行质询和问责。

监督执行机制模式如图30所示。

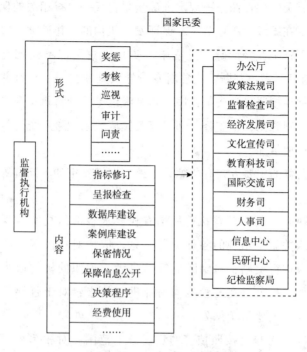

图 30   监督执行机制模式

第三节   民族关系预警预控管理
信息系统的构建 *

民族关系评估与监测预警管理信息系统，是在民族关系和社会预警有关理论基础上开发的计算机应用软件系统。它利用国家民族工作计算机管理系统平台和互联网信息技术，通过建

---

*   本节根据阎耀军和吴中元、朱吉宁合作发表的论文《民族关系评估与监测预警管理信息系统的构建》（《中南民族大学学报》2011 年第 3 期）编写。

立统一的法定规范、数据标准、数据交换格式，制定相应的制度和管理办法，在实现各级民族工作管理部门之间信息共享的基础上，对民族关系状况进行实时监测和预警。运用这一系统，可以为民族关系的评估与监测预警工作插上现代科技的翅膀，不仅可以提高工作效率，而且提高信度和效度。测试结果表明，本系统不仅能够很好地实现所设计的各项功能需求，而且还有进一步扩展的可能性。

现代意义上完整的民族关系评估与监测预警系统，应当由指标系统、运行机制系统和信息管理系统三个子系统组成。对前两个子系统，我们已经完成了设计。[①] 但如果没有后者，整个系统还是无法顺利运行。因为在现代高速运行且瞬息万变的社会中，采用人工方式采集和处理海量数据已几乎不可能。即便勉强为之，其难度和高昂的成本也是任何实际工作部门所难以长期承受的。退一万步说，即便能够承受，其时效性也要大打折扣，因为不能进行实时监控的预警系统几乎是没有意义的。所以，有必要依靠现代电子信息技术，实现民族关系评估与监测预警的自动化，开发出可操作的计算机软件"民族关系评估与监测预警信息管理系统"，为民族关系的评估与监测预警工作插上现代科技的翅膀。

民族关系评估与监测预警管理信息系统构建的主要流程是系统规划、系统功能需求分析、系统设计、系统实施和系统维护。[②] 其中，系统规划阶段的主要工作已经在前期理论研究过程中完成，接下来的功能需求分析与系统设计工作完成的好坏，将直接关系系统能否成功应用以及后期维护的成本。因

---

① 见本章第一、第二节。

② 邝孔武、王晓敏：《信息系统分析与设计》，清华大学出版社，2007，第53~55页。

此，本节重点研究和阐述民族关系评估与监测预警管理信息系统的功能需求分析、系统设计以及系统功能试验方面的内容。

一　系统功能需求分析与开发方法的选择

系统功能需求分析是系统开发的先导阶段，也是系统开发成功与否的关键，其主要目标是确定将要开发的系统所应具备的功能和特性。本节所研究的民族关系评估与监测预警管理信息系统在国内尚属首例，无经验可循。因此在功能的分析上必须摸着石头过河。为此，我们首先确定了获取需求的基本思路，即对当前民委系统针对民族关系评估与监测预警的工作进行调研，同时考虑信息系统的特点，对现有工作模式进行改进，然后分析信息系统应该具备的功能与特性。

系统开发有许多理论方法，最为常用的有结构化方法、原型法、面向对象方法。在用户需求不明确的情况下，通常使用原型法进行开发。原型法的基本思路是开发人员对用户提出的问题进行总结，就系统的主要需求取得一致意见后，快速开发一个原型系统。该原型系统是由开发人员与用户合作，在较短时间内开发的一个实验性的、简单易用的小型系统。原型系统应该是可以运行的，并且要便于修改。

通过运行原型系统，用户提出更多的修改意见，开发人员进行补充和修改后再交给用户运行，如此反复对原型进行修改，使之逐步完善，直到用户对系统完全满意为止。① 然而，应用原型法进行开发也有弊端，如表 12 所示，我们认为这种方法不适用于民族关系评估与监测预警管理信息系统功能需求分析之后各个阶段的工作。针对该系统的开发规模和应用范

---

① 黄梯云：《管理信息系统》，高等教育出版社，2009，第 101~102 页。

围，我们更倾向于采用成熟的结构化方法来进行系统设计和系统实施。

结构化方法的基本思路是在系统建立之前信息就能被充分理解。它要求严格划分开发阶段，用规范的方法与图表工具有步骤地来完成各阶段的工作，每个阶段都以规范的文档资料作为其成果，最终得到满足用户需要的系统。[①]

表12　原型法和结构化方法的比较

开发方法	结构化方法	原型法
优　点	(1) 逻辑设计与物理设计分开； (2) 开发过程中形成一套规范化的文档，便于后期的修改和维护； (3) 开发流程清晰，每一阶段都有相应的成果	(1) 需求表示清楚，用户满意度较高； (2) 降低开始风险和开发成本； (3) 开发速度快
缺　点	(1) 开发周期长； (2) 系统难以适应环境的变化； (3) 开发过程复杂烦琐	(1) 不适用于开发大型的信息系统； (2) 系统难以维护； (3) 若用户合作不好，盲目纠错，会拖延进程
适用条件	适用于一些组织相对稳定、业务处理过程规范、需求明确且在一定时期内不会发生大的变化的大型复杂系统的开发	适用于处理过程简单、涉及面窄的小型系统或联机处理系统；或者适用于需求或系统目标不明确的系统开发

为了既能充分获取用户需求，又能保证系统开发的质量，也为了降低后期维护工作的难度，我们对以上两种方法进行组合，形成了一套新的开发路线。首先通过与国家民委领导讨论，确定系统的基本目标，然后采用原型法快速开发出一套用

---

① 黄梯云：《管理信息系统》，高等教育出版社，2009，第102～103页。

于演示并具有一定实际功能的原型系统（简称演示版）。我们用演示版为国家民委领导汇报演示，并获取更深层次的功能需求意见。根据新获得的需求对系统进行补充开发与完善，将完善后的系统作为进一步交流的媒介，与国家民委领导再度探讨。如此往复数次，双方认为相关需求可以确定之后，再进行"实战版"开发，即采用结构化的开发方法进行系统分析以及后续阶段的工作。

通过以上方法，我们分析得到的系统主要的功能需求和用户角色如下。

1. 系统功能分析

根据系统构建的目标，系统必须具备民族关系评估以及监测预警这两大核心功能。为了支持这两个核心功能的顺利实现，衍生出了指标体系管理、民族地区管理以及知识库管理这三个辅助功能。考虑到本系统所涉及的是较为敏感的民族关系问题，为了保证整个系统数据的安全性，系统需要具备系统权限及安全管理的功能（如图 31 所示）。

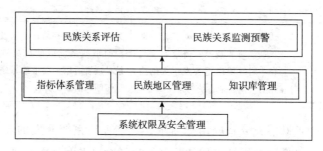

图 31　系统功能框架

现就图 31 所示系统的主要功能进行描述。

（1）系统权限及安全管理。本系统的用户涉及不同级别和不同岗位的人，数据的安全性至关重要，因此系统要有严格的安全管理功能，以确保用户只能在自己的权利范围内查看和修改数据。我们的方案是根据系统的功能模块和实际的用户设计不同的角色，每种角色对应一定的系统使用权限。每个系统用户都将包括在某种角色之中，从而获得其所属角色所具有的权限。系统的用户角色分配要合理，从管理制度上保证系统的安全性。系统用户所进行的操作都要进行详细的记录。系统要具备核查功能，有效防止篡改评估结果等重要数据。对数据库中的关键信息进行加密处理。数据库要进行定期备份，关键数据要进行异地备份。

（2）指标体系管理。指标体系是该系统最为核心的数据。指标体系管理功能主要包括新建、编辑、删除（暂停使用）指标体系。

①新建指标体系。该系统要适应不同特点的民族地区，不能一套指标包打天下，因此系统要提供新建指标体系的功能。建立一个新的指标体系时，要指定类型，暂时分为临时型指标体系（用于进行实时数据的采集上报）以及评估型指标体系。随后要设定指标体系的层次结构，处在最后一层的指标是在评估过程中需要收集的原始数据。每一层指标要有从下级指标进行汇总而来的计算公式。

②编辑指标体系。修改指标体系内具体指标的名称、权重，添加或删除某个指标，指标体系的层次结构不得改变。为了保证指标体系的完整性以及历史数据的可访问性，在删除某个指标之前，要先将涉及该指标的公式进行相应的修改，在指标相互影响矩阵中删除该指标的行和列，撤销与该指标关联的数据，并及时发出系统公告。

③删除（停止使用）指标体系。删除时要先检查是否有民族地区正在使用当前要删除的指标体系，如果有则要先通知

国家民委为民族地区指定新的指标体系。为了能够浏览历史数据，删除指标体系只是为指标体系做一个标记，使之不可使用。仅当指标体系没有被使用的情况下，才将其真正删除。此外，研究中我们发现，由于社会的复杂性和媒体网络的异常发达，使得不同指标所反映的看似独立的领域之间会产生千丝万缕的联系，不同指标之间的抵消或共振放大效应不可忽视。因此，我们建立了指标之间相互影响的系数矩阵，以便更加科学地评估和预测民族关系情况。

（3）民族地区管理。在民族干部工作会议上，我们充分听取了一些专家的意见，将系统的应用范围定位为国内所有具有行政级别的民族地区。此举可以借助网络的优势快速收集国内各个角落的民族关系相关数据，保证系统的全面性与灵敏性。

在系统中，民族地区根据实际的建制设置为树形结构。对民族地区的管理功能主要包括民族地区的添加、编辑、删除及查询。添加民族地区时，要指定其所属的上级民族地区，然后提供民族地区的名称与简介，同时要为民族地区指定至少一个用于评估的指标体系。建立新的民族地区之后，系统要能够自动为该地区创建管理员，该地区的其他用户将由管理员来进行管理，同时管理员还要管理本地区评估的相关事宜。

删除民族地区时，只是将其停用，确定没有与该民族地区的任何关联数据（如属于该民族地区的下级民族地区或者针对该地区的评估记录）之后，才可将其真正删除。

（4）知识库管理。对于本系统，知识库是针对民族关系领域问题求解的需要，采用若干知识表示方式在计算机存储、组织、管理和使用中互相联系的知识片集合。由于本系统具备一定的决策支持系统的特性，因此知识库的设计与建立将直接影响对决策支持的效果。

建立知识库管理系统，能够将国家民委根据积累下来的对民族问题的研究成果，如民族关系问题有关的案例、预案等，纳入本系统。此外，在民族关系领域的专家学者以及他们发表的成果也是知识库的重要组成部分。知识库中的资料与指标体系中的某些指标以及某些民族地区可以进行关联。向专家库添加专家时，系统要自动为专家开设登录系统的账号。

由于民族关系领域问题的处置方法灵活多变，无规律可循，因此我们提出了预案生成的概念，即当有民族关系不良事件发生时，系统能够根据事件的各方面因素和当前整体的民族关系状态进行智能分析，给出处理问题的基本思路或具体步骤。

（5）民族关系评估。民族关系评估是本系统最为核心的功能，其宗旨是简化民族关系评估工作，提高评估准确度和时效性，达到"民族关系评估智能化"的目标。但由于此项工作本身的特殊性，使得在系统内部，本功能的子功能项最多，流程也最为复杂。地方民委信息中心接到指派的评估工作任务之后，将数据的收集和录入工作安排给本地区的业务人员。待数据录入完毕之后，系统要能够自动根据指标的计算公式计算出指标值。

由于地方收集的民族关系相关数据在反映真实情况的过程中存在着一定的失真以及信息的不对称，我们提出了秘密情报修正这一构想。具体方法是为有能力获取民族关系方面秘密情报的领导赋予一定的权力来对指标值进行修正，当系统根据收集的原始数据计算出指标值后，提醒有此项特权的领导依据情报对计算结果进行修正，并进行记录。

依情报修正完成后，系统再根据各个指标之间相互影响的修正系数矩阵对指标进行第二次修正，同样要进行记录。所有修正完成之后，系统能够根据结果和知识库的相关资料生成一份评估报告，所有有权查阅该报告的用户可以针对该报告在线进行讨论、评价评估结果。

（6）民族关系监测预警。监测预警是本系统的另一大核心功能。它发挥指标体系全面性和科学性的特点，在指标评估的基础上，对对象系统发生质变的临界点或临界区间进行监测，并用现代预测技术对其未来趋势进行预测，从而分析民族关系未来的走势，避免经验型预警的局限性。

民族关系监测预警的流程与评估过程相似，系统根据指标的历史数据和选择的预测模型对指标进行未来一定时段的预测，并提醒具有依据情报对指标进行修正权力的领导对预测结果进行修正，系统要根据各个指标之间相互影响的修正系数矩阵对预测得到的指标值进行第二次修正。最后，系统要能够找到存在隐患的指标，并查询相关的案例与预案以及有关专家的列表，生成一份民族关系预警报告。所有有权查阅该报告的用户可以针对该报告在线进行讨论、评价预测结果。

2. 系统用户角色分析

如系统权限及安全管理功能分析中所述，本系统的安全管理采用"用户—角色—权限"的架构，根据系统主要功能需求，我们总结出以下七种用户角色。

（1）国家民委授权研究机构。这是由国家民委授权，专门从事民族关系评估与预警指标体系研究的机构。主要任务是管理系统所用到的所有指标体系，具有查看民族关系评估报告和预警报告的权力。

（2）国家民委信息中心。指国家民委信息中心专门负责管理本系统的人员。主要任务是管理系统所应用的地区以及地区所适用的指标体系，并可以对各地区下达对民族关系进行评估或预警的任务；管理知识库中的案例、预案以及专家列表；管理国家民委层面的用户，以及国家民委分管领导对于指标值依情报进行修正的权力，等等。

（3）国家民委分管领导。指国家民委专门负责评估和监测民族关系状态的有关领导。本角色内的用户有权查阅全国范围的民族关系评估报告和预警报告，并可以进行在线评价、讨论；依据情报对民族关系评估或预警的指标值在权力范围内进行修正。

（4）各地区民委信息中心。指各地区民委信息中心专门负责管理本系统的人员。主要任务是管理本地区的系统用户，以及本地区领导对本地区进行的民族关系评估或预警指标值依情报进行修正的权力，管理本地区的民族关系评估报告和预警工作。

（5）各地区民委分管领导。指各地区民委专门负责评估和监测民族关系状态的有关领导。他们有权查阅本地区的民族关系评估报告和预警报告，并可以进行在线评价、讨论；依据情报对本地区的民族关系评估或预警指标值在权力范围内进行修正。

（6）国家民委授权专家。指由国家民委指定并授权的民族问题研究专家。他们能够登录该系统，查阅全国范围的民族关系评估报告和预警报告，进行在线评价、讨论，上传自己关于民族关系方面的文献、意见和建议。

（7）数据录入人员。指专门从事基本数据收集和录入工作的业务人员。他们是由各级民委指定的专门业务人员，专门负责民族关系评估过程中基础数据的采集和录入工作。

二　系统设计

系统设计是研究系统分析所得到的目标如何实现的过程。为了满足系统分析阶段所得到的系统功能需求，系统设计阶段要对系统开发与实施的技术路线进行全面的设计描述。

1. 数据库设计

数据库设计是指根据用户的需求，在某一具体的数据库管理系统上，设计数据库的结构和建立数据库的过程。[①] 数据是信息的载体，任何软件系统都离不开数据的支持，我们所采取的系统开发方法也是基于数据驱动的，而数据库是数据存储和获取的地方，因此数据库设计是本系统设计过程中的首要任务。

数据库设计包括三个阶段，即概念设计、逻辑设计、物理设计。使用合适的 CASE（计算机辅助软件工程）工具，可以大幅提高设计效率，因此本系统选取了 Power Designer 这一 CASE 工具来辅助数据库的设计工作。

数据库的概念设计中最重要的内容就是为现实系统建立实体联系模型（E-R 模型），根据系统分析阶段得到的数据需求，识别出系统所涉及的实体，对每个实体的属性和标识进行描述，找出实体之间的各种联系（一对一、一对多、多对多）。概念设计完毕之后，根据实际需求补充设计数据库存储过程、触发器以及主键自增标识、索引等特性，Power Designer 便可直接生成数据库的逻辑模型和物理模型。

2. 系统框架设计

有了数据的支撑，系统的框架成为系统开发成功与否的第

---

① 施柏乐、丁宝康、汪卫：《数据库系统教程》，高等教育出版社，2008，第 149~151 页。

二道关卡。系统框架设计是根据所采用的技术对系统结构进行整体布局，这涉及系统未来运行的效率以及稳定性、安全性等。考虑到本系统的应用范围，我们采用可扩展的 B/S 架构，该架构能够为系统提供很好的伸缩性，以应对未来可能增加的吞吐量和性能需求。我们针对领导依情报对指标进行修正的功能设计独立的 C/S 架构的客户端。由于本系统所采用的微软 ASP. NET 技术已经提供了丰富的应用接口，我们在系统设计阶段充分利用了 ASP. NET 的特性来进行系统框架设计。

3. 系统文件结构设计

页面文件是 B/S 结构系统最主要的用户接口文件，它位于应用程序服务器。根据系统分析阶段得到的功能需求，我们设计出了实现所有功能所需要的页面，并对每个页面的具体功能进行了详细的定义。在 ASP. NET 所提供的安全审核功能中，文件夹是进行安全控制的最小单元。因此根据需求设计若干文件夹，每个文件夹可被一个或多个角色访问，并将所有的页面文件根据访问权限归入文件夹中。

4. 数据存取及处理过程设计

页面的功能确定之后，需要考虑其所需要的数据如何从数据库服务器中获得、处理、存入数据库，因此要对数据的存取及处理过程进行统一的设计。为了方便在应用程序中对数据进行存取，当前主流的方法是采取实体关系映射模型，其出发点在于面向对象的程序语言中对类和对象的操作更加直接简便。而实体关系映射可以将数据库中的关系表映射为程序语言中的类，将数据库中的记录映射为应用程序中的对象，因此在很大程度上简化了数据存取操作以及数据库存储过程的调用。对于复杂的数据处理，我们将其放在数据库服务器中，定义为数据库存储过程，在应用程序中以函数的形式进行调用即可，这种方法能够提高数据处理的效率和安全性。微软 ASP. NET 技术框架中的实体关系映射模型有多个版本，其中 ADO. NET 技术是最早也是最为成熟的实体关系映射模型，在其基础上，微软又开发了 LINQ 技术来进一步简化数据与实体的衔接。该系统采用 LINQ 技术完成实体关系映射，以及对数据库存储过程的调用。

5. 页面布局设计

页面是系统进行输入输出的媒介，合理的页面布局能够增加系统页面的信息量，便于信息的输出，符合用户使用习惯的页面布局，也能够方便用户的输入，提高输入准确率。考虑到本系统数据的特点，以及本 ASP. NET 技术所提供的控件，在页面中数据的显示与录入主要采取以下三种布局方式。

（1）树形结构图。树形结构图是利用 ASP. NET 技术所提供的树形结构控件来展现具有树形结构的数据，如指标体系、民族地区等。非叶子节点能够收缩、展开其下级的节点。鼠标单击节点时，系统能够进行响应，如显示节点的详细信息，增加、删除节点等操作。

（2）列表及详细信息。系统中有许多能够列举的数据类型，如评估记录、专家信息等，它们是众多具有相同结构数据记录的集合，每一条数据记录都包含着丰富的信息。对于这类信息，我们用 ASP. NET 技术提供的列表控件来显示 8 ~ 10 条数据记录的概要信息，并可进行翻页控制，每条数据记录都可以进行选择。选择之后，列表下方或右方会有控件来选择所选择数据记录的详细信息，并可在此对数据记录进行增加、修改、删除的操作。

（3）图表报告。为了更好地展示民族关系评估与监测预警的结果，我们在数据的输出方式上采用集成化报告的方式，在报告中使用表格进行数据值的展示，使用标尺进行警度的展示，使用图形展示维度上的数据，如历史变化趋势、指标值横向比较等。

三　系统功能试验

系统开发完毕后，我们通过录入收集到的历史数据及试验数据来进行系统功能试验，观察系统输出的结果，并提出了对系统功能进一步扩展的一些构想。

1. 指标体系管理功能

首先，指标体系是人们主观构建的用于度量社会现象的"软尺"，需要根据情况的变化适时调整（权重值变化和指标替换）；其次，单一种类的指标体系不能"包打天下"，硬套于各类情况不同的民族地区；再次，不同民族地区的评估结果，还要能够实现横向比较。这对本系统的指标管理功能提出了较高的要求。实验结果表明，本系统基本实现了指标管理的如下功能需求：①指标的变权、增删、替换；②不同种类指标体系（如跨境地区民族关系指标体系，城市民族关系指标体系，散居、杂居地区民族关系指标体系、西北地区民族关系指标体系、西南地区民族关系指标体系、汉藏民族关系指标体系、汉维民族关系指标体系等）的置换；③利用"常模"（即国家民族关系指标体系的评估结果）实现横向比较。

2. 知识库管理功能

知识库是一个需要不断升级和更新的功能模块。经测试，目前的知识库可以实现的功能如下。

（1）案例积累和提取功能。目前的案例库已经整理和录入了近百个民族关系方面的案例，这些案例不但能够与相关的指标进行关联，而且还能够通过系统所设置的相似度检验进行自动提取。

（2）涉密情报对评估结果的修正功能。指标体系自身的局限性和情报工作的秘密性，往往会影响评估机构评估结果的准确性。本系统通过设置知情者修正系数，可以避免信息不对称所导致的评估误差，实现对评估结果的修正功能。

（3）专家咨询功能。本系统设置的专家库已经录入大量专家的信息，并模拟专家身份登录系统，上传有关文献和建议，针对有关问题展开讨论，实现在线咨询功能。① 在案例库极大丰富的基础上，本系统还可以开发一种快速预案生成系统，把以前发生的紧急事件和解决方案生成预案。一旦新的事件发生，首先从案例库和预案库中进行相似性检索和特征匹配，如果匹配成功，则输出相应预案，并根据情境进行有效性判断；如果没有检索到预案或者检索到的预案匹配度很低，再对紧急事件进行规则推理，同时充分利用决策者对事件的高度认知，使预案在决策者的干预下反复学习，最终产生全面有效的情境整合信息和决策信息。

3. 民族关系评估与监测功能

我们选定了某一民族地区以及它所适用的指标体系，收集和虚拟了10年的历史数据，将其录入系统进行运算，并模拟民委分管领导的身份登录系统，根据虚拟情报对部分指标的运算结果进行修正，最后生成该地区的民族关系评估报告。报告中包括修正前的运算结果、修正后的运算结果、各个指标当前的状态、历史状态的时间序列分析、与其他同级别民族地区的横向比较等各类分析结果。试验结果表明，该系统具有良好的

---

① 施柏乐、丁宝康、汪卫：《数据库系统教程》，高等教育出版社，2008，第 149~151 页。

评估与监测功能。

4. 民族关系预测与预警功能

我们虚拟了 10 年相关历史数据录入本系统试验，结果表明，本系统可以通过时间序列分析预测模型对每一级指标进行历时态分析并自动生成其变化曲线；通过简单趋势外推预测模型可以预测未来 5 年的民族关系走势并生成预警报告。报告中有对所有指标根据给定的警级阈值进行的状态分析，对进入危险区域的指标，报告给出了相关案例、调控预案以及该指标领域研究专家的资料和联系方式等相关信息，以辅助领导采取相关措施消除隐患。此外，在本系统数据库数据积累的基础上，还可以开发并实现政策调控超前模拟推演功能，即把指标体系视为反映整个民族关系环境的系统方程，指标则是反映民族关系环境各个方面的变量，每一种政策调控措施都将影响若干指标的值，而后根据总结出的指标间关联系数来进行模拟和推演，观察整个指标体系的变化情况，从而预测政策调控措施的效果。

通过上述功能试验，我们初步证明本系统具备了上线运行的功能性需求，在实现民族关系评估与监测预警智能化的目标过程中迈出了可喜的一步。我们将进一步整理更多的历史数据来测试这套系统，并将系统进行推广、实验运行，不断升级完善，更大程度地为促进民族关系和谐发展提供决策支持。

第四节　《民族关系监测评估预警信息管理系统》的操作说明

本节主要针对我们承担的国家民委 GM - 2010 - 001 号项目"民族关系监测预警系统软件开发及应用研究"所研制的

系统软件《民族关系监测评估预警信息管理系统》①（也称为《民族关系和谐指数监测与评估系统》）的操作使用方法进行阐述。

一　系统概述

（一）引言

根据国家民委《少数民族事业"十一五"规划》建设民族事务管理网络系统，建立反映少数民族和民族自治地方经济社会发展状况和民族关系的指标体系，建立以信息资源集成为基础的统计、分析、评价、监测、预警和决策咨询系统等一系列要求，我们完成了民族关系监测预警指标体系和民族关系预警机制的设计，并对运用信息技术对民族关系监测预警管理的计算机软件系统进行了框架性开发。但是所有这些工作仅仅是初步的，换言之，仅仅是一个良好的开端，仅仅是一种理念形态的东西和带有演示性的"概念化"的样品，它距离"实际""实用""实战"的要求还有相当大的差距。需要探究的问题还有很多，如所设指标是不是科学合理、便于采集，采集上来后是不是能够量化计算，计算公式或模型是不是正确、是不是简捷、是不是便于操作，系统的构架是不是合理，系统是不是能够通畅运行以及是否存在破绽和漏洞，此外，还有许多细节尚需深化研发，在实际操作的过程中肯定会有一些未曾预料的难题需要克服，因此还会有大量艰巨的工作要做。样品只有经过实践应用才能得到改进并定型，我们已经取得的成果只有通过实验才能得到完善和确认。而只有得到了确认后的定型产品，我们才能够说这项成果具有实际意义，这就是：它作为一

---

① 本系统软件开发由课题组阎耀军、吴中元、朱吉宁等完成。

204

种辅助决策的工具，具有及时了解民族关系状况，量化描述民族关系动态，并揭示其发展变化的趋势和规律的功能；它对于提高民族关系预警管理的效率和效益，以最快的速度和最高的效率对民族关系方面的突发事件做出反应，妥善处理民族关系危机事件，促进各民族和睦相处、和衷共济、和谐发展，不仅具有重要的理论意义，更具有重要的实际应用价值。

因此，我们在民族关系监测与预警系统的基础上重新整理需求，构建了民族关系和谐指数监测与评估系统。本系统是通过实验运行之前开发的民族关系监测与预警系统，发现其设计和编码中的漏洞或破绽，随之进行修补、调整和完善，并根据实践中提出的"实战性"新要求对系统进行补充设计甚至重新设计，即进行二次开发。与此同时，对系统框架中所要求的内容进行研究、编写、录入和填充（如专家库、预案库、案例库等），使原有的空架子变得较为充实和丰富，尤其是数据库的规模要尽可能地扩大。

（二）系统用户角色

根据分析得到的系统功能需求，将系统所涉及的用户分为以下七种角色。

（1）天津工业大学公共危机管理研究所系统管理员（简称天津工大管理员）。管理系统所用到的所有指标体系，具有查看民族关系和谐指数评估报告和预测报告的权力。

（2）国家民族事务委员会系统管理员（简称国家民委管理员）。管理系统所应用的地区，以及地区所适用的指标体系，并可以向各地区下达对民族关系和谐指数进行评估或预测的任务；管理知识库中的案例、预案以及专家列表；管理国家民委级别的用户，以及国家民委领导对于评估和预测记录依情报进行修正的权力。

（3）国家民族事务委员会专家领导（简称国家民委领导）。可查阅全国范围的民族关系和谐指数评估报告和预测报告，并可以进行在线评价、讨论；依据情报对民族关系和谐指数评估报告或预测报告在权力范围内进行修正。

（4）各地区民族事务委员会系统管理员（简称地区民委管理员）。可管理本地区的用户，以及本地区领导对于本地区进行的评估和预测记录依情报进行修正的权力；管理本地区的民族关系和谐指数评估报告和预测的相关工作。

（5）各地区民族事务委员会专家领导（简称地区民委领导）。可查阅本地区的民族关系和谐指数评估报告和预测报告，并可以进行在线评价、讨论；依据情报对本地区的民族关系和谐指数评估报告或预测报告在权力范围内进行修正。

（6）从事民族关系领域研究的专家学者（简称专家）。可查阅全国范围的民族关系和谐指数评估报告和预测报告，并可以进行在线评价、讨论；上传自己关于民族关系方面的文献。

（7）从事基本数据收集和录入工作的业务人员（简称数据采集员）。负责民族关系和谐指数评估过程中基础数据的采集和录入工作。

（三）系统功能结构

系统功能结构参见图31。根据系统构建的目标，系统必须具备民族关系和谐指数评估以及预测这两大核心功能。为了支持这两个核心功能的顺利实现，衍生出了指标体系管理、民族地区管理以及知识库管理这三个辅助功能。考虑到本系统所涉及的是较为敏感的民族关系问题，为了保证整个系统数据的安全性，系统需要具备可靠的系统权限及安全管理功能。每个功能作为系统的一个子系统，其下又包括许多具体的功能单元。

（四）术语及缩略语定义

登录：每次进入系统时，需输入操作员账号、密码，系统检查通过，才允许操作者进入系统，并跳转至指定页面，这个过程称为登录。

单击：移动鼠标光标到目标上，按下鼠标左键再松开的过程。

控件：具有显示、添加、修改、删除数据等功能的区域。

功能页面：由控件组成的、能够完成特定任务的网页。

记录：数据库中属于某个实体的信息的集合。

链接：以文字形式显示，通过单击能够跳转到另一个功能页面，或者使当前页面发生改变，鼠标移动到上面后会变成手形。

二 系统通用操作说明

（一）系统配置

1. 数据库服务器配置

数据库服务器需安装 SQL Server 2005 或以上版本，使用具有数据库管理最高权限的用户登录数据库，附加数据库的源文件。启动数据库的代理服务，设定数据库的备份计划。

2. 应用程序服务器配置

应用程序服务器采用 IIS5.1 或以上版本，需要安装 Microsoft. NET Framework4.0，并安装报表服务程序。在 IIS 中新建虚拟目录，指向程序所在目录。在系统发布之前要将程序中的 web. config 文件中数据库连接字符串进行编辑，使其能够顺利连接到数据库服务器。

3. 客户端配置

客户端需要安装 Internet 浏览器，建议使用微软 IE6 或以上版本。客户端要处在能够连接至应用程序服务器的局域网或广域网上，并保证至少 1 兆的带宽。

（二）系统登录

输入用户名密码后，系统会提示是否记住用户名与密码，可根据实际需求进行选择。如果操作的计算机为某一用户单独使用，可以勾选保持登录状态，从而更加方便地访问系统的各个功能页面（见图 32）。

图 32　系统登录页面

（三）更改密码

用户登录系统后，单击左侧"更改密码"的链接，便可进入更改密码的页面，如图 33 所示，新密码至少由 6 个字符构成。

（四）系统导航

系统左侧的导航树形控件会根据登录的用户角色显示其所具有的功能，为链接模式。单击功能链接之后，右侧的主要功能区就会进入相应的页面，导航控件中当前所在页面会加粗显示。

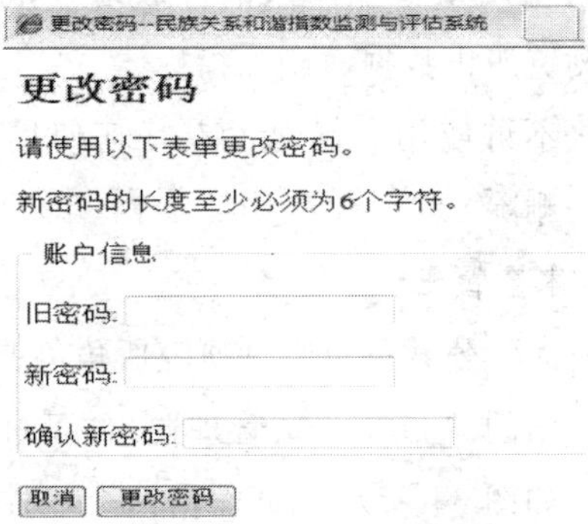

图 33　更改密码页面

三　指标体系管理子系统

（一）指标体系管理子系统简介

指标体系是本系统最为核心的子系统。指标体系管理功能主要包括新建、编辑、删除（暂停使用）指标体系。

（1）新建指标体系：建立一个新的指标体系时，要指定指标体系的层次结构，最后一层便为需要收集的原始数据。还要提供原始数据指标向上一级汇总时的计算公式。指标之间相互影响的矩阵，以及指标体系的类型，暂时分为临时型指标体系（用于进行实时数据的采集上报）和常规型和谐指数指标体系。

（2）编辑指标体系：修改指标的名称、权重，添加或删除某个指标，但指标体系的层次结构不得改变。删除某个指标之前，要先将涉及该指标的公式进行相应的修改，撤销与该指标关联的数据，并及时发出系统公告。

（3）删除（停止使用）指标体系：删除时要先检查是否有民族地区正在使用当前要删除的指标体系，如果有，则要先通知国家民委为使用该指标体系的民族地区指定新的指标体系。同时为了浏览历史数据，删除指标体系只是为指标体系做一个标记，使之不可使用。仅对没有任何使用记录的指标体系，才将其真正删除。

（二）指标体系管理

以天津工业大学公共危机管理研究所角色的用户登录，单击左侧导航控件中的"指标体系管理"，便可进入指标体系管理的功能页面，如图34所示。页面由两个控件构成。上方是指标体系的列表，显示指标体系的概要信息，包括名称、状态、建立日期、指标类型、层次结构，每个指标体系有两个链接，分别为指标体系的详细指标内容和指标体系内指标之间相互影响的系数矩阵，单击便可进入相应的功能页面。当单击指标体系清单左侧的"选择"链接后，该条指标体系便会被选中，下方的控件会显示所选中的指标体系的详细信息，并可在

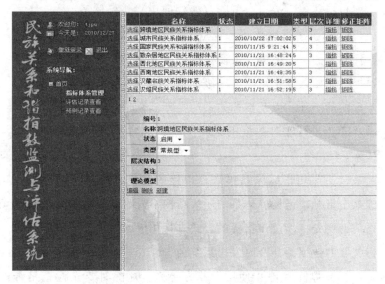

图34 指标体系管理页面

此对指标体系进行增加、修改、删除的操作，增加和修改操作时，编号是由系统自动生成的，因此只需填写或选择其他字段的信息即可，如图34所示。

（三）指标体系详细指标管理

在指标体系管理的功能页面中，单击指标体系的详细指标内容的链接后便可进入指标体系详细指标管理的功能页面，如图35所示。该页面由三个控件构成。左侧是指标体系的树形结构图，单击指标左侧的加号可以展开属于该指标的下级指标，单击减号可以收缩，其中最后一级的指标即为要录入的原始数据，所有指标均为链接的形式。当单击指标本身时，右上方的"指标详细信息"控件就会显示指标的详细信息，并可以在此对指标进行修改、删除（停用）以及新建属于所选中指标的下级指标的操作。当单击的指标为倒数第二级的指标

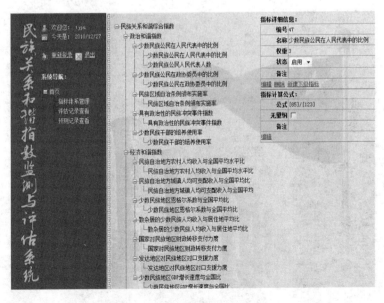

图35　指标体系详细管理页面

时，右下方的"指标计算公式"控件会显示当前点选的指标根据原始数据指标值的量化计算公式信息，可以对公式进行编辑。公式的规则是用中括号将指标编号标注，再用标准的符号表达式和小括号来描述公式，例如当前的指标值由 31 号指标和 32 号指标值的和再乘上 40 号指标，则表示为：（［31］＋［32］）×［40］。如果该指标计算过程中需要进行无量纲化处理，则勾选无量纲后的选择控件。指标计算公式控件只能用于更新，不可添加、删除。

（四）指标间的修正系数矩阵管理

在指标体系管理的功能页面中，单击指标体系内指标之间相互影响的系数矩阵的链接后便可进入指标体系内指标之间相互影响的系数矩阵管理的功能页面，如图 36 所示。该页面由两个控件构成。左侧是已经过滤掉原始数据指标的指标体系树

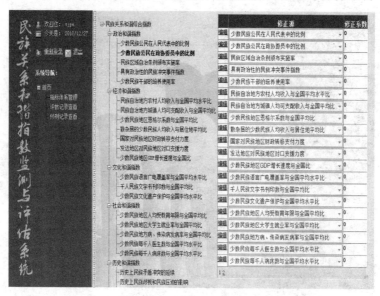

图 36　指标体系指标相互影响系数矩阵管理页面

形结构图，单击末级指标，该指标就会以加粗的形式显示，右侧的列表控件会列出所有的同级指标，以及它们对选中的指标的影响系数。单击列表控件的"编辑"链接按钮，就可以更改右侧选择的指标对左侧选中的指标的影响系数，正数为积极影响，负数为消极影响，0为无影响。系统默认值为0，指标对自身的影响系数为1。

四 地区管理子系统

（一）地区管理子系统简介

为了使各个行政级别的民族地区都能使用本系统，民族地区将根据实际的建制设置为树形结构，树形结构中的每个节点地区都可以使用本系统。本功能包括对民族地区的添加、编辑、删除与查询。添加民族地区时，首先指定其所属的上级民族地区，然后提供民族地区的名称与简介，同时要为民族地区指定至少一个用于和谐指数评估的指标体系。建立新的民族地区之后，系统将自动为该地区创建管理员，该地区的其他使用者将由管理员来进行管理，管理员同时要管理与和谐指数评估的相关事宜。删除民族地区时，只是将其停用，确定没有与该民族地区的任何关联资料（例如属于该民族地区的下级民族地区或者针对该地区的和谐指数评估记录）之后，才可将其真正删除。

（二）地区管理

以国家民委管理员角色的用户登录，单击左侧导航控件中的"地区管理"，便可进入地区管理的功能页面，如图37所示。页面由三个控件构成。左侧是所有可应用该系统的地区树形结构图，所有地区均为链接的形式。当单击具体地区时，右上方的"地区详细信息"控件就会显示该地区的详细信息，并可以在此对地区进行修改、删除（停用）以及新建下级地区的操作。新建地区时，系统会自动为该地区建立管理员，命名规则为"＊＊地区管理员"，初始密码为123456。同时右下方的控件会显示当前地区适用的指标体系，可以对其进行添加、删除（停用）的操作。

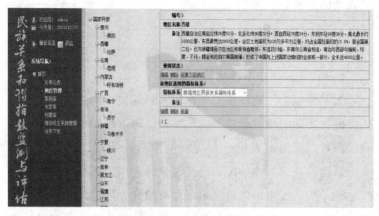

图37　地区管理页面

（三）地区用户管理

以地区民委管理员角色的用户登录，单击左侧导航控件中的"用户管理"，便可进入本地区用户管理的功能页面，如图38所示。页面由三个控件构成。左上方是本地区民委领导的列表，右上方是本地区数据采集员的列表。在下方可以添加本地用户，输入登录名和用户名，登录名是登录系统时的代号，用户名为该用户的真实姓名。单击"添加到领导"按钮，则将刚输入的用户添加为本地区民委领导的角色；单击"添加到数据采集员"按钮，则将刚输入的用户添加为本地区数据采集员的角色。用户的初始密码均为123456。

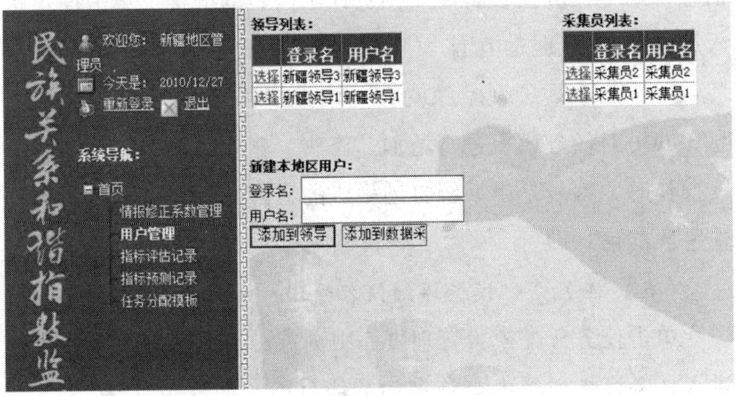

图 38　地区用户管理页面

（四）任务分配模板管理

任务分配模板管理，是为当前地区所适用的指标体系提供一个基础数据采集的任务分配的方案，以便于进行和谐指数评估时更快地安排数据采集和录入工作。以地区民委管理员角色的用户登录，单击左侧导航控件中的"用户管理"，便可进入本地区用户管理的功能页面，如图 39 所示。页面由两个控件构成。上方是任务分配模板的列表，显示任务分配模板的概要

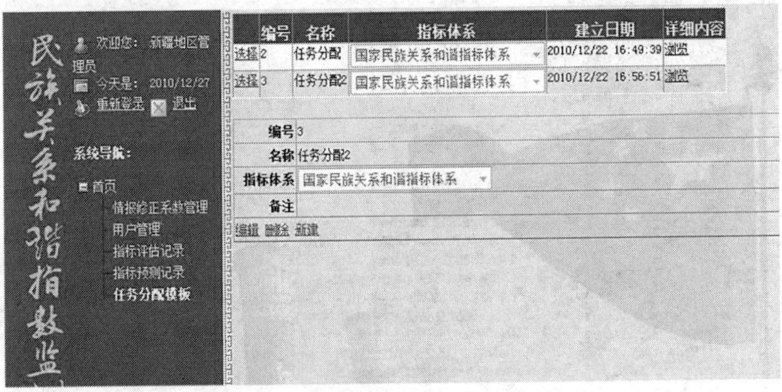

图 39　任务分配模板管理页面

信息，每个任务模板有一个浏览详细内容的链接，单击便可进入详细内容管理的功能页面。当单击任务模板列表左侧的"选择"后，下方的控件就会显示选中的任务模板的详细信息，并可对任务模板进行增加、修改、删除的操作，增加和修改操作时，编号是由系统自动生成的，因此只需填写或选择其他字段的信息即可。

（五）任务分配模板详细内容管理

单击任务分配模板管理页面中浏览详细内容的链接，便可进入任务模板详细内容管理的功能页面，如图 40 所示。本页面有两个控件，左侧为所编辑的任务模板的指标体系树形结构图，点选最后一级的指标，即原始资料指标，右侧就会显示当前指标所指派给的数据采集员，系统会默认给每个原始数据指标指派一个数据采集员。管理员可以根据实际工作要求选择其他的数据采集员，然后单击"更新"，便可完成当前指标的任务指派。

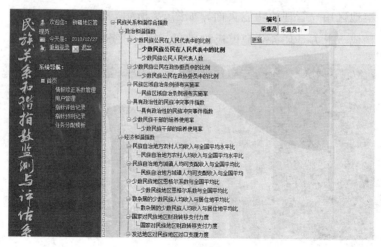

图 40 任务分配模板详细内容管理页面

（六）领导情报修正权管理

以地区民委管理员角色的用户登录，单击左侧导航控件中的"情报修正系数管理"，便可进入本地区民委领导依情报对指标修正系数管理的功能页面，如图41所示。页面由四个控件构成。左上方是本地区适用的指标体系的列表，单击"选择"后，左下方会显示选中的指标体系的树形结构图，该树形结构图已经过滤掉最后一级原始数据指标。单击指标体系后，指标就处于被选择状态，选中的指标会加粗显示。右上方是本地区民委领导的列表，单击"选择"，可以选中相应的领导。右下方就会出现当前选中的领导对选中的指标的修正系数。单击"修正权"，即可初始化修正系数，默认为0。对于已经存在的修正权可以进行更新，修正权以小数表示，如0.3代表该领导可以对选中的指标在指标权重值的30%范围内进行修正。国家民委管理员也可以为国家民委的领导针对特定地区的特定指标设定情报修正系数。

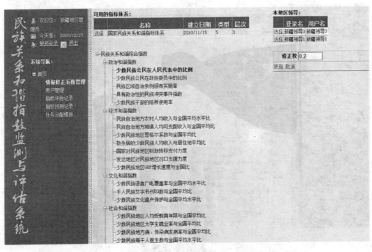

图41　领导依情报对指标进行修正的权力管理页面

五 知识库子系统

（一）知识库子系统简介

国家民委管理员根据对民族问题的研究所积累的成果来管理民族关系问题有关的案例、预案，以及在此领域的专家学者列表，同时可将相关的数据与指标体系中的某些指标，以及某些民族地区进行关联。向专家库添加专家时，系统会自动为专家开设登录系统的账号。

（二）案例库管理

以国家民委管理员角色的用户登录系统，单击左侧导航控件中的"案例库"，即可进入案例库管理的功能页面，如图42所示。该页面由四个显示控件和一个按钮组成。左上方是民族关系问题案例的列表，显示案例的概要信息。单击左侧的"选择"，左下方的控件就会显示该案例的详细信息，在此可以对案例进行添加、修改、删除操作。右上方是系统可用的所

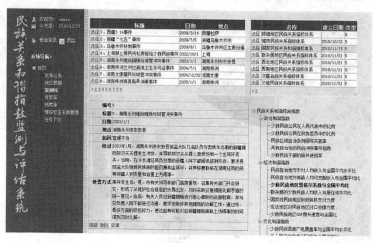

图42 案例库管理页面

有指标体系的列表，单击"选择"，右下方会显示出该指标体系过滤掉最后一级原始数据指标的树形结构图，单击具体指标即可选中相应的指标，指标选中后会以加粗字体显示。此时单击页面最下方的"添加联系"按钮，即可在所选中的案例与所选中的指标之间建立联系，以便评估或预测过程中该指标发生问题时，系统自动搜寻相关案例。

（三）预案库管理

以国家民委管理员角色的用户登录系统，单击左侧导航控件中的"预案库"，即可进入预案库管理的功能页面，如图43所示。该页面的结构与案例库管理的功能页面相同，由四个显示控件和一个按钮组成。左上方是民族关系问题预案的列表，显示预案的概要信息。单击左侧的"选择"，左下方的控件就会显示该预案的详细信息，在此可以对预案进行添加、修改、删除操作。右上方是系统可用的所有指标体系的列表，单击"选择"，右下方会显示出该指标体系过滤掉最后一级原始数据指标

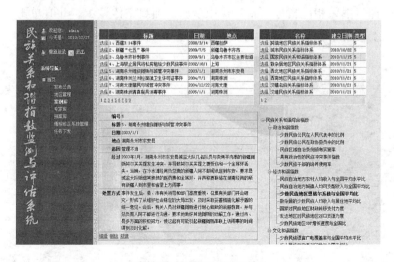

图43 预案库管理页面

的树形结构图，单击具体指标即可选中相应指标，指标选中后
会以加粗字体显示。此时单击页面最下方的"添加联系"按钮，
即可在所选中的预案与所选中的指标之间建立联系，以便评估
或预测过程中该指标发生问题时，系统自动搜寻相关预案。

（四）专家库管理

以国家民委管理员角色的用户登录系统，单击左侧导航控
件中的"专家库"，即可进入专家库管理的功能页面，如图44
所示。该页面的结构同案例库管理功能页面的机构相同，由四
个显示控件和一个按钮组成。左上方是民族关系领域专家学者
的列表，显示专家的概要信息。单击左侧的"选择"，左下方
的控件就会显示该专家的详细信息，在此可以对预案进行添
加、修改、删除操作，添加专家后，系统会自动为专家建立登
录系统的账号，默认密码为123456。右上方是系统可用的所
有指标体系的列表，单击"选择"，右下方会显示出该指标体
系过滤掉最后一级原始数据指标的树形结构图，单击具体指标
即可选中相应指标，指标选中后会以加粗字体显示。此时单击
页面最下方的"添加联系"按钮，即可在所选中的专家与所
选中的指标之间建立联系，以便评估或预测过程中该指标发生

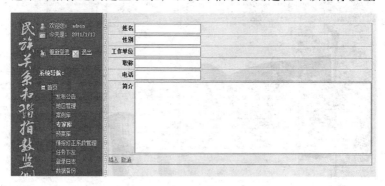

图44 专家库管理页面

问题时，系统自动搜寻相关专家。

六　和谐指数评估子系统

（一）和谐指数评估子系统简介

民族关系和谐指数评估是本系统最为核心的功能。其功能子项最多，流程也最为复杂。国家民委领导和地区民委领导都可以发起和谐指数评估工作，视为一条评估记录。由地区民委管理员接到国家民委指派的评估工作任务之后进行各项具体的操作。地区民委管理员根据要收集的原始指标数据，将收集和录入工作安排给本地区的数据采集员。待原始数据采集录入完毕之后，系统自动根据指标的量化计算公式计算出指标值并合计到上级指标，提醒对指标具有依据情报进行修正权力的领导对计算结果进行修正，并进行记录。领导修正之后，系统根据各个指标之间相互影响的矩阵对指标进行第二次修正，并进行记录。所有修正完成之后，系统根据设定的阈值自动找到存在隐患的指标，并查询相关的案例与专家，以及有关专家的列表，生成一份和谐指数评估报告。所有有权查阅该报告的用户可以针对该报告在线进行讨论、评价。

（二）发布评估任务

以国家民委管理员角色的用户登录系统，单击左侧导航控件中的"任务下发"，便可进入对各地区下发任务的功能页面，如图45所示。页面由三个控件构成。左侧是所有可应用该系统的地区树形结构图，所有地区均为链接的形式。当单击具体地区时，右上方的列表控件会显示该地区所有任务的概要信息，点击"选择"，右下方的控件就会显示该任务的详细内容，并可进行添加、修改、删除的操作。

各地区的管理员登录系统之后，主页上的"系统通知"

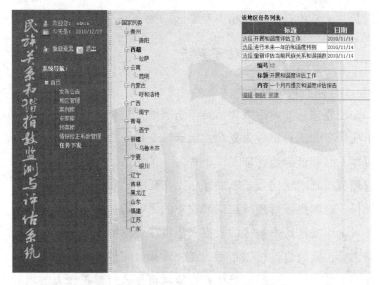

图 45   评估及预测任务下发管理页面

标题下就会显示出国家民委分配给本地区的所有任务的列表，列表按照时间排序，新任务在上，旧任务在下，任务名称为链接，单击便可查看任务的详细内容，如图 46 所示。

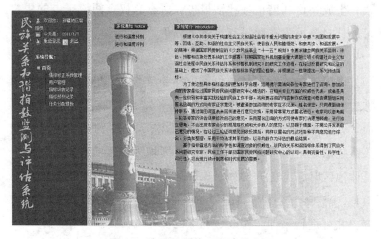

图 46   地区民委管理员登录主页

（三）评估记录管理

以地区民委管理员角色的用户登录系统，单击左侧导航控件中的"指标评估记录"，便可进入对各地区进行指标评估的功能页面，如图47所示。页面由四个控件构成。上方是本地区所有的和谐指数评估记录的列表，显示评估记录的概要信息。每个记录右侧有一个"任务管理"的链接，当记录处在任务分配的状态时，单击该链接可以对此次评估原始数据采集工作进行任务分配。单击左侧的"选择"，下方的控件就会显示出选择的评估记录的详细信息，并可以对记录进行添加、修改、删除（停用）的操作。添加新的评估记录后，系统会自动对该条记录进行初始化工作，包括指标值的初始化和任务分配列表的初始化。选择评估记录后，列表控件下会显示填报进度完成情况，以分数形式表示，分母表示所有需要录入并提交的原始数据指标数目，分子表示已经录入并提交的原始数据指

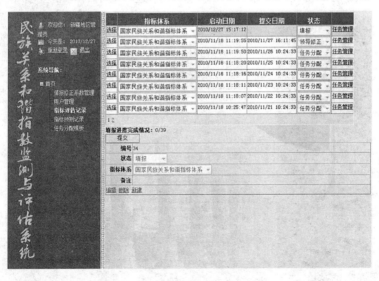

图47　和谐指数评估记录管理页面

标数目，如 23/39 表示总共需要录入并提交 39 个原始数据指标，当前数据采集员已经录入并提交了 23 个。待全部原始数据录入并提交后，系统会自动将评估记录切换到领导依情报进行修正的状态，待领导修正完毕之后，系统会自动根据指标之间的相互影响系数对指标进行第二次修正。然后管理员可以点击"提交"按钮来结束此次评估工作。

（四）任务分配

单击和谐指数评估记录列表中处于任务分配状态的记录右侧任务管理的链接，便可进入该功能页面，如图 48 所示。该页面由两个显示控件和两个按钮组成。左侧是评估记录所使用的指标体系树形结构图，单击最后一级的原始数据指标时，右侧便会显示当前指标的任务分配状况，新建评估记录时，系统会默认为每个原始数据指标分配一个默认的数据采集员，管理员可以重新进行指派，单击"更新"进行保存。单击"加载

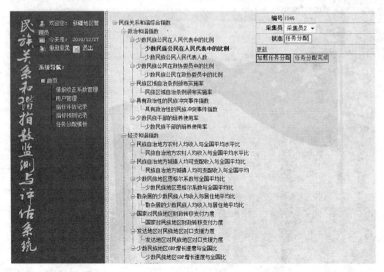

图 48　和谐指数评估数据采集任务分配管理页面

任务分配"按钮，系统就会按照民族地区管理子系统中所维护的任务分配模板对此次评估的数据采集任务进行配置。当所有任务分配完成后，单击"任务分配完成"按钮，即完成评估记录采集任务分配的工作，进入填报状态。

（五）数据采集录入

各地区的数据采集员登录系统后，主页上就会显示出当前需要采集原始数据的和谐指数评估记录列表，如图 49 所示，单击列表后的"填报"链接，即可进入原始数据指标录入的功能页面，如图 50 所示。

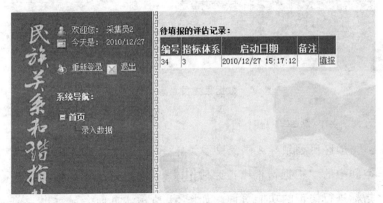

图 49　数据采集员登录主页

进入原始数据指标录入的功能页面后，上方是所有要收集的指标的列表，单击左侧的"选择"，下方控件会显示出该指标的数据值，每个原始数据指标的默认值为 0，数据采集员根据实际收集的数据进行编辑，单击"更新"进行保存。当所有的数据录入完毕后，单击"提交全部数据"按钮进行提交。所有的数据采集员将全部数据录入完毕并提交后，系统会自动根据指标的量化计算公式进行计算与合计，并将评估记录的状态切换至领导修正。

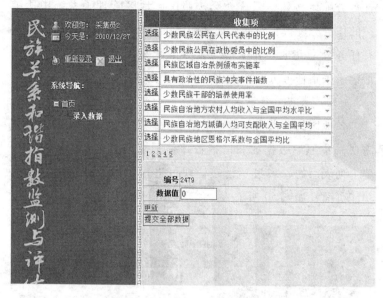

图 50　数据采集员录入数据页面

（六）领导情报修正

地区民委领导或国家民委领导登录系统后，单击左侧导航
空间中的"根据情报修正评估记录"，即可进入领导依情报对
指标进行修正的功能页面，如图 51 所示。页面会显示出当前

图 51　领导依据情报修正评估记录页面

可修正的评估记录列表，单击左侧"选择"，会显示出评估记录的详细信息。单击右侧的"修正"链接，即可进入对指标进行修正的详细功能页面，如图 52 所示。

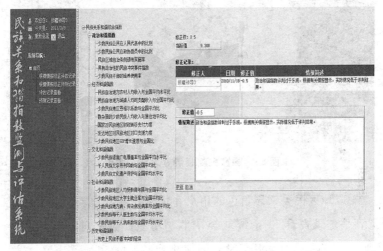

图 52　领导依据情报修正评估记录详细内容页面

　对指标进行修正的详细内容功能页面由四个控件构成，左侧是过滤掉最后一级原始数据指标的指标体系树形结构图，单击具体指标后，右上方会显示出该指标值以及当前登录的领导对该指标的修正权，右侧中部是对该指标所进行的修正记录。右下方是对该指标进行修正的控件，需要提供修正值和情报简述。修正值以正负数来表示，如 0.4 代表将该指标值增加 0.4，-0.3 代表将该指标值减少 0.3。如果该领导对该指标无修正权，用于修正的控件将不会显示。

（七）评估记录分析报告

以国家民委领导角色的用户登录系统后，系统主页上会显示出当前全国各地区的民族关系和谐指数情况，可以进行宏观的横向比较，如图 53 所示。

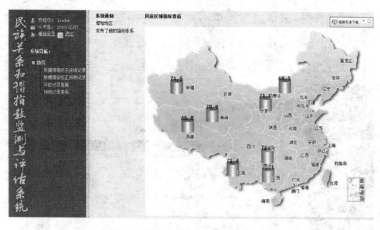

图 53   国家民委领导登录系统主页

以地区民委领导角色的用户登录系统，单击导航控件中的"评估记录查看"，系统就会在主要功能页面中列出所有的评估记录列表，按照提交时间倒序排列，如图 54 所示。单击左

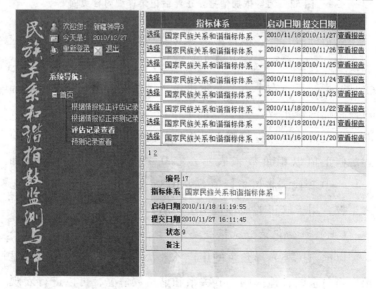

图 54   和谐指数评估记录查看页面

侧的 "选择"，下方的控件就会显示所选择的评估记录的详细信息。单击右侧 "查看报告" 的链接，就可以进入评估报告查看的功能页面，如图 55 所示。

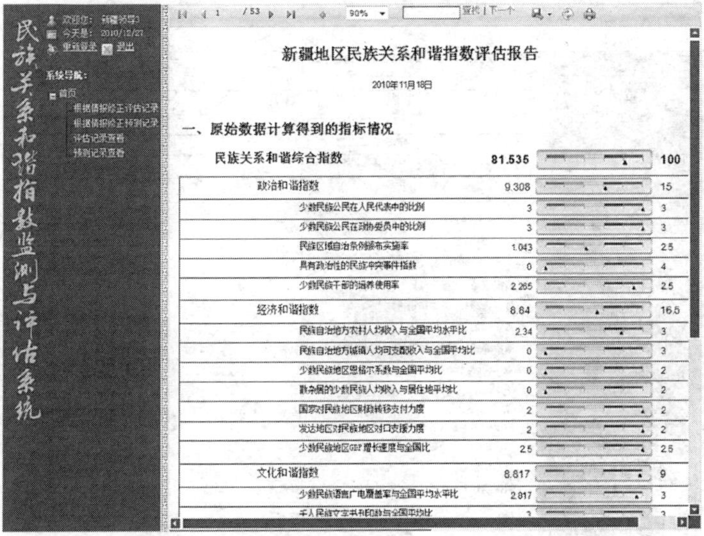

图 55　和谐指数评估报告（第一部分）

和谐指数评估报告是本系统最重要的一份报告，有权查看该报告的用户角色包括：天津工业大学公共危机管理研究所管理员、民族关系领域的专家学者、各地区民委领导、国家民委领导。该报告目前由四部分组成，日后可根据实际需要再进行完善。第一部分是根据原始数据计算得到的指标值情况。第一行显示的是和谐综合指数，右侧有一个指标显示标尺，由五个颜色区间构成，黑色游标显示出当前指标值所处在的位置。标尺左侧是指标值的数据，右侧是指标的权重值。下方的表格显示出相应的二级和三级指标的情况。本报表控件上方有工具栏，可以进行页码跳转、缩放、查找等操作，可以将报表导出为 pdf、Excel、

Word 等格式，也可以用 A4 规格的纸张进行输出打印。

第二部分是领导依据情报对指标值进行修正的情况，报表会显示情报的来源、修正的指标、修正的幅度以及情报简述，如图 56 所示。

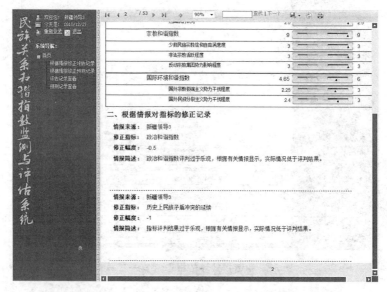

图 56　和谐指数评估报告（第二部分）

第三部分是系统根据领导对指标的修正情况对指标进行修正后的情况，使得评估结果得出的各种指数更加真实地反映实际情况。其结构和显示方式与第一部分相同，如图 57 所示。

该报告下面是评论功能模块，有权查看该报告的用户可以在此进行评论，所有的评论会以列表形式呈现，单击"选择"，即可查看评论的详细信息。专家学者也可以通过此功能展开对该报告的在线讨论。

第四部分是指标的详细情况，包括指标名称、指标简介、当前值、权重值以及指标值标尺显示的和谐度情况，如图 58 所示。

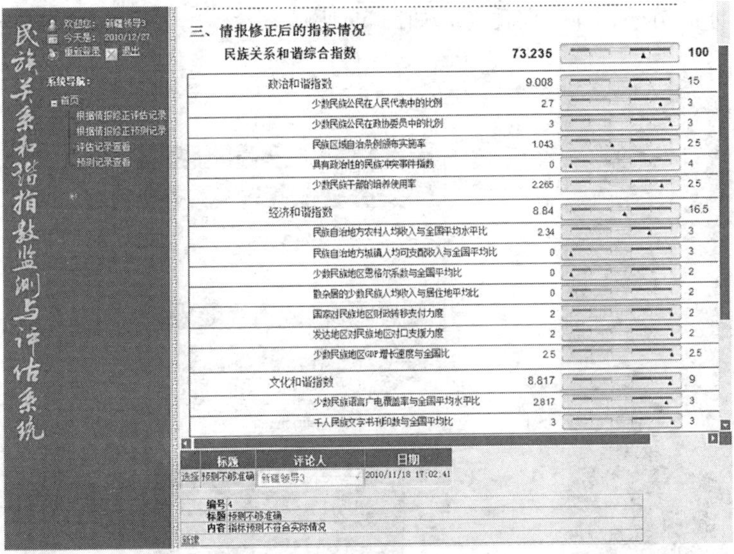

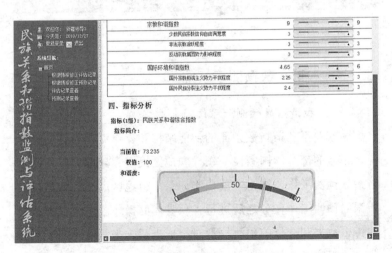

图 57　和谐指数评估报告（第三部分）

图 58　和谐指数评估报告（第四部分 1）

　　指标的详细情况还包括指标值的历史变化情况，即纵向比较；指标值的未来预测，即趋势预测；同级的所有地区的该指标值情况，即横向比较，如图 59 所示。

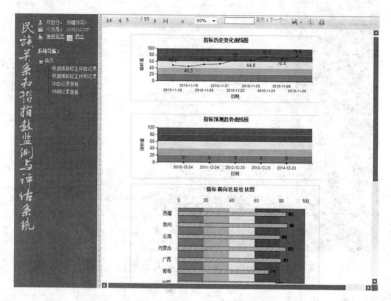

图 59   和谐指数评估报告（第四部分 2）

七   和谐指数预测子系统

（一）和谐指数预测子系统简介

民族关系和谐指数预测的功能结构和操作流程与评估子系统有相似的部分。国家民委领导和地区民委领导都可以发起和谐指数预测工作，视为一条预测记录。由地区民委管理员接到指派的预测工作任务之后进行各项具体的操作。系统根据指标的历史数据和选择的预测模型对指标进行未来一定时间段的预测，并提示具有依据情报对指标进行修正权力的领导对预测结果进行修正，并进行记录。领导修正之后，系统要根据各个指标之间相互影响的矩阵对预测得到的指标值进行第二次修正，同样进行记录。所有修正完成之后，系统能够自动找到存在隐患的指标，并查询相关的案例与专家，以及有关专家的列表，生成一份和谐指数预测报告。所有有权查阅该报告的用户可以针对该报告在线进行讨论、评价。

（二）发布预测任务

发布预测任务与发布评估任务的流程和操作方式完全一致，由国家民委管理员登录系统，单击导航控件中的"任务下发"，在地区的树形结构图中单击具体地区，在右侧添加预测任务即可。

（三）预测记录管理

各民族地区管理员登录系统后，主页上会显示当前的预测任务。单击导航控件的"指标预测记录"，进入预测记录管理的功能页面，如图 60 所示。该页面由两个控件构成。上方是所有和谐指数预测记录的列表，单击左侧的"选择"，下面的控件就会显示出该条预测记录的详细信息，并可在此新建预测记录。新建预测记录时需要在本地区所适用的指标体系中进行选择，并且要指定预测模型。确认添加后，系统会自动根据所选择的预测模型利用历史数据对未来的指标情况进行预测。

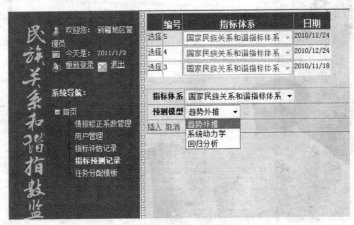

图 60　和谐指数预测记录管理页面

（四）领导情报修正

领导依据情报对和谐指数预测值进行修正的流程和操作方式与评估记录基本一致。地区民委领导登录系统后，单击导航控件中的"根据情报修正预测记录"。系统会列出可以修正的预测记录，在所要修正的预测记录左侧单击"选择"，下方会列出此次预测记录所包含的预测期列表，选择所要修正的日期的预测，系统会列出此次预测的指标体系树形结构图，再单击所要修正并且有修正权的指标，便可以对预测值进行修正。

（五）预测记录分析报告

地区民委领导登录系统后，单击导航控件中的"预测记录查看"，然后单击预测记录列表左侧的"选择"，在列出的预测期列表中单击右侧的"查看报告"链接，即可查看预测报告，如图 61 所示。该报告的形式结构与评估报告相似，但省略了第四部分指标分析的内容。

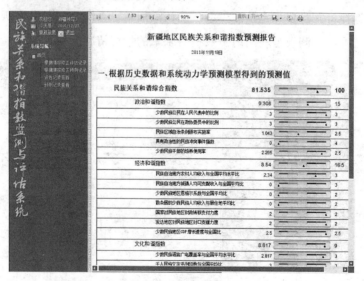

图 61　和谐指数预测页面

八　系统维护

（一）下拉列表参数维护

以天津工业大学公共危机管理研究所角色的用户登录系统，单击导航控件中的"下拉参数维护"，便可进入此功能页面，如图62所示。首先选择"下拉类型"，下方的"下拉项"列表就会显示属于该下拉类型的下拉项。在最下方的"新建下拉项"控件中可以添加新的下拉项，需要手动输入下拉类型，单击"插入"完成新建操作。

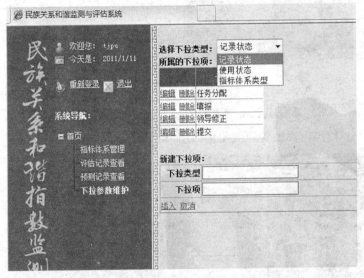

图62　下拉列表参数维护页面

（二）系统登录日志

以国家民委管理员角色的用户登录系统，单击导航控件中的"登录日志"，便可进入此功能页面查看登录系统的用户及其登录时间，如图63所示。

图 63　系统登录日志查询页面

（三）　系统数据备份及还原

以国家民委管理员角色的用户登录系统，单击导航控件中

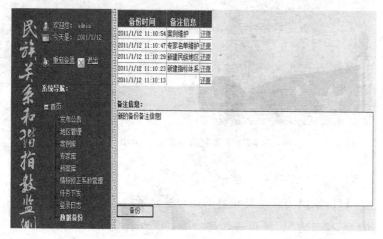

图 64　数据备份与还原页面

的"数据备份",便可进入此功能页面,如图 64 所示。列表控件显示的是所有的数据备份记录,按照时间顺序倒序排列,单击右侧"还原"即可还原至备份时间的系统状态。在下方单击"备份"按钮即可备份当前的系统数据内容。

第五节 《广西版民族关系监测预警及处置系统》简介及使用说明

我国是一个多民族国家,各个民族地区差异极大。为了适应这种情况,必须开发出因地制宜的地方版本。2011 年,我们和广西壮族自治区民委合作,在国家民委委托课题的基础上,开发了《广西民族关系监测评估及处置系统》(又称《广西民族关系和谐指数监测与评估系统》)。[①] 这一版本与国家版本相比,更加贴近现实,并且更具可操作性。本节即对此进行介绍。

一 登录

(一)系统登录

系统登录页面如图 65 所示,用户输入自己的用户名和密码,然后单击"登录"就可以进入系统主界面。

(二)系统首页

登录完毕,系统自动切换到系统首页界面,如图 66 所示。系统首页主要功能就是展示最近一段时间某地区民族关系和谐

---

① "广西民族关系监测评估及处置系统"由天津工业大学阎耀军、刘俊峰、高迎春、苏良鹏与广西民委翠永红等合作开发。

图 65　系统登录页面

综合指数得分和各级指标的得分，起到警示作用，如图 67 所示。

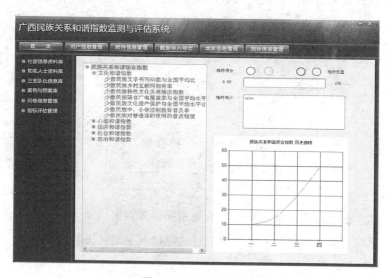

图 66　系统首页页面

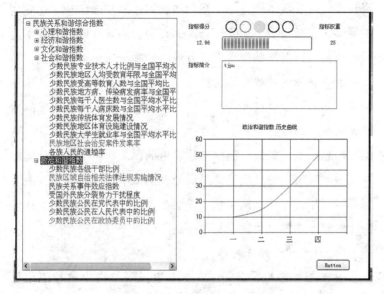

图 67　当前指标得分详细页面

　　首页显示指标预警等级，预警等级分为五个级别，有警情指示灯提示不同级别的指标警情：红色代表重要警情，橙色代表一般警情，黄色代表轻度警情，蓝色代表安全，绿色代表非常安全。同时，显示各级指标的得分和权重，并以进度条的形式来显示指标的警情级别；在页面右下方展示各级指标的历史曲线图，通过该图可以查看特定指标在特定地区特定时间内走势。

　　在系统首页，点击不同指标，我们立刻知道该指标的预警级别、指标得分以及指标历史走势；同时，在警情发生时，可以分析哪些指标影响民族关系和谐度，进而根据各级指标影响程度的不同，采取不同的应对措施。

二　基础信息管理

　　基础信息库包括四个部分，即社团信息资料库、知名人士资料库、三支队伍信息库和案例与预案库。基础信息库建立的主要操作包括新增、删除、修改和查询,通过这四个最基本的操作我们可以对基础信息进行有效的管理。这里说明一下:知名人士资料库的党政干部信息与三支队伍信息库的信息员队伍一致,知名人士资料库的专家学者信息与三支队伍信息库的专家顾问队伍的信息一致,民族关系协调员队伍信息与信息员队伍的信息一致。案例库包括以往发生的民族纠纷事件,预案库可以为即时发生的民族事件提供处理相似事件解决方案,二者都可以与相关评价指标联系,以便在评估或预测过程中指标发生问题时,系统自动搜寻相关案例。

(一)社团信息资料库

用户登录进入系统后,单击左边树形结构中"社团信息资料库"按钮,在树形结构右边渐变弹出图 68 社团信息资料

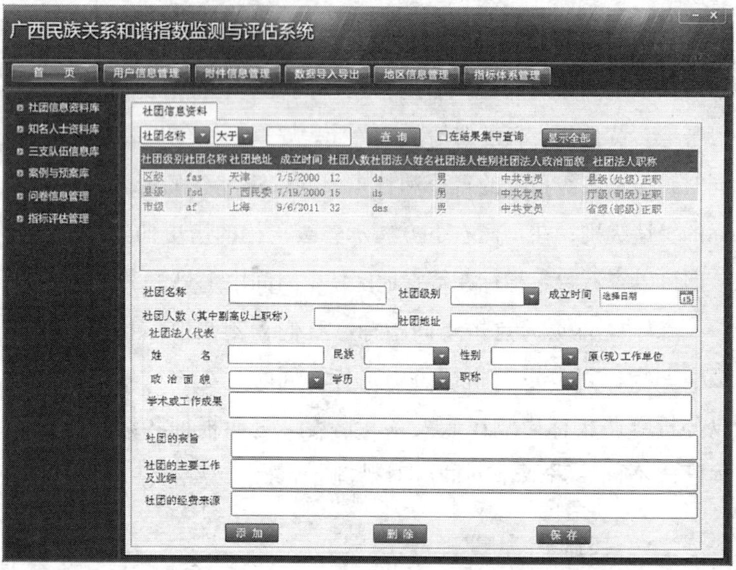

图 68　社团信息资料页面

页面，用户可以在此页面上进行新增、删除、修改、查询等基本数据操作。

新增：增加新的社团信息资料，首先，单击页面下方"添加"按钮，在页面上方列表框中自动添加一行空记录；然后，在列表下方我们可以填写社团名称、社团级别、成立时间、社团人数、社团法人代表、社团的宗旨、社团的主要工作及业绩等信息；最后，单击"保存"按钮，系统自动将新增社团信息保存到数据库。

删除：删除某条社团信息记录，首先，在页面上方列表框中选中要删除的社团信息记录；然后，单击"删除"按钮，在列表框中该行信息就被删除了；最后，单击"保存"按钮，系统更新数据库，该条社团信息记录在数据库中就被删除了。

修改：修改某条社团信息记录，首先，在页面列表框中选中该条记录；然后，在列表框下方，修改相关的社团信息；最后，单击"保存"按钮，系统将修改的信息更新到数据库中。

查询：查询社团信息资料，首先，在页面第一行下拉列表中选择查询条件，社团查询提供四个查询条件：社团名称，社团级别，社团人数以及社团年龄；然后，在下拉列表后面输入查询范围；最后，单击"查询"按钮，查询结果立刻显示在下面的列表框中。

（二）知名人士资料库

用户登录系统后，单击左侧树形结构"知名人士资料库"按钮，在树形结构右边渐变弹出知名人士资料页面，知名人士按职业分为四类：党政领导干部、专家和学者、知名企业负责人和乡镇村屯知名人士。用户可以在页面上进行新增、删除、修改、查询等基本功能。具体资料信息与操作流程如下。

1. 党政领导干部（图 69）

少数民族党政领导干部资料信息主要包括：姓名、性别、民族、市县（区）、政治面貌、行政级别、学历、职称、联系电话、出生地、出生年月、工作单位及职务、离退休时间和主要工作经历及业绩等信息。我们可以对少数民族党政领导干部信息进行新增、删除、修改、查询操作，具体操作可以参考社团信息资料的操作步骤。

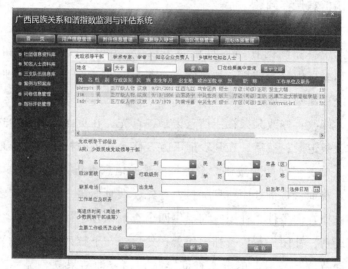

图 69　知名人士资料库——党政领导干部

2. 专家和学者（图 70）

专家和学者资料信息主要包括专家学者的姓名、性别、民族、市县（区）、出生年月、出生地、政治面貌、学历、职称、联系方式、工作单位及职务、主要工作经历及业绩等信息。在学术专家和学者页面中可以对上述信息进行新增、删除、修改和查询操作。具体操作方法可以参考社团信息的操作流程和方法步骤。

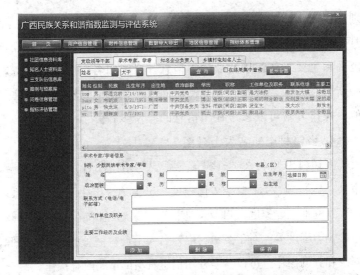

图 70　知名人士资料库——专家和学者

3. 知名企业负责人（图 71）

知名企业负责人资料信息主要包括企业负责人的姓名、性

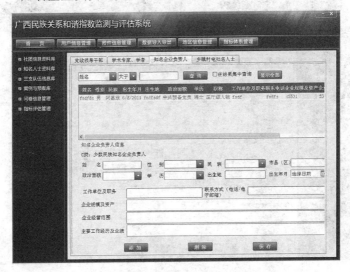

图 71　知名人士资料库——知名企业负责人

别、民族、市县（区）、政治面貌、学历、出生地、出生年月、工作单位及职务、联系方式、企业规模及资产、企业经营范围和主要工作经历及业绩等信息。对于知名企业负责人资料的新增、删除、修改、查询操作同样与社团信息资料的操作相似，操作方式可以参考社团信息的操作步骤。

4. 乡镇村屯知名人士（图72）

乡镇村屯知名人士资料信息主要包括：姓名、性别、民族、市县（区）、政治面貌、文化程度、出生地、出生年月、联系电话、家庭地址、家庭人口及就业情况、家庭经济情况和在当地村屯影响力程度等。对于乡镇村屯知名人士资料信息的新增、删除、修改和查询操作，可以参考社团信息资料的增删改查操作。

知名人士资料库主要就是少数民族党政领导干部、学术专家、企业家和乡镇人士的详细资料信息，使用信息系统最基本

图72 知名人士资料库——乡镇村屯知名人士

的四大功能——新增、删除、修改、查询就可以建立完善的知名人士资料库；系统增删改查功能可以满足用户对知名人士详细资料的掌握。

（三）三支队伍信息库

用户在登录系统后，在系统主页面左边树形结构单击"三支队伍信息库"，在树形结构右边界面可以看到三支队伍信息资料显示窗口，在最上方依次显示信息员队伍、专家顾问队伍和民族关系协调员队伍，对于三支队伍信息库的建立也仅仅是进行简单的增删改查操作，操作方法与社团信息资料库和知名人士资料库操作方法一致，可以参考社团信息的增删改查操作。具体信息内容介绍如下。

1. 信息员队伍（图73）

信息员队伍的建立是整个系统工作的重要组成部分之一，

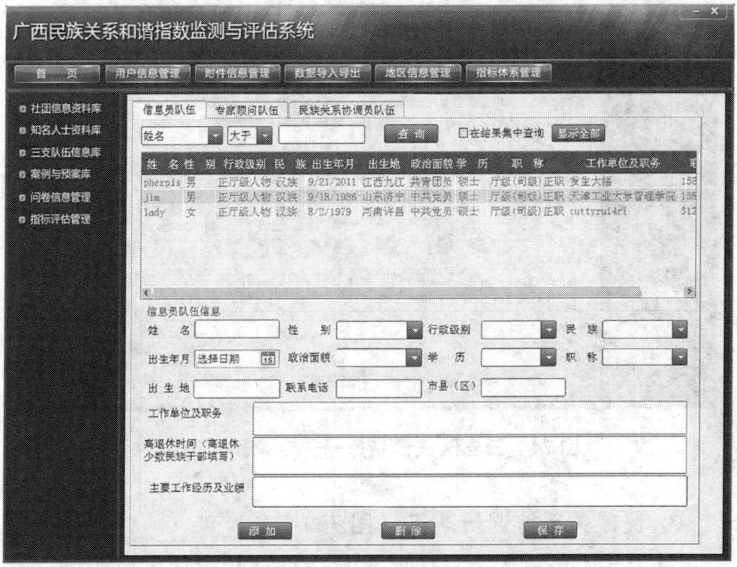

图73　三支队伍信息库——信息员队伍

它为系统收集相关的问卷信息和案例，同时也是系统案例与预案库的建立者。信息员队伍信息主要包括：姓名、性别、行政级别、民族、出生年月、政治面貌、学历、职称、出生地、联系电话和工作单位及职务等。系统用户可以信息员队伍的信息进行新增、删除、修改、查询操作，其操作方法与社团信息库的建立方法相似，可以参考。

2. 专家顾问队伍（图 74）

专家顾问队伍信息资料主要包括专家的姓名、性别、民族、市县（区）、政治面貌、学历、职称、出生地、出生年月、联系方式以及工作单位及职务等。系统用户可以对专家顾问队伍的信息进行增删改查操作，其操作方法与社团信息库的建立操作类似，可以参考。

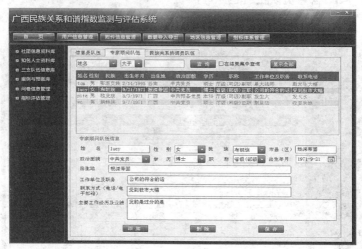

图 74　三支队伍信息库——专家顾问队伍

3. 民族关系协调员队伍（图 75）

三支队伍中民族关系协调员与信息员队伍是一致的，二者信息与知名人士资料库中的党政干部信息也保持一致，三者信息的建立与维护方法完全相同,可以相互参考。

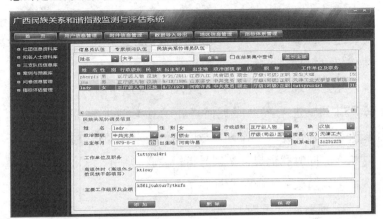

图 75 三支队伍信息库——民族关系协调员队伍

(四)案例库与预案库

1. 案例库(图 76)

案例库记载的是以往发生的民族关系不和谐事件,详细描

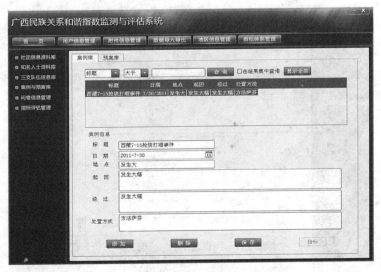

图 76 案例库页面

述了事件发生的日期、地点、起因、经过和对事件的处置方式，案例库给民族关系和谐指数的监测和评估提供了历史经验，这样当事件发生时可以找到相似的事件作为参考，为处理事件提供宝贵的经验。

用户登录进入系统后，单击左边树形结构"案例与预案库"按钮，进入案例库页面，可以对案例进行增加、删除、修改和查询操作，操作方式与前面的信息库操作方式相似，可以参考。同时我们提供案例与指标关联起来的接口，每一个案例都可以与某一个评价指标联系。

2. 预案库 （图 77）

预案就是根据评估分析或经验，针对潜在的或可能发生的民族关系突发事件的类别和影响程度而事先制定的应急处置方案，将各种潜在的或可能发生的民族关系突发事件以案例的形式存储在系统中，对各种突发事件事先做好准备，这就是预案

图 77 预案库页面

库的作用。预案库的增删改查操作与社团信息基本操作相似，可以借鉴参考。

三 指标体系管理

指标体系是民族关系监测与预警系统的核心，同时也是监测和评价民族关系的主要内容，建立一套完成的民族关系监测与预警指标体系是充分发挥广西民族关系监测与预警系统功能的关键环节，下面详细介绍指标体系建立的步骤。

用户登录系统后，进入系统主界面，单击页面左边树形结构中"指标体系管理"按钮，系统自动弹出指标体系管理页面，如图78 所示。

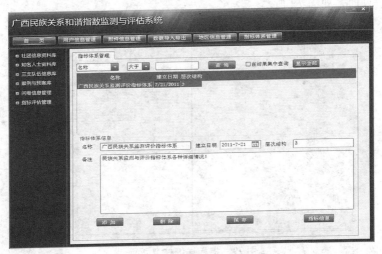

图78 指标体系管理页面

需新增指标体系时，首先，点击页面下方"添加"按钮，在页面上方指标体系列表栏中会增加一条指标体系；然后，在页面下方指标体系详细信息栏中填写指标体系的详细信息，包括指标体系名称、创建日期、层次结构和备注；最后，点击

"保存"按钮，指标体系增加完毕。

指标体系是衡量民族关系的重要依据，指标信息的设计是指标体系的核心，一般指标体系包含三个层次：一级指标、二级指标和三级指标，三级指标的下级指标是基础指标，基础指标主要用来统计基础数据，然后三级指标根据公式汇总基础指标统计的基础数据，一级一级汇总，最后得出整个指标体系的汇总数据，根据数据可以评价民族关系的和谐度，进而对民族关系起到监测和评估作用。下面详细介绍三个等级指标的建立过程。

首先，在指标体系列表栏中选中刚刚新建的指标体系，然后，点击"指标信息"按钮，系统会自动弹出指标详细信息页面，如图79所示。

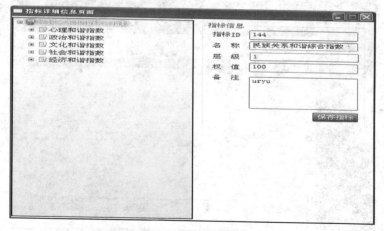

图79　指标详细信息页面

图79左边区域显示为一级指标，右边显示为指标详细信息。在指标详细信息区域可以定义指标在数据库中的编号、指标名称、指标层级、指标权重值以及指标备注。选中该级指标，右键弹出添加下级指标选项，如图80所示。

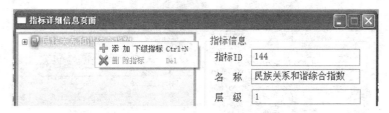

图 80　添加下级指标

选择"添加下级指标",系统会自动添加其下级指标,在指标信息区域为该级指标填写其详细信息,指标 ID 系统自动分配,只需定义指标名称、层级、权重值和备注等信息,如图 81 所示:

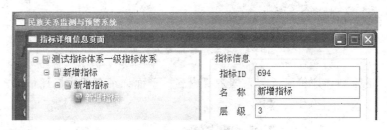

图 81　新增下级指标

在每次添加下级指标时其上级指标的层级和权重值不能为空,否则,系统阻止添加下级指标。

根据用户需求我们定义民族关系监测与预警系统的指标体系为三个层次的指标体系,三级指标的下级指标为基础数据指标,基础数据指标用来收集具体指标数据,然后用三级指标的计算公式来汇总基础数据指标的数据,如图 82 所示。

在为三级指标定义完计算公式后,然后添加相应的基础数据指标,这样一个完整的指标体系就建立完成。

四　指标评估管理

指标评估管理是民族关系监测与预警系统的重心,同时也

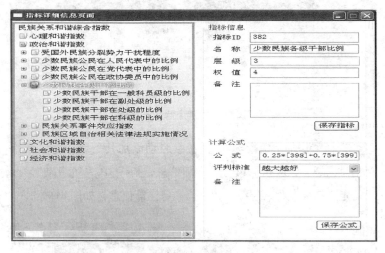

图82　三级指标计算公式页面

是监测和评价民族关系的主要内容，下面详细介绍指标评估的步骤。

（一）指标评估记录基本操作

用户成功登录该系统后，进入系统主界面，单击左边的树形结构中"指标评估管理"选项，系统自动弹出指标评估管理页面，如图83所示。

新增评估记录：在指标评估管理页面中，单击"添加"按钮，在评估记录列表中自动增加一条空白记录。该记录呈现蓝色，就是选中状态。在下面的"评估记录信息"中可以添加、修改相应的信息。在"指标体系"列表中选中要评估的指标体系，"状态"列表中选中"填报"选项，"地区"列表中选中评估的地区，"备注"中可以输入相应的备注信息，输入完毕后，单击"更新"按钮，该评估记录保存到数据库中，其基本信息显示在上面评估记录列表中。

查询评估记录：在指标评估管理页面中，"查询"按钮左

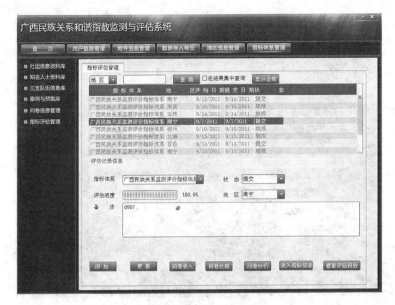

图83　指标评估管理页面

边的列表中选中查询方式，选择"地区"，后面输入"南宁"，单击"查询"，下面列表中则显示评估地区为南宁的评估记录。如果需要从这些记录中查询状态为"提交"的记录，这时选择查询方式为"状态"，后面输入"提交"，选中"在结果集中查询"，单击"查询"，下面列表中则显示评估地区是南宁的已经提交的评估记录。单击"显示全部"，列表中则显示所有的评估记录。

（二）调查问卷

调查问卷的信息处理：选中要录入数据的评估记录，单击"问卷录入"，系统弹出问卷调查管理页面，如图84所示。

在问卷调查管理页面，把问卷调查的全部信息全部输入，具体操作如下。

添加问卷：单击"添加"，上面列表中添加一条空白信

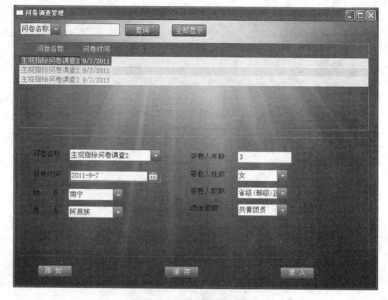

图 84　问卷调查管理页面

息。该信息呈现蓝色，就是选中状态，在答卷信息中选择或输入相应的基本信息，录入完毕后，单击"保存"，系统弹出"是否确定保存？"的提示框，单击"是"，该基本信息保存到数据库中。

　　录入试卷答案：在问卷列表中单击刚刚添加的问卷记录，该记录呈现蓝色，就是选中状态，单击"录入"，系统弹出填写调查问卷页面，如图 85 所示。

　　在图 85 中，左侧显示的是该问卷所有的题目，选择题目，右侧显示该题目的信息，在右侧"选项"中输入该题目的答案和需要备注的题目，可以在右侧"备注信息"中输入相应的信息。为所有题目录入答案后，单击"保存"，系统弹出"是否确定保存？"提示框，单击"是"，该份问卷则保存到数据库中，关闭填写调查问卷页面。

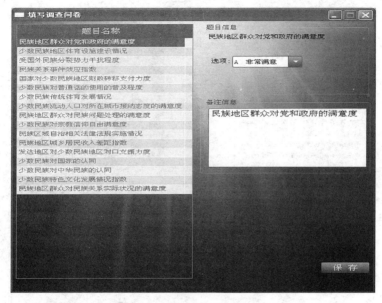

图 85 填写调查问卷页面

查询调查问卷：在问卷调查管理页面，上面选择查询方式，后面输入查询条件，单击"查询"，下面列表显示符合条件的信息。单击"全部显示"，下面列表中显示全部信息。

所有调查问卷录入完毕后，关闭该问卷调查管理页面，退出到指标评估管理页面（图 83）。单击"问卷处理"，系统弹出提示框"问卷处理完毕！"，单击"确定"。

问卷分析：在问卷调查管理页面（图 84），选中评估记录，单击"问卷分析"，系统弹出问卷分析页面，如图 86 所示。

在该界面中，选中一道问题，再选中一个分组类型，单击"分析"，则系统就对该次评估的所有问卷进行分析，分组详细信息里面则按照分组类型显示该评估中所选问题的调查结果。如果该评估的调查问卷中对所选题目都没有回答，系统提

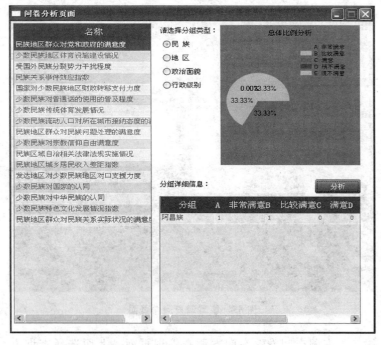

图86　问卷分析页面

示"不存在答案记录"。

（三）指标评估

调查问卷是对该指标体系中主观指标进行的调查，问卷处理完毕后，处理结果直接保存到主观指标的"专家评分法"中，下面只需要输入客观指标的基础数据。在指标评估管理页面（图83）中，单击"录入指标信息"，系统弹出指标评估页面，如图87所示。

在指标评估页面中，单击左侧的小三角，展开整个指标树形图，单击每一个基层指标，右侧显示该指标的详细信息，单击"输入数据"，在数值框中输入相应数据，单击"保存"，也可以全部录入后，单击"保存"。全部录入后，单击"计

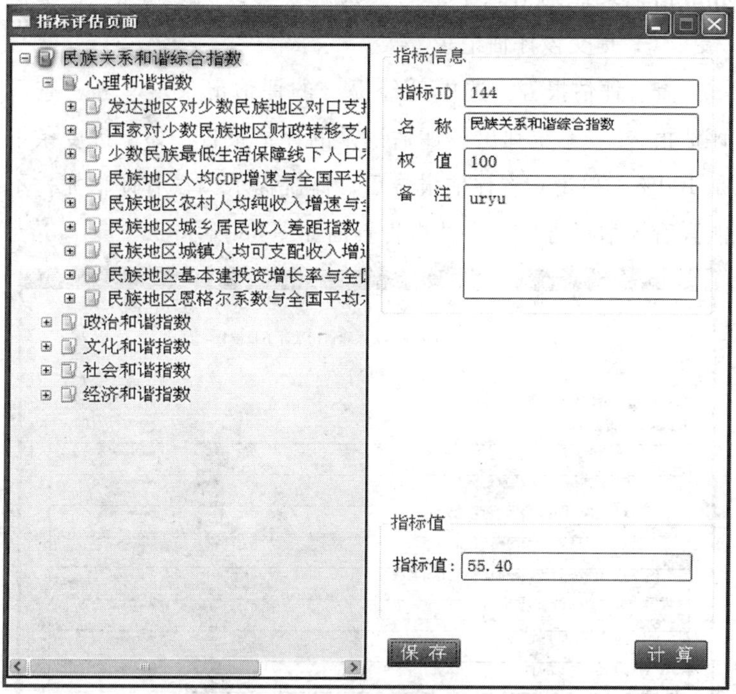

图 87　指标评估页面

算"，系统计算整个指标体系的评估值。关闭该界面，重新进入，单击每一个指标，右侧下方显示指标值（注：1. 只有客观基层指标可以录入数据；2. 名称为"专家评分法"的指标在问卷处理后系统自动填写，这里无法手动输入；3. 如果基层指标没有输入完毕，无法"计算"，单击"计算"后，系统提示"请继续答题！"）。

指标体系计算完毕后，关闭指标评估页面（图 87），退出到指标评估管理页面（图 83），刷新该界面，选中刚刚计算过的评估记录，评估进度条显示进度为 100%（评估进度条左端是已经评估的指标个数，右端是所有需要评估的指标个数），在评估记录详细信息中，把"状态"修改为"提交"，单击"更新"，提交该评估记录。

查看评估报告：选中已经提交的评估记录，单击"查看评估报告"，系统弹出该评估记录的评估报告。如果进度条不是100%，单击查看评估报告后，体统提示"没有评估完，不能查看评估报告！"。评估报告页面如图88所示。

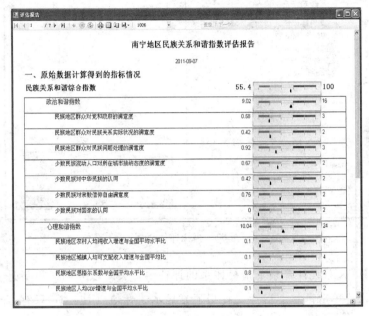

图88 评估报告页面

五　问卷信息管理

调查问卷主要是用来收集民族关系和谐指数的主观指标信息，问卷根据民族关系监测与预警指标体系来设计，从指标体系中提取主观指标组成问卷试题，同时，系统还提供了打印主观指标问卷的功能，完成试卷信息的录入，可以预览问卷。图

89 是问卷信息管理的主界面。

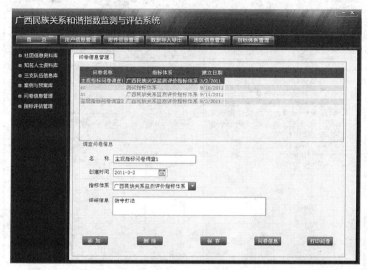

图89　问卷信息管理主界面

　　用户进入系统后，单击"问卷信息管理"按钮，在页面右边可以看到问卷信息管理主界面，如图89所示，对于主观指标调查问卷系统提供了新增、删除和打印功能，现在主要介绍主观指标调查问卷的新增和打印功能。

　　新增：首先，单击"添加"按钮，系统添加一条新的问卷记录，在列表下方填写问卷的名称、创建时间、采用的指标体系以及问卷的详细信息；然后，单击"问卷信息"按钮，系统弹出问卷设计管理页面（图90），在主观指标问卷页面中可以选择主观指标问卷的试题，具体操作如下。

　　问卷设计主要操作就是把民族关系和谐指数中主观指标选择出来作为调查问卷的试题，操作如下：首先，点击问卷设计页面，左边区域将民族关系和谐指数展开，一直展开至三级指标；然后，选择主观指标，单击"添加"按钮，主观指标就

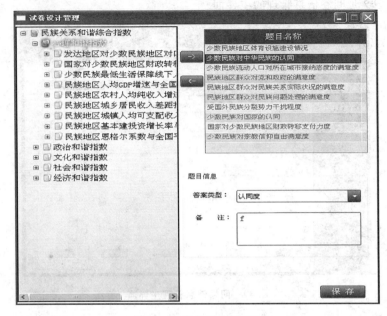

图90 问卷设计管理页面

添加到右边题目列表；最后，为每一道主观题目选择答案类型，系统主要提供如下答案类型，如图91所示。选择答案类型，注名备注，单击"保存"按钮，问卷的试题添加完毕，问卷试题设计诸如此操作，根据问卷需要选择问卷试题，完成问卷设计。

图91 系统提供的答案类型

　　打印：完成问卷试题设计，可以预览调查问卷，单击"打印问卷"按钮，可以预览调查问卷，如图 92 所示。

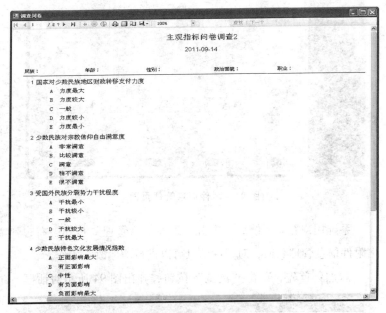

图 92　调查问卷页面

　　调查问卷设计如图 92 所示，若电脑主机有打印机连接，可以直接打印调查问卷。

六　附件信息管理

　　附件信息管理功能模块提供了一种重要信息在不同地方之间进行共享的方式，重要信息可以以文本、图片、音频和视频等格式存储到数据库里，同时也可以将重要信息导出存储。以这种方式可以保证各个地方的信息相互交流。附件信息管理页面如图 93 所示。

图 93　附件信息管理页面

系统用户登录系统后，单击"附件信息管理"按钮，右边弹出附件信息管理页面，对附件信息可以进行增删改查操作。

添加：首先，单击"浏览"按钮，弹出图 94 所示对话框。

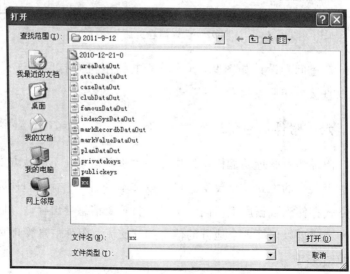

图 94　附件信息添加对话框

在附件信息添加对话框中选择需要导入本机系统里的文件，单击需要导入的文件，然后单击"打开"按钮，在附件信息管理界面中"浏览"按钮后面的文本框显示出导入文件的存储路径，如图95所示。

图 95　附件信息管理页面

如图95所示，即将导入的附件信息文件路径为"D：\ gx-Project \ gxProject \ bin \ Debug \ MyControls. dll"；然后，单击"添加"按钮，在附件信息列表框中增加一条新的附件信息；最后，将附件信息的地点、分类和保密级别等信息完善，单击"保存"按钮，新增加的附件信息就保存到本地数据库中。

删除、查询和修改操作与社团信息操作方法一致，可以参考社团信息的删除、修改和查询操作步骤。

导出：首先，在附件信息管理界面上部分信息汇总列表框中选择所要导出的附件，然后，单击"导出"按钮，系统会弹出附件导出的存储路径，如图 96 所示。

附件资料成功导出到：d:/2011-9-12

确定

图 96　附件导出

单击"确定"按钮，附件资料信息就成功地导出到指定的文件夹中，然后转移到安全的可移动硬盘中。

七　其他功能模块

（一）用户信息管理

用户信息管理模块为系统分配使用人员，包括为系统用户分配用户名（登录账号）和登录密码，同时，系统用户可以在用户信息管理界面初始化自己的账号信息，例如，修改用户名及密码、设置用户的使用地区、填写用户信息等。在此功能界面可以对用户信息进行增删改查操作，这给用户充分的使用权限，有助于系统信息的保密性。信息的增删改查操作可以参照前面基础信息库的操作方式。

（二）地区信息管理

地区信息管理界面主要是将广西壮族自治区所辖的地级市全部添加到系统中，为各个地方各个时期评价民族关系和谐指数提供具体地区信息。地区信息管理界面也涉及地区信息的增删改等操作，其具体操作详情可以参照社团信息资料的增删改查操作。

（三）数据导入导出

数据导入导出功能给用户提供了一种便利的数据交换方式，用户可以把社团信息、地区信息、知名人士信息、案例库

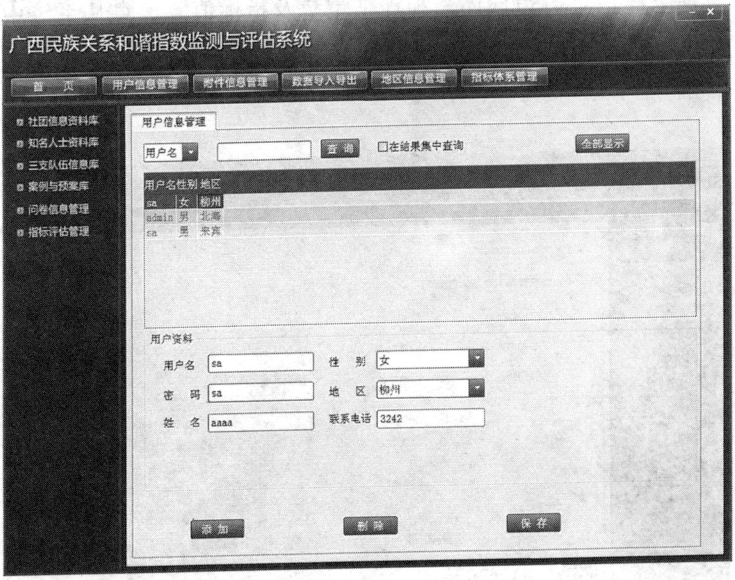

图 97 用户信息管理页面

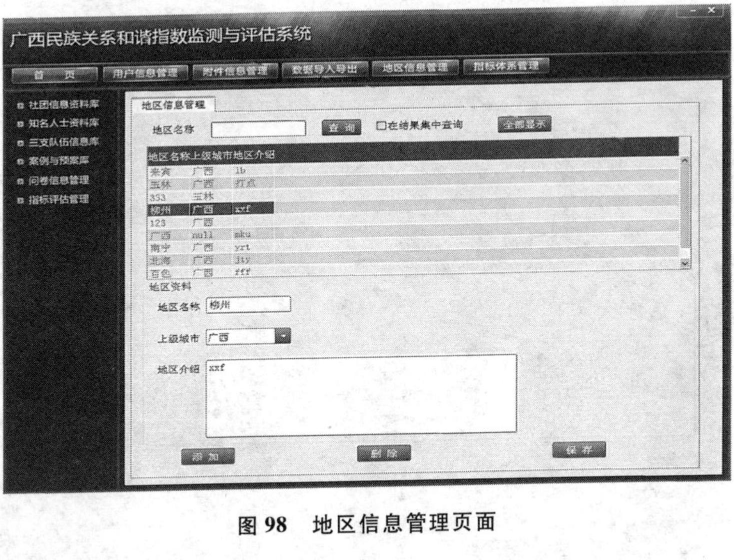

图 98 地区信息管理页面

与预案库信息、指标体系和评估记录及指标值等信息从系统中导出到移动存储硬盘或者将以上信息上传到系统中，操作比较简单。

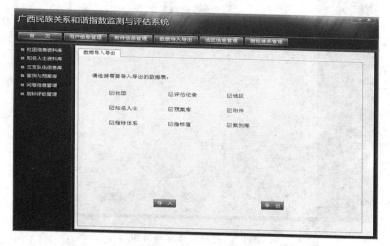

图99 数据导入导出页面

第十章 结论和开展进一步
研究的设想

第一节 研究结论

本项研究是在风险社会的理论和现实日益引起全世界的高度关注,我国党和政府在新时期的方针政策中隆重推出"社会建设"概念和理念,以及前馈控制方法在自然科学尤其是工程技术领域开始广泛运用的背景下进行的。

本项研究的宗旨是期望构建一种能够更好地适应当代社会特点的前馈控制社会管理模式,以消除或弥补单纯反馈控制的"时间滞差"缺陷。

本项研究认为,当代社会的突出特点是:与传统社会相比,社会运行的速度日趋加快,社会结构日趋复杂,社会联系日趋密切。这种趋势的必然结果就是全球一体化。全球化的直接后果之一是社会风险的加大,与其相联系的间接后果是社会控制(反馈控制)能力的下降。对此,正如一些社会学家认为,现代社会已经超出了我们的控制能力(贝克,1999);现代社会越来越不受我们控制,我们正处于一个失控的世界(吉登斯,2000)。

本研究认为，造成反馈控制效力下降的根本原因在于反馈控制固有的先天缺陷——"时间滞差"效应，即反馈控制在发现问题到控制问题之间有一段时间滞差，在这个时滞中，"问题"的量和质都有可能发生很大变化。在传统社会中，由于社会结构简单，尤其是社会运行速度缓慢，这种时间滞差对管理（反馈控制的）活动的影响不大，因此有"亡羊补牢，犹未为晚"的说法。但是这种时滞效应，在高速运行且日益复杂的现代社会中正在被日益放大，致使"潘多拉魔盒效应"屡屡产生。对此，亡羊补牢式的反馈控制已经显得力不从心。为此本研究针对传统的反馈控制模式的缺陷，提出社会管理的前馈控制模式，试图弥补反馈控制的时滞缺陷。

本研究围绕社会管理的前馈控制问题，进行了以下四个方面的研究工作。

一 前馈控制的基本理论方面的研究

研究发现，我们的社会越是向前发展，前馈控制就日益显现优越性。但是，前馈控制并不排斥反馈控制，它只是以自己独特的优点弥补反馈控制的缺陷。

所谓前馈控制，简而言之，就是事先分析和评估即将输入系统的扰动因素对输出结果的影响，并将期望的管理目标同预测结果加以对照，在出现问题之前就发现问题，事先制定纠偏措施，预控不利扰动因素，将问题解决在萌芽或未萌状态。由此可见，前馈控制是与反馈控制相对而言的。反馈控制在社会过程的末端，对社会过程所输出的社会结果与社会目标相比较所产生的偏差进行控制，因此是一种"事后控制"，其特点是根据最终结果产生的偏差来指导将来（下一次社会过程）的行动。反馈控制的基本过程为：以预期目标为标准→衡量实际结果→将实际结果与预期目标相比较→确定偏差→分析造成偏差的原因→确定纠正方案→贯彻纠正措施。

前馈控制在社会过程的前端，对尚未输入社会过程的扰动因素与社会目标相比较所可能产生的偏差进行控制，因此是一种"事前控制"，其特点是对输入社会系统的扰动因素进行控制。前馈控制的基本过程为：以预期目标为标准→分析输入变量→预测输入变量中的扰动因素对输出结果的影响→对可能产生的影响与预期目标进行比较→确定偏差→控制变量的输入。

将反馈控制与前馈控制相比较，我们可以看到：反馈控制的特点是"亡羊补牢"，其优点是具有确定性和实在性，缺点是具有被动性和"时间滞差性"，尤其是对"大滞后系统"的迟滞效应是无能为力的。前馈控制的特点是"曲突徙薪"，优点是能够防患于未然，掌握主动权，缺点是具有不确定性和虚拟性。前馈控制运用不断获得的最新信息加以预测，并将期望的社会管理目标与预测结果加以对照，在出现问题之前就发现问题，事先制定纠偏措施，将问题解决在萌芽状态。因此，前馈控制的优势在于可以避免反馈控制的"时滞"缺陷。但是由于人类的认识是有盲区和局限性的，不能够对未来实现完全的前馈控制，所以在前馈控制力不能及的地方仍要依靠反馈控制，重要的是我们应当看到，就控制方式本身所具有的功能来说，前馈控制比反馈控制具有不可比拟的优越性。

总之，前馈控制并不排斥反馈控制，它只是以自己独特的优点弥补反馈控制的缺陷。

二　历史上前馈控制的思想理论和方法方面的研究

研究发现，前馈控制作为一个现代学术概念于今提出，但是作为一种管理智慧或思想，应当说古已有之。在人类漫长的历史发展过程中，无论是在东方还是在西方，人们对前馈控制问题都进行了大量深入而有成效的探究，总结出许多有关前馈控制的经验和教训。例如，中国古代的老子在两千五百年前就提出了"为之于未有，治之于未乱"的前馈控制思想，而秦始皇统一中国后采取的"书同文、车同轨、统一货币、统一度量衡"甚至"焚书坑儒"等政治措施，均具有前馈控制意义。在西方近现代提出的"社会指标方法"，就是一种典型的前馈控制工具，而罗马俱乐部在《增长的极限》一书中提出的"世界模型"，推演了世界100年之后的情况之后，向人们发出了振聋发聩的警报，更是引起了全世界的前馈控制行动。然而，由于时代的局限，这些探索只能停留在经验或者孤立的层面，表现为一种零散的、不成体系的思想或者观点，而且大多隐含在思想家的书籍言论和政治家的治国方略中。为了在构建现代前馈控制模式中充分汲取古今中外的精华，本研究对历史上有关前馈控制意义的思想、理论、方法和实践案例逐一发掘整理，条分缕析，总结提升，尤其重点对现代西方盛行的一些前馈控制方法进行了比较详细的阐述，为前馈控制模式的构建开阔视野，积累可资借鉴的思想财富和精髓。

三　前馈控制管理机制系统的一般模式研究

研究发现，前馈控制虽无统一模式，但是凡建立或设计前馈控制模式应当遵循一些基本原则，即本项研究提出的前馈控制管理机制系统模式设计带有共性的三条原则：以监测预警和风险评估为前提的原则，也可称为超前预测原则；预警预报和预案启动制度化链接原则，也可称为未萌先动原则；依赖可操作性的技术支撑体系的原则，也可称为操作务实原则。根据这些原则，本项研究设计了前馈控制管理机制系统的一般模式（常模）。

四 前馈控制管理机制系统应用方面的研究

本项研究以国家社会稳定、信访问题以及民族关系为个案展开。研究发现，前馈控制机制模式的构建有三个关键问题要解决。其一是预警指标的设立，因为"预警"是实现"前馈"的基础性条件，没有预警，前馈就成了无源之水；其二是围绕预警指标的运行机制的构建，因为"机制"是实现前馈控制的载体，没有机制，预警指标就不能运行，控制也就成了一句空话；其三是依托电子信息技术的操作系统的构建，因为只有依靠现代电子信息技术，才能实现实时监控。所以，本项研究主要围绕前馈控制系统的预警指标设计、前馈控制预警机制的构建和监测—预警—预控管理信息系统研发这三个关键问题展开。

（一）前馈控制系统的预警指标设计

前馈控制系统的预警指标设计是前馈控制模式构建的逻辑起点。运用建立社会指标体系的方法对复杂的社会现象进行测量，是一个严肃和严谨的科学过程，绝不可用随意堆砌或拼凑指标的方法简单为之。必须首先对研究对象的内在逻辑结构进行深入的定性分析，从中抽象出反映客观规律的理论模型，并以此为依据推导出指标体系的框架，即评价模型。因此，本项研究在深入分析了不同类型的社会管理对象的逻辑结构之后，提出了相应的前馈控制理论模型，并在此基础上提出了前馈控制指标体系的框架，并建构了相应的前馈控制指标体系。至此，奠定了社会管理前馈控制模式的基础和前提条件。

（二）前馈控制系统的运行机制构建

结合我国国情设计科学的前馈控制机制模式，是本项研究最重要的核心内容，也是本研究的目的能够实现的关键所在。"机制"作为一种工具，它是实现目标的通道和手段。近年来"预警"和"应急管理"已成为社会各界的热门话题和高频词语，但是如何实现预警和应急管理？这恰恰是前馈控制的核心内容和瓶颈所在。开展前馈控制机制的研究，探索前馈控制管理的内在机理，创建新的机制，对于形成更加完善的社会管理模式意义重大。所以，本研究从前馈控制的内涵出发，选取国家社会稳定、国家信访问题、国家民族关系和地区民族关系为个案，客观分析其现行组织结构及其职能设置，诊断其前馈控制功能不足的缺陷，从而设计出一个将前馈控制管理的各项功能（先导指标设计、前馈信息汇集、先兆分析、趋势研判、警级发布、警势预控、应急管理等）纳入其中的前馈控制机制系统模式，并在对该模式进行静态和动态、宏观和微观的详尽阐述的同时，进一步指出其运行实施的操作步骤和要点。

（三）监测—预警—预控管理信息系统研发

现代意义上的社会管理前馈控制系统，应当由前馈控制的指标系统、运行机制系统和信息管理系统三个子系统组成。如果仅有前两个子系统而无后者，那么整个前馈控制系统还是无法正常运行。因为在现代高速运行且瞬息万变的社会中，采用人工方式来采集和处理海量数据几乎已不可能。即便勉强为之，其难度和高昂的成本也是任何实际工作部门所难以长期承受的。退一万步说，即便能够承受，其时效性也要大打折扣。

因为不能进行实时监控的预警系统几乎是没有意义的。所以，有必要依靠现代电子信息技术，针对社会管理领域的具体管理对象，开发出可操作的计算机软件，以实现社会管理领域监测—预警的自动化，为社会管理工作插上现代科技的翅膀。

通过以上研究，总的结论是：我们所面临的社会，无论在转型幅度、运行速度还是全球化程度诸方面都今非昔比，而正因如此，危机便显得更加频繁、更加肆虐、更加迅急，致使我们已经习惯了的传统的反馈控制管理方式总是"慢半拍"。而就在这"慢半拍"所形成的时间滞差中，风险变得更加难以控制。因此，反思以反馈控制为主的传统管理方式，对现代社会管理体制和运行机制进行以前馈控制为内容的改革和创新，就成为必然选择。

前馈控制模式的逻辑起点或首要前提是建立前馈（即预警）指标体系，前馈控制模式的运行载体是一整套切实可行的运行机制，前馈控制的现代化手段是电子信息技术。事实证明，在社会领域实施前馈控制管理是可行的。前馈控制不排斥反馈控制，它与反馈控制的互动互补，必将在今后的社会管理活动中发挥越来越重要的作用。

第二节　后续研究设想

社会系统比之自然系统具有更大的复杂性和不确定性，因而其前馈控制也必将受到某种程度的局限。本项研究将前馈控制引入社会管理领域仅仅是初步探索，其未知的研究空间还很大，就本人目前的认识水平所想到的，至少还可以进行以下方面的研究。

一　建立有利于前馈控制管理的制度框架研究

前馈控制机制从根儿上来说，首先涉及制度安排的科学性。党中央提出"科学发展观"和"构建和谐社会"等一系列新命题，这些新命题其实都涉及制度安排的科学性问题。马克思就很注意制度的科学性。他当时分析资本主义不可克服的周期性经济危机时指出"症结正是在于，对生产自始就不存在有意识的社会调节"。[①] 可见能否进行有意识的社会调节，有着社会制度结构上的重要原因。制度结构的科学性就在于它是否具有自动调节并不断适应发展变化的能力。而自动调节能力的获得，其实就是前馈控制研究的重要内容之一。

二　前馈控制模式的分类研究

前馈控制在实践层面几乎涉及所有的行业和领域，其针对性和应用性很强，"隔行如隔山"，每一行都有自身的特殊性，所以应进行各个层次和各个专门领域的前馈控制模式研究，要与相应的实际工作部门紧密结合，系统化地展开，以确保研究成果的针对性和实用性，以及在各个领域和层次的全面渗透性。

三　人工智能危机剧情生成系统研究

所谓危机剧情生成系统，是指专门设立的一种危机虚拟设计机构，这个机构的功能就是根据危机预警指标体系测量所得到的数据结构，运用计算机交互模型技术进行危机假象剧情设计，设想各种可能发生的"故事情节"，其中不仅包括社会环

---

① 《马克思恩格斯全集》第 32 卷，第 542 页。

境生成的危机，也包括自然环境生成的危机，等等。这种剧情生成系统在利用电子计算机的情况下效率很高，如美国在第一次海湾战争中就利用计算机模拟生成了 100 多种"剧情"，其中甚至包括了"伊拉克若点燃了所有输油管道的后果"这种非常离奇的风险剧情。现代社会是高风险社会，涉险因素非常庞杂，只有建立由计算机辅助的风险剧情生成系统，才有利于穷尽变数，做到万无一失。

四　社会危机态势推演系统研究

所谓社会危机态势推演，是指根据危机剧情生成系统所设计的种种剧情进行"作战想定"的二次开发，即将已形成规范化技术文档的社会风险作战想定进一步转化为可直接用于公危机作战态势推演的剧情。这种推演系统通常包含一些大型的、复杂的计算机模型，这些模型可模拟各种规模和种类的危机应对行动，主要用于各级危机管理人员的训练和演习。这种利用计算机模拟的推演系统在军事上使用得相当普遍，如美国的军事推演模型有 500 多种。我们今后可以将这种方法应用于社会管理领域。由于电子计算机运算速度快，不仅可以将众多可能发生的情况预先集中地暴露在公共危机管理人员面前，而且可以将较长时间的行动过程压缩到较短时间内模拟出来，这就为危机的前馈控制提供了有利条件。

五　前馈控制的方法和技术支撑体系

前馈控制要具体落实到操作层面，首先必须有一整套实用的方法和技术。在人类已有的管理理论和实践中，与前馈控制相关的，或者对前馈控制具有启发意义的方法和技术是十分丰富的，如对社会矛盾的风险评估技术、简化技术、缓解技术、均衡技术、预应技术、仿真推演技术、网格化管理技术等。其次就是要借鉴西方社会管理中丰富的前馈控制方法和技术，使之中国化。总之，我们要将这些散落的无线之珠用"前馈控制"这条主线穿插和编织起来，形成一整套行之有效的前馈控制方法和技术体系。

六　社会风险模拟器的研发（前述不赘，略）

附件一： 已经发表的与本项研究相关论文的目录和摘要

01. 加强社会管理的前馈控制研究

阎耀军．国家行政学院学报，2006.4

【摘要】我国正处在由传统社会向现代社会转型过程中，要适应社会主义市场经济发展和社会结构深刻变化的新情况，就必须加强社会管理的前馈控制研究，并用来推进社会建设和管理的改革创新，从而提高我们管理社会事务的本领，创建更加有效的社会管理体制。

02. 维护社会稳定需要建立前馈控制机制

阎耀军．中国党政干部论坛，2006.7

【摘要】前馈控制作为一种和反馈控制相区别的"事前控制"，在现代社会管理中具有重要意义。现代社会的快速运行和高风险性使单纯依靠反馈控制的管理难以奏效，所以政府管理系统的前馈控制能力如何，将是衡量其维护社会稳定本领的重要标志。

03. 对社会稳定施行前馈控制可能性的探索

阎耀军．学术研究，2006.9

【摘要】前馈控制作为一种和反馈控制相区别的"事前

控制"，在现代社会管理中对于维护社会稳定具有重要意义。根据中共十六届四中全会明确提出要"建立健全社会预警体系"的要求，我们尝试建立了一套对社会稳定性进行监测评估的预警指标体系。根据这一指标体系，我们采集了大量历史数据，对我国 1985～2002 年的社会稳定状况进行了时间序列分析，想以此来印证我们曾经经历的社会过程和本指标体系的效度和信度，以期能够为维护社会稳定提供一种前馈控制工具。

04. 在我国社会管理系统中建立前馈—反馈复合控制机制的思考

阎耀军 . 北京工业大学学报，2007.3

【摘要】 现代社会结构日趋复杂，运行日趋加快，风险越来越高，单纯依靠传统的反馈控制已经难以进行有效管理。要实现构建和谐社会的目标，必须在我国的社会管理体制中建立前馈—反馈复合控制系统，才能形成适应社会主义市场经济发展和社会结构深刻变化的更加有效的社会管理体制。

05. 如何使"双刃剑"不剑走偏锋？——对科技负效应实施前馈控制的思考

阎耀军 . 未来与发展，2007.8

【摘要】 在高科技日益发展的今天，科技这柄"双刃剑"的正面效应无疑得到了空前的彰显，但与此同时，负面效应也日益得到凸显。如何在享受高科技为我们带来的福祉的同时，免受其负面影响的侵害，建立对高科技负效应进行前馈控制的科技管理体制和运行机制，将是一种明智的选择。

06. 民族关系和谐的逻辑结构和系统分析模型——兼及测度民族关系和谐状况的指标体系设置

阎耀军. 中南民族大学学报，2008.6（人大复印资料《民族问题研究》转载）

【摘要】 以"平等、团结、互助、和谐"作为民族关系的核心结构，设计和谐民族关系的系统分析模型。以物理模型表达和谐民族关系的逻辑架构，"平等""团结""互助"三个相互联系的模块共同构成民族关系"和谐"的内在要求，"国际环境"则构成在全球化背景下民族关系和谐的外部条件。评价模型表达民族关系的操作架构，民族关系的和谐体现在民族关系的政治、经济、文化等10个"领域模块"中，并给出各个指标的建议权重值。

07. 高校危机管理的前馈控制

阎耀军，徐桂珍. 未来与发展，2008.12

【摘要】 高校作为一个高知群体十分密集的社会子系统，与一般社会组织相比，不仅对社会大系统的变化更为敏感，而且对社会大系统的影响能量更大。就公共危机而言，任何公共危机事件都会在高校中形成回应，并往往诱发校内危机事件，致使正常的学校秩序遭到破坏，进而影响到学校安全和社会稳定。实施前馈控制管理，不仅可以从危机过程的起始环节上就清除危机要素，解决潜在的或处于萌芽状态的危机，防患于未然，而且可以用较为低廉的成本避免反馈控制无法挽回的巨大损失，即"用少量的钱预防，而不是花大量的钱治病"。所以前馈控制对高校的危机管理，具有极为重要的价值。

08. 建立我国民族关系评估指标体系的总体构想

阎耀军，陈乐齐，朴永日．中南民族大学学报，2009.3

【摘要】民族关系评估指标体系涉及因素十分庞杂，应当用系统动态分析方法进行跨学科整合。指标体系的框架结构，应当来自总结民族关系现实结构的理论模型；具体指标的遴选，应当遵循科学性与实用性并重的原则；指标体系的科学性，应当经过从理论到实践的反复测量验证；指标体系的效用，应当具有定量—定性、发现—解释、考绩—导向、监测—预警、预测—预控等诸项功能。

09. 论我国民委系统民族关系预警机制的构建

阎耀军，张美莲，王樱．中南民族大学学报，2009.6（人大复印资料《民族问题研究》转载）

【摘要】民族关系预警机制由民族关系预警系统的组织机构、职责分工、运行流程、监督执行以及保障系统构成。根据预警机制的功能链条，预警管理活动可分为信息汇集、信息分析、警情研判、警级发布、警势预控、应急管理等环节。只有当这些环节一一贯穿到民委组织系统的各个职能部门中去并协同运转，民族关系预警机制才能形成。

10. 风险社会中的管理时滞与前馈控制——试论基于前馈控制的公共危机管理创新

阎耀军，薛岩松．天津大学学报，2009.4

【摘要】我们所面临的社会，在转型幅度、运行速度和全球化程度诸方面都今非昔比，而正由于此，危机便显得更加频繁、更加肆虐、更加迅急，致使我们已经习惯了的传统的反馈控制管理方式总是"慢半拍"。而就在这"慢半拍"所形成的时间滞差中，风险则变得更加难以控制。因此，反思以反馈控制为主的传统管理方式，对现代公共危机管理体制和运行机制进行以前馈控制为内容的改革和创新，就成为必然选择。

11. 信息技术在民族关系预警管理中的应用

王慧，阎耀军．延边大学学报，2009.5

【摘要】利用政府电子政务平台和互联网信息技术，结合民族关系预警机制的信息汇集、信息分析、警情研判、警级发布、警势预控、应急管理功能链条，可以形成包括危机监测与信息收集、危机评估与信息处理、危机预警与数据计量、危机预控与应急处理、应急处理子系统的民族关系危机预警信息管理系统。只有当这些子系统及信息技术一一贯穿到民委组织系统的各个职能部门中去并协同运转，民族关系预警机制才能发挥其最大的效用。

12. 和谐社会下维护高校安全稳定危机预警系统的构建

王慧，阎耀军．山东大学学报，2009.6

【摘要】在构建和谐社会中，高校不仅是整个社会稳定的重要风向标，而且是整个国家社会预警体系格局中十分重要的组成部分。本文通过对社会稳定相关理论的研究和现实生活中影响高校安全稳定的主要因素分析，提出了一个由信息汇集系统、信息加工系统、警情研判系统、警级发布系统和应急处置系统组成的高校危机预警系统，通过该系统的进一步应用，以期不仅实现高校安全管理的理论创新，并在实践中对维护高校的安全稳定鼎助一臂之力。

13. 基于前馈控制的组织设计探讨

王革，阎耀军．中央财经大学学报，2009.8

【摘要】前馈控制能有效地避免风险，是经济稳定发展、社会长治久安与和谐发展的重要保证；前馈控制具有超前性、科学性、均衡性和开放性特征；有效的前馈控制需要融入组织设计当中，增加前馈控制职能。

14. 信访问题预警的理论模型及指标体系

阎耀军，宋协娜，张美莲．国家行政学院学报，2010.3

【摘要】信访问题泛指有悖于正常信访秩序并影响到社会稳定的异常信访行为或信访形式。信访问题预警是运用现代实证性社会预警方法，在对信访及信访过程中所反映的一系列问题进行系统监测、评估和研判的基础上，提前发现并预报可能引发的信访问题的过程。用于信访问题预警指标体系必须建立在理论模型的基础之上。具体指标及其权重值的设置应当与时俱进。

15. 应急管理的前馈控制模式研究

阎耀军，刘国富．中国应急管理，2010.9

【摘要】凡事预则立，不预则废。应急管理不仅不能例外，而且更应该强调"预"的重要性。没有"预"，只能匆忙应急；有了"预"，方能从容应对。所以"预"是前馈控制的题中应有之义。在现代社会中，由于反馈控制所固有的先天性缺陷——时间滞差效应，使得其在运行速度日趋加快的今天，对突发事件的应对日益陷入力不从心的窘境。为此，本文提出应急管理的前馈控制理论，并倡导对古今中外的前馈控制思想理论和方法进行发掘和借鉴，创建我国现代应急管理的前馈控制体系。与此同时，本文尝试设计了现代应急管理前馈控制机制的一般模式，并提出深入研究前馈控制管理的若干重要问题。其宗旨是期望构建一种能够更好地适应当代社会特点的前馈控制应急管理模式，以消除或弥补单纯反馈控制的"时滞"缺陷。

16. 论高校安全技术防范系统的构建

李红，阎耀军．未来与发展，2010.10

【摘要】随着我国教育事业的发展，高校的规模越来越大，学生人数不断增多，校区开放程度和后勤服务社会化程度亦越来越高，高校安防面临新的挑战。在高校安全防范的手段中，技术防范发挥着越来越重要的作用，构建高校安全技术防范系统是高校安防的一次革新。

17. 高校应对公共卫生突发事件管理机制研究

王樱，阎耀军．第四届国际应急管理论坛论文集，2010.8

【摘要】高校作为科研和高层次人才培养基地，在社会发展中具有特殊地位。近些年，高校之中突发性公共卫生事件层出不穷，已经引起有关部门和专家学者的高度重视。将危机管理的概念引入高校管理之中，建立一套行之有效的、应对高校公共卫生突发事件的危机管理机制势在必行。

18. The Research on the Feed – forward Control Mode of Social Management

侯静怡，阎耀军．第四届国际应急管理论坛论文集，2010.8

【摘要】In contemporary society with the operating speed accelerating, the time – lag effect which is the inherent congenital defect of feedback control is gradually being disclosed. Therefore, this thesis proposes feed – forward control theory of social management, and advocates that the previous ideas and methods of the feed – forward control should be summarized and detected. At the same time, this thesis illustrates a general mode of feed – forward control mechanism, and then puts forward several important aspects to further the studies. The aim of this thesis is to build a better feed – forward control mode which fits the contemporary society so as to eliminate or undermine the time – lag effect of the feed – forward control.

19. 我国信访问题预警机制的全面整合

宋协娜，阎耀军，张美莲．天津大学学报，2010.5（人大复印资料《中国政治》转载）

【摘要】信访问题预警机制由信访预警系统的组织机构、职责分工、运行流程、监督执行以及保障系统构成。根据预警机制的功能链条，信访问题预警管理活动可分为信息汇集、信息分析、警情研判、警级发布、警势预控、应急管理等环节。只有当上述要素环节全面整合，贯穿到信访以及和信访相关系统的各个职能部门中并协同运转，信访问题预警机制才能真正建成。

20. 民族关系评估与监测—预警信息管理系统的构建

阎耀军，吴中元，朱吉宁．中南民族大学学报，2011.3

【摘要】民族关系评估与监测预警管理信息系统，是在民族关系和社会预警有关理论基础上开发的计算机应用软件系统。它利用国家民族工作计算机管理系统平台和互联网信息技术，通过建立统一的法定规范、数据标准、数据交换格式，制定相应的制度和管理办法，在实现各级民族工作管理部门之间信息共享的基础上，对民族关系状况进行实时监测和预警。运用这一系统，可以为民族关系的评估与监测预警工作插上现代科技的翅膀，不仅可以提高工作效率，还可以提高信度和效度。测试结果表明，本系统不仅能够很好地实现所设计的各项功能需求，而且还有进一步扩展的可能性。

21. 我国古代前馈控制思想对现代社会管理的启示

阎耀军，索宝祥，王革. 国家行政学院学报，2011.3

【摘要】要适应社会主义市场经济发展和社会结构深刻变化的新情况，创造更加有效的社会管理体制，更需要加强前馈控制。前馈控制虽然是一个现代管理学概念，但其作为一种管理思想却古已有之。我国古代先贤不仅具有超强的前馈控制意识，而且还不乏深邃的前馈控制智慧。挖掘和梳理蕴藏其中的精华，无疑会对我们当今创新社会管理提供思路和启迪。

22. 基于前馈控制的民族高校安全稳定组织设计及其工作流程

徐桂珍. 中国城市经济，2011.2

【摘要】民族高校的安全稳定，关系着民族高校的和谐发展，关系到国家民族团结大计。前馈控制管理可以对民族高校的安全危机事件进行预警预控，降低危机发生的概率。民族高校安全稳定前馈控制组织设计包括民族高校安全稳定前馈控制管理中心，以下设立指标管理小组、信息处理小组、警情评估小组、预案制定小组、警情预报小组、警势预控小组、应急处理小组、法律咨询小组八个职能部门。

23. 民族高校安全稳定前馈控制模型及其评估指标体系

徐桂珍. 未来与发展，2011.3

【摘要】在当前民族关系日益为人们关注的形势下，民族高校的安全稳定管理在某种意义上可以说是重中之重。民族高校兼有教育工作和民族工作的双重属性，民族高校的安全稳定管理势必有别于普通高等学校。民族高校安全稳定前馈控制模型由教学稳定、管理稳定、科研稳定、生活稳定四个方面构成，在此基础上构建由外部自然社会经济环境、民族高校教育教学、民族高校学生经济状况、民族大学生政治思想状况、民族文化、民族高校法律制度、民族认同感、学生宗教信仰、学生心理状况、国际环境十个模块组成的民族高校安全稳定评估指标体系。

24. 我国社会预警体系建设的纠结及其破解

阎耀军. 国家行政学院学报，2012.4

【摘要】中共中央提出"建立健全社会预警体系及应急管理机制"的决策已近十年之久并反复强调。但是相对于目前业已建立的庞大的应急管理体系，社会预警体系的建设却显得极不平衡。本文系统地分析了其中的诸多原因及其内在纠结，指出社会预警自身的科学化是破解纠结的关键，并为此提出研发社会风险模拟器的设想。

25. 我国古代社会控制精要——预控思想探微

阎耀军. 天津大学学报，2013.3

【摘要】历来执政者总是想方设法对其治下的社会实施必要的控制。中国作为四大文明古国之一和世界上封建制度延续最长的国家，毋庸置疑在当时的社会控制方面做得最为成功。但是其对社会实施控制的精要是什么？似乎至今尚无人深究。本文梳理和挖掘我国古代先贤的社会控制思想发现：重视"预控"乃古人社会控制之精要所在。

附件二：在执行本课题研究计划期间承担的各级党政机关委托的相关研究项目

本课题立项后，可能受本人前期研究和国家立项本身的影响，引起国家安全部门、国家民族事务委员会、国家武警总部、北京市公安局以及一些地方政府部门的高度重视，强烈要求本人承接其委托的相关课题。本人考虑到这些课题有利于丰富国家课题的内容，并有利于理论和实际结合以及科研成果的转化，所以承接了其中的相关课题如下：

（1）国家民族事务委员会重点课题（GM-2007-05）"中国民族关系预警机制研究"；

（2）国家民族事务委员会课题（GM-2009-20）"信息技术在民族关系预警管理中的应用研究"；

（3）国家民族事务委员会课题（GM-2010-001）"民族关系监测预警系统软件开发及应用研究"；

（4）广西壮族自治区民委2011年委托课题"广西民族关系评估监测与处置系统研究"；

（5）北京市公安局2008年委托课题"北京市社会稳定月度——季度监测预警指标体系研究"；

（6）北京市公安局2009年委托课题"2009~2015北京市

社会稳定预警指标体系运行研究";

（7）北京市公安局 2012 年委托课题"北京市公安局怀柔分局犯罪预测时空定位信息管理系统";

（8）山东有关信访部门 2010 年委托课题"信访问题预警研究"。

附件三： 科技媒体对本课题负责人 及其团队科学探索的评介

中国科协《科技创新与品牌》杂志特别报道

阎耀军教授

阎耀军（左）与哈佛大学肯尼迪政府学院
常务主任安诺德·休伊特教授合影

在构建社会预警系统的道路上探索前行

——记天津工业大学公共危机管理研究所

文/代安娜　张晓燕

当今世界伴随着科技迅速发展和经济全球化、世界一体化的浪潮，各种风险蔓延速度和空间扩展日益强化，尤以震惊世界的"9·11"恐怖袭击事件和"非典"事件为标志，使世人更加清醒地认识到这一点，以致现代社会被冠以"风险社会"之名。我国情况更加特殊，不仅正处于发展环境最好的"战略机遇期"，而且处于"经济转轨、社会转型"的变革期，从国际经验的社会发展序列谱上恰好对应着"非稳定状态"的频发阶段。在"改革、发展、稳定"的关系中，社会稳定是维系国家有序运行的根本保证。因此，在我国未来发展进程中，科学地、定量地、实时地监测和诊断社会稳定风险在各个领域的状态变化，对潜在的社会风险进行预警预控，是降低社会管理成本，维护社会稳定的必然选择。为此，党中央早在2003年的十六届三中全会就作出"建立健全社会预警体系和应急管理机制"的英明决策，并在后来的四中、五中、六中全会中加以反复强调。

　　然而至今令人喜忧参半的是，在"预警"和"应急"两者之中，我国政府虽已建立了从中央到地方庞大的"应急管理体系"，但"社会预警体系"的"建立健全"却显得与之极不平衡。造成这种"半壁江山"的原因深刻而复杂，有科学技术方面的，有管理体制方面的，还有思想观念方面的，等等。在此，由于篇幅和主旨所限，我们暂不探究。值得关注和令人欣慰的是，在落实中央"建立健全社会预警体系"的指示精神中，有一支勇于探索并卓有成效的科研团队——天津工业大学公共危机管理研究所。

阎耀军和研究所的博士们在一起

这支团队的学术带头人是天津工业大学管理学院阎耀军教授。阎教授现任天津工业大学公共危机管理研究所所长、天津市未来与预测科学研究会常务副会长兼秘书长、中国未来研究会副会长、中国社会学会理事、中国应急管理学会理事。他很早就开始从事社会预测和预警研究工作，早在 1998 年就在天津社会科学院提出组建预测中心并担任该中心主任，并于2002 年和 2003 年连续出版了两部社会预测和社会预警专著。2006 年天津工业大学根据党中央多次提出的"建立健全社会预警体系"的要求，结合学校公共管理学科建设的需要，引进阎耀军教授，正式组建了一个以社会预警与公共安全管理为主要研究方向的科研机构——天津工业大学公共危机管理研究所。

　　该研究所成立以后，在阎耀军教授的带领和全体研究人员的共同努力下，取得了突飞猛进的发展，在全国公共安全和危机管理领域可谓异军突起。

　　在学术创新方面，该所主持完成多项国家课题，提出和建立了社会预测学的基础理论（《社会预测学基本原理》，社会科学文献出版社，2006）；初创了现代实证性社会预警理论与方法（《现代实证性社会预警》，社会科学文献出版社，2006）；提出了公共危机管理的前馈控制理论（《国家行政学院学报》2006 年第 4 期；《学术研究》2006 年第 9 期；《天津大学学报》2009 年第 4 期；国际应急管理会议，2010 年 8 月；《中国应急管理》2010 年第 9 期）。

　　在实际应用方面，该所根据实际应用部门的需要，承接10 多项省部级课题，开发了多种公共危机监测预警预控系统软件（《中心城市社会稳定监测预警系统》《民族关系监测预警管理系统》《信访问题监测预警系统等》）；截至目前，全国已经有 10 多个城市到该所学习培训，有 20 多所大学和研究机构邀请该所专家讲学；国家安全部门、公安部门、维稳部门、信访部门以及国家民委等政府职能机构的领导多次造访该研究所。

在比较优势方面，该所与同行相比具有明显特色。

其一是理论前沿和实际应用先发优势。该所研究人员早在 1998 年就开始研究社会预警问题，并于中共中央正式提出"建立健全社会预警体系"的当年就发表了全国第一部社会预警专著《超越危机——社会稳定的量度与社会预警》；该所还开发出全国首批以《民族关系监测预警管理系统》为代表的计算机应用软件并应用于实际部门。

其二是对复杂非物化现象计量研究的优势。对社会稳定或风险这类复杂非物化现象的计量，是长期困扰科学界的一个难题。自 20 世纪下半叶兴起于美国并逐渐风行于世的"社会指标运动"提供了一种以社会指标为工具的计量方法后，许多人在重视定量研究的同时却忽略了定性（理论）研究，其后果是导致了众多缺乏理论支持的指标体系，从而导致计量效度和信度的低下。对此，该所提出"理论模型是统帅指标体系基本框架的灵魂"的观点（《社会科学报》，2006），并成功构建了"社会稳定理论模型""民族关系和谐模型"和"信访问题预警模型"，并据此构建计量指标体系，辅以多种现代计量方法，从而推进了定性和定量研究的结合和统一。

其三是以前馈控制为研究取向的特色优势。在理论上，肇始于维纳的控制论以反馈控制为其理论核心；在实践中，以"应急办"为代表的各类公共危机管理机构重心亦在反馈控制；而各类研究机构，绝大多数以危机的事后应对、突发事件的处置甚至危机的善后管理为中心。而该所的重点则放在危机发生前的"预警管理",强调"前馈控制"。他们认为,在当代高速运行的社会中,任何反馈控制都不能避免"时间滞差效应",而"时间滞差效应"往往又会导致"潘多拉魔盒效应",使得危机后果不可挽回。因此,前馈控制应当是现代危机管理的重中之重和难中之难,该所的策略就是集中力量攻其重点和难点。

多学科构成的研究团队

其四是文理结合、四位一体集成创新优势。该所认为,理论、方法、技术包括计算机软件开发,其中任何一个方面做到极致,都不能单独解决应用问题(有时甚至连科学认识问题都解决不了)。只有上述四个方面整合集成为一部"整车",才能使科研产品由"好看"向"好用"转变。天津工业大学是一所以工科为主的院校,在这样的院校中如何发展软科学或人文社会科学?该所探索出了一条多学科大尺度交叉、"理论—方法—技术—应用"四位一体综合创新的道路,并初步显现出其他研究机构难以比拟的文理结合优势。该所研究人员不仅有管理学和社会学博士，还有数学博士、系统工程学博士、心理学博士、信息与计算机博士、情报学博士、统计学博士、地理信息技术博士等。该所开发的各种监测预警软件，就是多学科集成的产品。

科研业绩的取得和优势的形成，源于他们对科学的执着探索精神和高度的社会责任感。在科学研究中，历来有描述性研究、解释性研究和预测性研究三个层次的说法，其中后者是最为困难的。所以较少有人愿意从事这种投入多、耗时长、产出少而且风险大的科研活动，但其实这种科研活动才是对人类社会最有价值的。当今社会之所以被称为"风险社会"，就是因为现在越来越多的风险在越来越严重地威胁着人类生存。为了规避或者减弱风险，一些发达国家很早就建立了各种社会预警系统并形成了完备的科学体系，少数国家还开发出了用于规避风险的、被世人称为"国家安全新核武器"的尖端产品"政策模拟器"。相比之下，我们的差距之大显而易见。中央提出建立健全社会预警体系的任务，我们科学工作者的责任何在？阎耀军教授对此感触颇深，他在 2010 年应急管理国际研讨会上提出了"应急和预警何者更重要？"这一关键问题，受到了专家和学者的关注，引发了新的思考和讨论。他认为，应急管理中以反馈控制为主的传统方式存在管理时滞问题，现代社会风险的"潘多拉魔盒效应"使"亡羊补牢"已经失效；而传统的预警方式——神灵性预警已被抛弃，经验性预警已经过时，哲理性预警亦难奏效，必须建立起在现代科学支持下的实证性预警系统，尤其要建立别人已有而我们还没有的保障国家安全新"核武器"——政策模拟器（社会风险模拟器）。以此认识为基础，研究所确定了明确的工作定位，主要包括三个方面。

第一，建立文、理、工结合，多学科大尺度交叉的新型社会预警与公共安全管理研究基地和研究成果的应用转化基地；开发有用的预警产品，探索和创造公共危机预警研究与政府公共危机管理紧密结合、学术理论研究工作和实际应用开发工作紧密结合，各方互动共赢的体制机制，建立互利互惠的官、产、学、研一体化的新型科研机构。

第二，立足天津工业大学，拓展社会预警与公共危机管理学科建设；进军北京相关领域，成为各级政府部门进行公共危机预警管理的外脑和重要智囊团；依托中国未来研究会，成为网罗天津、北京乃至全国和国外公共危机管理专家的桥梁和纽带；为构建我国社会预警系统倾尽绵薄之力。

阎耀军教授为来自全国各地的干部培训监测预警系统

第三，在重视社会预警理论和方法研究的同时，大力加强公共危机预警管理的实物性、工程性、实用性的研究工作，瞄准开发具有中国特色的政策模拟器——"社会风险模拟器"努力攻关，努力打造公共危机预警研究的强势品牌。为了保障上述目标定位实现，该研究所设四个研究室：预警与应急管理仿真模拟实验室、中外危机管理比较研究室、社会稳定与社会建设研究室、民族关系与民族事务管理研究室。除了研究所这个平台之外，还拥有两个社会学术团体的工作平台：中国未来研究会评估与预测分会和天津市未来与预测科学研究会。他们汇集和整合各类不同学科的研究人员，目前共有本校专兼职研究人员 10 名（其中正高职称 4 名、副高职称 3 名，除 1 名硕士外全都是博士）；此外，该所还常年带研究生 10 多名；聘校外特邀研究员和高级学术顾问 10 名。虽然，这个研究所拥有的资源比起国内外著名的专业研究机构来说可能还不算丰富，但是他们目标集中而明确：以系统动态分析为特色的理论模型研究，以社会指标理论和方法为特色的指标体系研究，以社会稳定的监测、评估和预警为对象的实证研究，以强调前馈控制为特色的社会管理方式和运行机制研究，以上述内容为主的计算机软件研发。就是在这样的研究方向和研究特色引导下，这个研究所的发展日新月异，发展的脚步日益坚定，并会在此基础上迈出新的步伐。

建立健全社会预警体系是保障公民权利的重要屏障，是实现社会稳定与和谐的重要支撑条件。但是社会预警体系的建立健全，绝不是哪一个人、哪一个机构单枪匹马就能够实现的，它需要全社会的共同努力，因此社会预警体系的建立健全任重道远。我们期待着更多像天津工业大学公共危机管理研究所这样的机构出现，共同为社会预警事业倾注力量，真正使我国的社会预警体系得以建立健全，使我们的社会更加稳定和谐，人民更加安康幸福。

科技部《科技文摘报》2012 年 11 月 2 日专访
记者胡月

预测·预警·预控
致力未来研究的三部曲

——访中国未来研究会副理事长、天津工业
大学阎耀军教授

随着中共中央"要建立健全社会预警体系和应急管理机制"英明决策的确立,对于社会预警和公共危机管理的研究在我国已然兴起。在这一研究领域中,天津工业大学阎耀军教授的研究及学术贡献被专业人士称为"异军突起",为此我们对他进行了专门采访。

"双轮驱动"　异军乘势而起

记　者:阎教授您好,近年来有关社会安全和社会预警的研究是一项非常"热"的话题,您能就此给我们解释一下吗?

阎耀军:其实,从历史的宏观来看,人类对这类研究从来都没有"冷"过。从早在五千年前就出现的预卜未来的龟卜,以及三千五百年前卜算吉凶的蓍筮,直到当代方兴未艾的未来学,以及最前沿的被称为"国家安全新核武器"的"政策模拟器"的研发,总之人类的认识史表明:对未来的预测、预警和预控,是人类自古至今都在不懈追求的梦想,只不过在当代社会越来越甚罢了。

记　者:阎教授,您能给我们介绍一下我国建设社会预警体系的时代背景及意义所在吗?

阎耀军教授在国家武警指挥学院

阎耀军：当代社会伴随着科技迅速发展和经济全球化、世界一体化的浪潮，各种风险蔓延速度和空间扩展日益强化，尤以震惊世界的"9·11"恐怖袭击事件和"非典"事件为标志，使世人更加清醒地认识到"风险社会的来临"（贝克，1986）。而我国情况更加特殊，不仅正处于发展环境最好的"战略机遇期"，而且还处于"经济转轨、社会转型"的变革期，从国际经验的社会发展序列谱上恰好对应着"非稳定状态"的频发阶段。在"改革、发展、稳定"的关系中，社会稳定是维系国家有序运行的根本保证。因此，在我国未来发展进程中，科学地、定量地、实时地监测和诊断社会稳定风险在各个领域的状态变化，对潜在的社会风险进行预测预警预控，是降低社会管理成本，维护社会稳定的必然选择。为此，党中央早在2003年的十六届三中全会就作出了要"建立健全各种预警和应急机制"的英明决策，并在后来的四中、五中、六中全会中反复强调。

记　者：阎教授，听说您早在中央提出"建立健全社会预警体系"之前就出版了《社会预测导论》和《超越危机——社会稳定的量度与预警预控》两部学术专著及相当多的有关论文了，而在中共中央作出有关决策后您又先声夺人，很快连续出版了《社会预测学基本原理》和《现代实证性社会预警》两部颇受学术界好评的书，相关论文的发文量也一度居于全国之首，尤其您构建的"社会稳定模型"和运用此模型衍生的指标体系对我国长达 17 年社会稳定波动情况的测量和模拟预警，被一些学者称为"此前绝无仅有的大胆尝试"（刘平，2005），"一次大胆尝试和很有意义的探索"（陆学艺，2006）。您能告诉我们这十多年来是什么力量驱使您坚持这一研究并取得如此丰硕的成果吗？

阎耀军教授向国家安全部门的领导同志介绍有关社会预警的研究情况

阎耀军：说到成果，在这一领域值得敬佩的学者有许多，如中国社会科学院的朱庆芳研究员，她在国内最早提出社会预警指标体系；南京社会科学院的宋林飞研究员最早进行了社会预警的实证研究；南京大学的童星教授一直在积极推进社会风险的研究；中国科学院的王铮研究员正在这一领域的前沿攻取政策模拟的难关；特别值得一提的是，著名社会学家陆学艺、李培林研究员坚持 10 多年主编的社会形势分析与预测蓝皮书……总之，这是一个异彩纷呈的群体，我在其中只能算沧海一粟。要说这一研究领域的驱动力，每个人可能各有不同，但如果从科学发展史的宏观来看，促使人类在预测、预警、预控这条道路上如此执着和持久地追寻的基本驱动力主要有两条：其一是科学自身内在的逻辑延展力量；其二是社会需求的外在推动力量。科学发展史表明，后者的推动力往往更大。我们在前面已经谈到现代社会的一个重要特征即"风险社会"，而在一个风险频仍的社会中，光靠所谓的"应急管理"是远远不够的，必须对未来有一定程度的预测、预警和预控，否则人类不仅会在这个风险世界中越来越疲于奔命，而且会付出越来越巨大的成本。正如恩格斯所说：社会一旦有技术上的需求，那么这种需求要比十所大学更能推动科学的发展。所以作为一个学者，如果将自己的科学兴趣（即研究方向）与社会需求统一起来，获得一种双轮平衡的驱动，那么他的研究应该取得事半功倍的成效。

记　者：这就是人们所说的您的"异军突起"，可以这样理解吗？

阎耀军："异军突起"实不敢当，我倒是时时感到后生可畏。因为当今学术界是一种千帆竞发、百舸争流的局面，尤其年轻人更是在学术研究领域突飞猛进，其中佼佼者众多，我只不过是正在激流勇进的一叶白帆而已。

迎难而上　锁定高端目标

记　者：阎教授谦虚了，再怎么双轮驱动，也得有深厚的积淀才能爆发出来啊。

阎耀军：这倒是事实。如今的成就得益于我十多年前对学术研究的定位和目标选择。其实我是半路出家，40岁才由党政机关到科研机关做学问的。面对茫茫学海中1000多个学科如何选择？面对社会学中的近100个分支如何选择？社会学创始人孔德把社会学研究分为描述、解释、预测三个层次。事实证明后者最难，能搞和愿搞者甚少。譬如孔子50岁读《易经》，读到"韦编三绝"；马克思预测社会未来，花了40年时间。

记　者：所以面对"预测之难"，绝大多数人望而却步。

在世界社会学大会做有关社会预警的专题发言

阎耀军：但是反过来看，供给越少则需求越大。在社会加速发展的当代条件下，社会系统的不确定性进一步增强了人类对自身的安全和未来秩序的期盼，特别在我国的特殊条件下，社会结构的复杂性既提高了社会预测的难度，又增加了社会预测的迫切性。当然，选择预测学研究是需要诸多主客观条件的，"对于加速发展的现代社会来说，预测它在时间和空间上发展的多种可能性和复杂性，不仅要有保持探讨大问题和挑战难问题的勇气，还要有系统的知识储备、丰富的理论准备以及有效的经验研究的支持"（刘平，2006）。经过一年多的思考，我发现：社会预测是社会科学认识过程的完成阶段，社会预测是检验社会科学成功程度的标准，社会预测是认识世界向改变世界转化的中介，社会预测的强弱关系到社会科学的地位和前途（参见阎耀军《试论社会科学与社会预测》，1997）……总之，社会预测在社会科学研究中具有十分特殊的地位和价值。于是我决定把研究方向锁定在这一非常具有挑战性的目标上，迄今已有 15 年。

记　者：资料显示，这 15 年期间，您先后承担主持了有关预测、预警、预控研究的 3 项国家社会科学基金项目、6 项省部级项目和 10 多项地方政府部门委托的项目；发表学术专著 4 部，论文 60 余篇；您研发了多种相关软件，还组建了专门研究机构。您能给我们梳理和总结一下您或你们团队的研究理念和研究特色吗？

阎耀军：我们这个团队确实有自己独到的研究理念和特色，以及由此形成的优势。

第一是理论前沿和实际应用先发优势。我们早在 1997 年就开始研究社会预测和预警问题，并于中共中央正式提出"建立健全社会预警体系"的同年就发表了全国第一部社会预警专著《超越危机——社会稳定的量度与社会预警》；我们还研发出全国首批以《民族关系监测预警管理系统》为代表的计算机应用软件并应用于实际部门，目前全国已有 10 多个城市和部门到本所接受软件使用培训。

第二是对复杂非物化现象计量研究的优势。对社会稳定或风险这类复杂非物化现象的计量，是长期困扰科学界的一个难题。自 20 世纪下半叶兴起于美国并逐渐风行于世的"社会指标运动"提供了一种以社会指标为工具的计量方法后，许多人在重视定量研究的同时却忽略了定性（理论）研究，其后果是导致了众多缺乏理论支持的指标体系，从而导致计量效度

社会管理的前馈控制

和信度的低下。对此，我们提出"理论模型是统率指标体系基本框架的灵魂"的观点（《社会科学报》，2006），并成功构建了"社会稳定理论模型""民族关系和谐模型"和"信访问题预警模型"，并据此构建计量指标体系，辅以多种现代计量方法，从而推进了定性研究和定量研究的结合和统一。

第三是以前馈控制为研究取向的特色优势。在理论上，肇始于维纳的控制论以反馈控制为其理论核心；在实践中，以"应急办"为代表的各类公共危机管理机构重心亦在反馈控制；而各类研究机构，绝大多数以危机的事后应对、突发事件的处置甚至危机的善后管理为中心。而我们的重点则放在危机发生前的"预警管理"，强调"前馈控制"。我们认为，在当代高速运行的社会中，任何反馈控制都不能避免"时间滞差效应"，而"时间滞差效应"往往又会导致"潘多拉魔盒效应"，使得危机后果不可挽回。因此，前馈控制应当是现代危机管理的重中之重和难中之难，我们的策略就是集中力量攻其重点和难点。

阎耀军教授与北京市公安局的同志在探讨犯罪预测时空定位管理系统

第四是文理工结合、四位一体集成创新优势。我们认为：理论、方法、技术包括计算机软件开发，其中任何一个方面做到极致，都不能单独解决应用问题。只有上述四个方面整合集成为一部"整车"，才能使科研产品由"好看"向"好用"转变。天津工业大学是一所以工科为主的院校，在这样的院校中如何发展软科学或人文社会科学？我们探索出一条多学科大尺度交叉、"理论—方法—技术—应用"四位一体综合创新的道路，并初步显现出其他研究机构难以比拟的文、理、工结合优势。我们的研究人员不仅有管理学和社会学博士，还有数学博士、系统工程学博士、心理学博士、信息与计算机博士、情报学博士、统计学博士、地理信息技术博士等等。我们开发的各种监测预警软件，就是多学科集成的产品。

组建梯队　做无穷期之战

记　者：阎教授，您带领团队已经在这一领域做了很多扎实的工作和富有成效的推进。但我们很想知道您未来还想做什么，您的团队的下一个具体目标在哪里？

阎耀军：还是预测、预警、预控。但这是一个很大的问题。我在一本书里说过：大问题的一个特点，就是它不是一个单纯的而是一个复合的问题。我们在研究过程中常会有这种经验，即在研究问题的时候，随着研究的步步深入，会发现"如入万山圈子里，一山放出一山拦"，问题里面还会嵌套着新的问题，问题越大复合性越强。所以大问题往往是由一连串的中小问题构成的问题系列，是由一连串显在问题和潜在问题构成的问题系列。譬如：我们的预测、预警和预控在什么情况下是可能的，在什么情况下是不可能的？预测、预警和预控的科学基础是什么？技术条件是什么？现代新兴学科除"老三论"外，还有耗散结构论、突变论、协同论、混沌理论、自组织理论、超循环理论以及复杂科学等，这些学科对预测、预警和预控有什么启示？现代社会中的预测、预警和预控与传统社会中的预测、预警和预控有哪些重大变化和区别？现代预测、预警、预控技术方法的前提和基础是社会计量，它和自然科学领域对物化现象的计量不同，属于对非物化现象的计量，那么如何对复杂的非物化现象进行计量？这至今仍是困扰社会科学家的难题。还有，在预测、预警和预控中如何解决所谓的"蝴蝶效应"和"俄狄浦斯悖论"？从纵向来看，人类的预测、预警、预控活动有数千年历史，如何总结这漫长的思想史？从横向来看，人类社会预测、预警、预控活动分布在众多领域，如何总结各个领域预测活动的特殊规律并使之上升为一般规律？……总之，这一系列的问题形成一个复杂的树形结构或链形结构，让你皓首穷经也难以尽解。

　　记　者：是啊！一个人的力量毕竟有限，不可能有精力和时间彻底解决完所有的问题。

　　阎耀军：个人的力量的局限性不仅体现在时间上，更体现在空间上。你不可能掌握进行预测、预警、预控所需要的全部知识。就拿我们现在正在研发的"××风险的时空定位预测—预警—预控系统"来说，不仅需要许多传统人文科学，还需要许多新兴的科学技术，如计算机仿真科学、地理信息系统、系统动态分析、神经网络分析等。所以我要做的就是要组建一个多兵种合成的团队和可持续的梯队，逐步引进一些具有较新知识结构并有志于此的博士来共同持续地推进这项研究工作。

　　记　者：就您个人的学术研究而言，您当前正在做的事情是什么？

　　阎耀军：我过去出版过有关预测和预警方面的书，最近正在撰写一本关于预控方面的书，预计年内出版，从此完成我自己预测、预警、预控研究的三部曲。但是正如有些学者说得好，这些成果"只是为大问题和难问题的探讨规划了一块星空，梳理了一片芳草。仍有许多剩余问题需要解决"（刘平，2006）。

　　记　者：那么您认为您的团队，或者说全国凡是从事这一领域研究的学者群体，当前最重要的或者说最为关键、最亟须解决的问题是什么？

　　阎耀军：预测、预警的目的是预控。为了解决预控的问题，现在一些国家研制了被称为保障国家安全的新"核武器"的"政策模拟器"（Policy Simulator，PS）。目前这种政策模拟器已经在经济领域和军事领域得到广泛运用，但是在社会领域基本上还未涉及。这种政策模拟器由于具有通过仿真推演预先揭示风险和矫正对策的功能，所以从社会预测、预警、预控的意义上讲，也可以称为"风险模拟器"。我们现在设想了一个目标，就是研发"社会风险模拟器"。

　　记　者：这一问题的解决过程必将是一个复杂而充满困难的过程。

　　阎耀军：是的。这可能是一场永无穷期的战斗，但是作为一个目标，正如人们自古以来对预测、预警、预控的不懈努力一样，是值得人们去永远追求的。

人民网·天津视窗 11 月 1 日报道，http：//www.022net. com/2012/11 - 1/474758113262052. html （耿，13602107758）

专家学者齐聚天津工业大学
为加强社会预警体系建设建言

2012 - 11 - 1 14：34： 41

人民网·天津视窗 11 月 1 日电：10 月 30 日，"中国社会预警体系建设高端论坛"在天津工业大学举行。来自中国社会科学院、清华大学、北京工业大学、南开大学、华中科技大学、天津教育科学研究院、天津社会科学院、重庆社会科学院等著名科研机构和高校的 10 多位资深专家和天津工业大学管理学院的部分教师和研究生共 50 余人参加了本次论坛。

本次论坛由天津市未来与预测科学研究会和天津工业大学管理学院共同主办，天津工业大学公共危机管理研究所具体承办。天津工业大学管理学院常务副院长吴中元出席会议并致辞。天津工业大学管理学院教授、公共危机研究所所长阎耀军主持。

论坛分为两个阶段，第一阶段在上午进行，由三位专家针对社会预警和社会安全问题作主题报告，之后与会专家围绕主题报告进行讨论；第二阶段在下午进行，主要是就阎耀军教授起草的《加强我国社会预警体系建设的意见和建议》提出修改建议。

在上午的会议中，阎耀军教授根据自己 10 多年来对社会预警的研究，作了题为《中国社会预警体系建立的纠结和破解》的主题报告，主要分析了我国社会预警体系建设中几个关键问题：一是预警和应急的关系，二是预警和应急孰轻孰重，三是社会预警的五重障碍，四是社会预警科学化的三个瓶颈，最后提出建立社会风险模拟器的初步构想。清华大学管理学院副院长彭宗超教授作了有关社会稳定风险评估的报告，主要对风险评估的理论、方法、框架以及评估案例进行了分析和介绍。中国社会科学院单光鼐研究员作了有关群体系突发事件的研究报告，主要通过大量数据、案例，对我国目前的群体事件的性质进行了研判和分类，并对其发展态势阐述了自己的看法。三位专家作完主题报告后，与会学者进行自由发言和提问，重庆社会科学院孙元明研究员、北京工业大学张荆教授等分别作了发言，中国社会科学院世界经济与政治研究所的高恒研究员就大家所关心的钓鱼岛问题发表了观点。

在会议第二阶段，与会专家就阎耀军教授起草的《加强我国社会预警体系建设的意见和建议》进行了讨论。这是一份向中央有关部门建言献策的文件，其主要意见和建议是：我国现在并未形成严格意义上的社会预警体系；我国社会预警体系的建立面临重重障碍；研发科学实用的社会预警工具是当务之急；应加大社会预警科研经费和相关政策投入；应使社会预警建设具有组织载体保障；要推动社会管理从单纯撞击式的应急管理模式向预警预防预控模式转变。与会专家一致认为此建议很有必要，并在取得共识的基础上就建议的具体内容和形式进行了修改和完善。

附件四：关于在社会管理领域实施前馈控制 切实加强我国社会预警体系建设的意见和建议

中共中央政法委并中央社会管理综合治理委员会：

我们学术界于 2011 年 12 月和 2012 年 10 月底，在天津工业大学公共危机研究所的提议和召集下，聚集了一些在社会预警领域学有专攻并有所建树的学者，连续召开了两次有关社会预警与公共危机前馈控制管理的专题性学术会议。参加会议的都是主持过本领域相关国家基金项目的学者，他们是：中国科学院王二平研究员，中国社会科学院高恒、单光鼐、石秀印研究员，清华大学彭宗超教授，中国政法大学李程伟教授，北京工业大学张荆教授，上海大学陈秋萍教授，重庆社会科学院孙元明研究员，南开大学赵万里教授，华中师范大学夏玉珍教授，国家武警指挥学院翟丽红和索宝祥教授，天津工业大学阎耀军教授等共计 20 人。大家在会上达成了共识并起草了有关意见和建议，会后又征求了因故未能到会的华中科技大学的佘廉教授和浙江财经大学的张维平教授等人的意见并获得他们的支持，现将我们形成的关于在社会管理领域实施前馈控制，切实加强我国社会预警体系建设的意见和建议呈报如下。

一 规避社会稳定风险，降低社会管理成本，推动社会管理由单纯反馈控制为主的模式，向更加注重前馈控制的"前馈—反馈复合控制模式"转变

当代社会伴随着经济和科技的迅速发展，各种风险蔓延速度加快，空间扩展日益强化，而我国情况更加特殊，不仅正处于发展环境最好的"战略机遇期"，而且处于矛盾凸显期。为此我们耗用大量的人力、物力和财力去"维稳"，但是影响稳定的所谓各类突发事件频仍，这除了社会结构方面的原因外，亦与我们的社会管理多以单纯反馈控制方式为主，未能采取前馈控制方法有关。现代社会管理必须对社会风险的类型、频率、诱因和危害程度，按照控制关键点原理和有效性原则，加强风险溯源和风险评估，科学地、定量地、实时地监测和诊断社会稳定风险在各个领域的状态变化，对潜在的社会风险进行预测、预警、预控，即前馈控制管理，才能降低社会管理成本，更加有效地维护社会稳定。

所谓前馈控制，是指通过预测对将要输入现实系统的各种虚拟扰动因素实施过滤和超前调控的过程。其要义是"曲突徙薪"，防患于未然；其方法与传统的"亡羊补牢"式的反馈控制截然相反；其目的是改变"被动的应急管理模式"；其优点在于可弥补反馈控制的"时滞"缺陷。总之，前馈控制是一种适应于高速运行状态下的管理方法和技术，它可以大大减少风险和反馈控制的"时滞成本"。

观念是行为的先导。为此我们建议：各级党校和行政学院应该有组织、有计划地对各级干部实施相应培训，学习前馈控制的理论、方法与技术，促使我国的社会管理，尤其是公共危机管理，由单纯反馈控制的被动应急模式向综合性的前馈—反

馈复合控制模式转变。

二 我国现在仍未形成严格意义上的社会预警体系，危机管理中"重应急、轻预警"的格局应当尽快改变

　　实施前馈控制的基础和前提是必须具有健全的社会预警体系。其实中共中央早在 2003 年十六届三中全会以来连续四次全会中多次提到要"建立健全社会预警体系及应急管理机制"，但是近十年来的实际情况是，中央的这一要求并未全面落实，特别是与已经建立的庞大的"应急管理"系统相比，"社会预警"体系显得极不匹配和平衡。不仅官方尚无一家专司社会预警的职能机构，就连民间的社会预警研究机构也寥寥无几。至于社会预警的工具，也仅仅停留在传统的社会指标评估的层面。这种"重应急、轻预警"或"强应急、弱预警"的情况，不仅增加了应急管理中猝不及防的程度，而且也由于预警（预防）的缺失或缺憾，致使突发事件增多，从而增加了应急管理应接不暇的程度。

　　凡事预则立，不预则废。"预警"和"应急"虽有密切联系，但仍属两个完全不同的专业领域。为此我们建议：应当采取切实可行的措施，建立一个由科学的预警工具、全国范围推行的预警模式和"纵到底、横到边"的、与应急管理体系相匹配的严格意义上的社会预警管理体制，从而使公共危机管理的车之两轮——"预警"和"应急"，由脱节达到衔接，由失衡达到平衡。

三　我国社会预警体系的建立健全面临重重障碍，单靠个人或群体的自觉努力难以逾越，必须从国家制度安排层面予以解决

我国社会预警体系之所以长期不能建立健全，有着深刻而复杂的原因，有科学技术方面的，有管理体制方面的，还有思想观念方面的，等等。方方面面的原因交织在一起，构成阻碍社会预警真正进入社会管理过程的四重障碍：一是社会预测和预警的困难性和高成本性，往往导致许多浮躁而急功近利的学者，热衷于费力少、见效快的描述性和解释性研究项目，至今不愿或者不能投身于难度较大而又难出成果的预测性研究项目；二是风险预警预报的"自风险性"，是不敢报忧和不能报忧的深层原因；三是危机事件的小概率性与为官执政的短期性，导致执政官不选择社会预警建设的博弈结果；四是片面的政绩考核指标体系，导致重视所谓"能够看得见"的政绩观，而忽视"看不见"的、带有虚拟性的社会预警业绩。这四重障碍从个人利益博弈的角度来看都具有某种合理性，因此单靠个人觉悟恐难以逾越。

制度问题更带有根本性。为此我们建议：应从科研管理体制和激励政策、风险预报的风险分摊机制、前任问责制和政绩考核制等方面着手，从制度安排的层面解决社会预警体系的建设问题。

四　破解我国社会预警体系建设的障碍需要一个过程，但是突破其瓶颈限制的关键——研发科学实用的社会预警工具却是当务之急

除了前述社会预警体系建设的重重障碍之外，我国社会

预警体系建设还面临着三个相互依赖又相互制约的瓶颈,即预警工具的科学化、预警运行机制的科学化以及各种预警要素的集成化。其中预警工具的科学化是关键中的关键。因为没有科学化或者走向科学化的社会预警工具的助力,便无法形成社会预警运行机制的设计和各种社会预警要素的集成。对此,发达国家研发"政策模拟器"的做法给我们以启迪。政策模拟器作为一种用于探索各种政策情景的大型软件,由于具有通过仿真推演预先揭示风险和矫正对策的功能,所以被称为保障国家安全的新"核武器",并且在经济领域和军事领域得到广泛运用。我们完全可以将这种方法引入社会安全领域,研发"社会风险模拟器",使之成为开展社会预警的利器,成为各级党和政府维护社会稳定的工具和手段。

"工欲善其事,必先利其器。"西方发达国家在此类项目的研发上是不惜重金的,因为它涉及文、理、工诸多学科的大尺度交叉和综合研究。为此我们建议:社会科学基金、自然科学基金,以及国家科技部、教育部、公安部、政法委、综治办等有关部门应该对此类项目予以特别立项,或者连续立项资助。

五 加大社会预测、预警类科研项目的经费和相关政策的投入

学术界公认科学研究分为描述性研究、解释性研究和预测性研究三个层次。而预测类研究的难度要远远大于一般的描述性和解释性研究,这也是不争的事实。为了鼓励学者们积极而有成效地投入这类研究中去,建议国家社会科学规划部门在课题项目资助中采取分类指导的办法,对这类研究给予经费上的倾斜。与此同时,建议国家各有关部门以各种方式,对这类研究给予政策上的支持。如鼓励高等院校和科研院所建立社会预

警机构，特别希望设立专款对专门的社会预警研究机构予以资助。另外，为了解决社会预警研究的数据来源问题，应该对有资质的社会预警机构和专家采取特殊的政策，例如在签署保密协议，或在其他有效法律手段和技术手段保障的情况下，向他们开放所谓的敏感数据，以解决他们在社会预警研究中普遍存在的信息不对称和"无米（数据）之炊"问题。

六 建设具有组织载体保障的社会预警体系，使社会预警体系的建设体制化、制度化、法制化

社会预警是一种综合性、专业化和科技含量很高的社会安全性风险的评估与预报工作，只在现有的"应急办""维稳办""信访办"之类的机构中增加或强化社会预警职能，事实证明是不够的。既然中央多次并列并先后有序地提出"建立健全社会预警体系及应急管理机制"，那么"社会预警"就应当和"应急管理"一样做到体制化、制度化和法制化。否则，社会预警"体系"就会是一种无组织的、凌乱的、松散的、可有可无的状态。现实中，社会预警的研究成果，人们想用就用，不想用就不用；决策程序中想要就要，不想要就不要；尤其是社会预警的工具，基本就没有体制化的运行平台——政府的相应专门机构来使用。

衣服应有冠冕，木水应有本源。为此我们建议：在各级党政序列中设立专门的社会预警机构，对方方面面的社会预警工作（如科研、应用等）予以统筹。

以上意见和建议当否，请予考虑并批示为盼！

全体与会专家敬呈

执笔人：阎耀军

2012 年 11 月 10 日

参考文献

著作（以出版时间先后为序）：

〔美〕诺伯特·维纳：《人有人的用处——控制论和社会》，知识出版社，1950。

〔美〕L. 迈尔斯编《现代系统工程学概论》，四川人民出版社，1983。

〔美〕D. H. 梅多斯等：《增长的极限》，李宝恒译，四川人民出版社，1984。

〔美〕丹尼尔·贝尔：《后工业社会的来临——对社会预测的一项探索》，商务印书馆，1984。

《百子全书》，浙江人民出版社，1984。

陈禹编《信息系统分析与设计》，电子工业出版社，1986。

〔美〕赫伯特·A. 西蒙：《社会控制论》，华夏出版社，1988。

〔美〕G. 戴维斯等：《管理信息系统》，孙定浩等译，新疆人民出版社，1988。

袁利金、蒋绍忠：《系统动态学——社会系统模拟理论和方法》，浙江大学出版社，1988。

郑杭生、李强、李路路：《社会指标理论研究》，中国人民大学出版社，1989。

陈福祥：《预测控制及应用》，华中理工大学出版社，1993。

席裕庚:《预测控制》,国防工业出版社,1993。

朴顺玉:《管理信息系统》,中国人民大学出版社,1995。

严家明、于真、杜云波等:《社会机制论》,知识出版社,1995。

〔美〕布热津斯基:《大失败》,军事科学院外军资料翻译组译,军事科学出版社,1989。

G. E. P. Box 等:《时间序列分析——预测与控制》,顾岚译,中国统计出版社,1998。

朱庆芳、吴寒光:《社会指标体系》,中国社会科学出版社,2001。

〔英〕安东尼·吉登斯:《失控的世界》,周红云译,江西人民出版社,2001。

北京太平洋国际战略研究所:《应对危机:美国国家安全决策机制》,时事出版社,2001。

吴必康:《美英现代社会调控机制》,人民出版社,2002。

阎耀军:《超越危机:社会稳定的量度与社会预警》,延边大学出版社,2003。

王来华:《舆情研究概论》,天津社会科学院出版社,2003。

〔德〕乌尔里希·贝克:《风险社会》,何博闻译,译林出版社,2004。

〔德〕乌尔里希·贝克:《世界风险社会》,吴英姿等译,南京大学出版社,2004。

薛澜、张强、钟开斌:《危机管理:转型期中国面临的挑战》,清华大学出版社,2003。

〔美〕罗伯特·希斯:《危机管理》,中信出版社,2004。

王煜全:《情报制胜》,科学出版社,2004。

王铮：《中国国家环境经济安全的政策模拟分析》，科学出版社，2004。

阎耀军：《社会预测学基本原理》，社会科学文献出版社，2005。

阎耀军：《现代实证性社会预警》，社会科学文献出版社，2005。

周永生：《企业危机预警评价体系构建研究》，广西师范大学出版社，2005。

于晓明：《社会转型期山东信访形势分析与对策研究》，山东人民出版社，2006。

冯惠玲：《政府信息资源管理》，中国人民大学出版社，2006。

肖鹏军：《公共危机管理导论》，人民大学出版社，2006。

王晓林：《社会发展机制优化论》，中央民族大学出版社，2007。

赵成根主编《国外大城市危机管理模式研究》，北京大学出版社，2006。

王晓林：《社会发展机制优化论》，中央民族大学出版社，2007。

童星、张海波：《中国转型期的社会风险及其识别：理论探讨与经验分析》，南京大学出版社，2007。

上海太平洋国际战略研究所：《俄罗斯国家安全决策机制》，时事出版社，2007。

刘均：《风险管理概论》，清华大学出版社，2008。

王银梅：《社会稳定及预警机制研究》，法律出版社，2009。

〔英〕彼得·泰勒-顾柏、〔德〕詹斯·O.金编著《社会科学中的风险研究》，黄觉译，中国劳动社会保障出版社，2010。

王小非：《海军作战模拟理论与实践》，国防工业出版社，2010。

王超：《重大突发事件的政府预警管理模式研究》，湖北科技出版社，2010。

马怀德：《法制背景下的社会预警机制和应急管理体系研究》，法律出版社，2010。

陈秋玲：《社会风险预警研究》，经济管理出版社，2010。

王铮、薛俊波、朱永彬：《经济发展政策模拟分析 CGE 技术》，科学出版社，2010。

颜烨：《煤殇：煤矿安全的社会学研究》，社会科学文献出版社，2012。

论文（以发表时间先后为序）：

高筱苏：《情景分析在公司规划中的应用》，《预测》1990年第9期。

宗蓓华：《战略预测中的情景分析法》，《预测》1994年第2期。

张春曙：《大城市社会发展预警研究及应用初探》，《预测》1995年第1期。

宋林飞：《社会风险指标与社会波动机制》，《社会学研究》1995年第6期。

阎耀军：《试论社会科学与社会预测》，《社会科学战线》1997年第6期。

樊克勤、高铁梅、张桂莲：《我国经济预警信号系统的维护和应用》，《预测》1997年第5期。

雷振扬：《论政府与公众关系预警》，《中南民族学院学报》1997年第4期。

尚东涛：《基层单位干群关系预警系统探讨》，《理论与改革》1998 年第 1 期。

陈仲常：《失业风险监测预警指标考察》，《经济科学》1998 年第 4 期。

王培暄：《贫富差距社会风险的承受力、预警及对策》，《南京大学学报》1999 年第 4 期。

夏索琴：《我国城市居民收入分配的监测预警》，《现代管理科学》1999 年第 2 期。

蓝若莲：《失业对我国经济及社会的影响与建立失业监测预警指标体系研究》，《经济师》2000 年第 6 期。

王光：《社会治安评价指标与预警》，《人民公安》2000 年第 3 期。

朱跃中：《中长期能源发展情景分析方法对我国未来节能规划的启示》，《中国能源》2000 年第 5 期。

牛文元：《社会物理学与中国社会稳定预警系统》，《中国科学院院刊》2001 年第 1 期。

鲍宗豪、李振：《社会预警与社会稳定关系的深化》，《浙江社会科学》2001 年第 4 期。

冯煜：《中国失业预警线探索》，《山西财经大学学报》2001 年第 4 期。

王文革：《危机的预警识别》，《思想·理论·教育》2001 年第 6 期。

张泮洲：《对敏感问题预警系统建立的研究》，《上海统计》2001 年第 10 期。

阎耀军：《论社会预警的概念及概念体系》，《理论与现代化》2002 年第 5 期。

叶国文：《预警和救治：从"9·11"事件看政府危机管

理》,《国际论坛》2002 年第 3 期。

曹哲文:《论企业集团危机管理系统的设计》,《湖南工程学院学报》2002 年第 3 期。

杨雪冬:《从反恐怖国家回到正常国家:"9·11"前后的美国危机管理》,《经济社会体制比较》2002 年第 6 期。

陈尧:《当代政府的危机管理》,《行政论坛》2002 年第 7 期。

秦立强、王光:《浅谈我国社会治安环境的评价与预警》,《社会学(月刊)》2002 年第 8 期。

〔德〕乌尔里希·贝克:《从工业社会到风险社会(上篇)》,王武龙译,《马克思主义与现实》2003 年第 3 期。

王二平等:《社会预警系统与心理学》,《心理科学进展》2003 年第 4 期。

张小明:《从 SARS 事件看公共部门危机管理机制设计》,《北京科技大学学报》2003 年第 3 期。

郭晓来:《对现代危机管理的几点思考》,《广东行政学院学报》2003 年第 5 期。

郭学堂:《国际危机管理与决策模式分析》,《现代国际关系》2003 年第 8 期。

张成福:《公共危机管理:全面整合的模式与中国的战略选择》,《中国行政管理》2003 年第 7 期。

《中共中央关于完善社会主义市场经济体制若干问题的决定》,新华网,2003 年 10 月 14 日。

陈建华、何志武:《论中国政府的危机管理》,《江汉论坛》2003 年第 11 期。

薛澜、朱琴:《危机管理的国际借鉴:以美国突发公共卫生事件应对体系为例》,《中国行政管理》2003 年第 8 期。

《中共中央关于加强党的执政能力建设的决定》，新华网，2004 年 9 月 19 日。

阎耀军：《社会稳定的计量与预警预控系统的构建》，《社会学研究》2004 年第 3 期。

阎耀军：《现代社会预警的结构模式及操作要略》，《未来与发展》2005 年第 4 期。

阎耀军：《加强社会管理的前馈控制研究》，《国家行政学院学报》2006 年第 4 期。

阎耀军：《对社会稳定实施前馈控制的可能性探索》，《学术研究》2006 年第 9 期。

张学才、郭瑞雪：《情景分析法综述》，《理论月刊》2005 年第 8 期。

赵豪迈：《电子政务中政府模型与建设方法研究》，《同济大学管理学博士学位论文》2006 年第 9 期。

金炳镐、严庆：《论民族关系发展与和谐社会构建的切合》，《青海民族研究》2007 年第 1 期。

王铮等：《国家经济安全政策模拟器的开发问题》，《中国科学院院刊》2007 年第 1 期。

张海波：《社会风险研究范式》，《南京大学学报》2007 年第 2 期。

冯磊、张明亮：《我国公共危机管理机制模型的构建——基于组织整合理论的分析》，《武汉科技大学学报》2007 年第 2 期。

宋协娜：《略论信访问题预警系统建设》，《理论学刊》2007 年第 2 期。

李晓翔、谢阳群：《危机信息系统研究》，《情报理论与实践》2007 年第 3 期。

王伟:《公共危机信息体系构建与运行机制研究》,《吉林大学博士学位论文》2007 年第 12 期。

童星:《社会风险预警研究与行政学危机管理研究的整合》,《湖南师范大学社会科学学报》2008 年第 2 期。

童星:《熵:风险危机管理研究新视角》,《江苏社会科学》2008 年第 6 期。

宋协娜:《新时期信访工作机制建设论要》,《学习论坛》2009 年第 2 期。

张世伟、万相昱、曲洋:《公共政策的行为微观模拟模型及其应用》,《数量经济技术经济研究》2009 年第 8 期。

陈磊、任若恩:《时间序列判别分析技术和指数加权移动平均控制图模型在公司财务危机预警中的应用》,《系统管理学报》2009 年第 6 期。.

阎耀军:《风险社会中的管理时滞与前馈控制》,《天津大学学报》2009 年第 4 期。

孙翊、王铮:《中国多区域社会保障均衡的政策模拟》,《数量经济技术经济研究》2010 年第 4 期。

侯延香:《基于情景分析的企业危机预警》,《科技情报开发与经济》2010 年第 17 期。

宋协娜等:《我国信访问题预警机制的全面整合与系统构建》,《天津大学学报》2010 年第 4 期。

阎耀军:《信访问题预警的理论模型及指标体系》,《国家行政学院学报》2010 年第 3 期。

阎耀军:《应急管理的前馈控制模式研究》,《中国应急管理》2010 年第 9 期。

孙翊:《"后危机"时代中国多区域支付政策的 CGE 模型》,《模拟及分析统计研究》2010 年第 10 期。

刘雪明：《情景模拟法在公共政策课程教学中的应用》，《教育评论》2011年第1期。

刘华新：《新技术、新理念助力现代应急管理》，《中国应急管理》2011年第11期。

易小平：《中国社会转型与社会创新管理》，《武汉学刊》2011年第6期。

李培林：《创新社会管理是我国改革的新任务》，《新重庆》2011年第2期。

肖潇：《基于多智能体经济模拟的货币政策效应研究》，《计算机工程与科学》2011年第2期。

戴莉：《创新社会管理体制机制构建社会治安管理新模式》，《武汉学刊》2011年第5期。

纪晓岚：《关于社会管理理论若干问题探索》，《华东理工大学学报（社会科学版）》2011年第5期。

杨国林：《社会管理科学化的基本内涵及实现路径》，《新远见》2011年第3期。

闫红丽：《社会危机管理领域主题图本体模型构建研究》，《南阳师范学院学报》2011年第12期。

资金星：《社会管理创新的法哲学思维甘肃理论学刊》2011年第6期。

陈东冬：《民生哲学视域下的创新社会管理研究》，《中共桂林市委党校学报》2011年第4期。

杨芳勇：《重大事项社会稳定风险评估研究综述社会工作（实务版）》2011年第12期。

林祥伟：《当代中国社会风险的三种形式》，《黄海学术论坛》2011年第2期。

吕志奎：《中国社会管理创新的战略思考》，《政治学研究》2011 年第 6 期。

方维：《基于蒙特卡洛模拟的项目风险管理方法研究》，《计算机与现代化》2012 年第 4 期。

张涛：《复杂适应系统下收入分配政策的动态评价：一个基于主体微观模拟模型》，《中国社会科学院研究生院学报》2012 年第 2 期。

张成：《社会管理创新语境中的公安应急管理探析》，《政法学刊》2012 年第 1 期。

赵宇：《非常规突发事件情景中社会应急管理能力构建》，《领导科学》2012 年第 8 期。

章先华：《论我国应急管理机制创新——从疫情应急角度分析》，《江西社会科学》2012 年第 2 期。

龚维斌：《我国社会管理中的几个重要问题》，《中共福建省委党校学报》2012 年第 4 期。

杨小军：《社会管理创新：系统论视角思考》，《党政论坛》2012 年第 4 期。

朱西林：《论社会管理创新视域下推进网络虚拟社会善治》，《广西社会主义学院学报》2012 年第 1 期。

刘红春：《风险社会视阈下公共危机事件中的舆论引导》，《新闻知识》2012 年第 3 期。

肖瑛：《风险社会与中国》，《探索与争鸣》2012 年第 4 期。

李万里：《网络社会风险分析与对策》，《重庆科技学院学报（社会科学版）》2012 年第 9 期。

孟荣：《风险社会理论对我国构建和谐社会的启示》，《现代企业教育》2012 年第 5 期。

朱德米：《政策缝隙、风险源与社会稳定风险评估》，《经济社会体制比较》2012 年第 2 期。

刘堂灯：《风险社会视域下预见性政府的构建》，《大连民族学院学报》2012 年第 2 期。

左亚文：《当今中国社会风险的哲学透视》，《理论探讨》2012 年第 2 期。

谭爽：《特殊重大工程项目的风险社会放大效应及启示——以日本福岛核泄露事故为例》，《北京航空航天大学学报（社会科学版）》2012 年第 2 期。

崔德华：《风险社会理论的基本维度及对我国构建和谐社会的意义》，《鸡西大学学报》2012 年第 3 期。

殷灿：《在风险社会的社会管理创新中信访工作何去何从?》，《经营管理者》2012 年第 4 期。

韩震：《人类进入风险社会》，《文明》2012 年第 3 期。

李永超：《论社会稳定风险评估长效机制建设》，《中共贵州省委党校学报》2012 年第 1 期。

康鸿：《当前中国社会风险与危机事件多发的根源》，《人文杂志》2012 年第 1 期。

田忠钰：《风险社会下党执政能力面临的挑战及对策》，《实事求是》2012 年第 1 期。

蒯正明：《吉登斯全球风险社会理论解读与评述》，《江西师范大学学报》2012 年第 1 期。

李晓明：《社会稳定风险评估机制初论》，《山东警察学院学报》2012 年第 1 期。

李林川：《风险社会与社会管理创新》，《民主》2012 年第 1 期。

徐亚文：《论社会稳定风险评估机制的局限性及其建构》，《政治与法律》2012 年第 1 期。

后　记

　　六年前我出版了社会预测学研究第一卷《社会预测基本原理》和第二卷《现代实证性社会预警》，著名社会学家陆学艺先生为我写书评，题为《大胆的尝试和富有意义的探索》，此后石秀印、刘平、赵万里等业内同行亦发表书评给予好评。我在深受鼓舞的同时思考最多的是这一领域的研究下一步该往哪个方向走。因为按照原计划，第三卷将以研究现代社会预测方法为主题，第四卷将以阐述社会预测学的诸相关学科为主题，第五卷将以评介社会预测的名人名著和著名研究机构为主题，第六卷将以解析中国传统预测术为主题。但是，陆学艺先生的来电使我改变了主意。陆先生在电话中对我说："我们搞社会预测和预警的目的是什么？是为了搞好社会控制。现在我们国家在经济预测之后有很多调控的方法跟上了，但是社会预测之后的调控方法就欠缺。我劝你再往前走一步，将预测、预警和预控结合起来……"陆老的话犹如电光石火在我脑中一亮，我不仅击掌叫绝，而且一下激发了灵感——前馈控制！陆先生的这番话高屋建瓴，给予我莫大启发，和原计划相比，这简直就是一条学以致用的捷径。但是捷径并不代表就容易走。令我万万没想到的是，研究社会预控问题竟用了六年时间。原因是多方面的。

第一是问题难度。

就学术研究而言，预测、预警、预控三者之间的难度是递进关系。

——预测主要是理论方面的探讨。例如，人类究竟能不能进行社会预测？社会预测在什么情况下是可能的，在什么情况下是不可能的？进行社会预测的认识论依据（即哲学基础）是什么？现代科学基础又是什么？现代社会中的社会预测与传统社会中的社会预测有哪些区别？自然预测方法能否用于社会预测？社会预测与自然预测之间有什么差别？这些差别对社会预测的理论和方法有什么影响？在社会预测的基本原理中如何解决所谓的"蝴蝶效应"和"俄狄浦斯悖论"？还有，从纵向来看，人类的预测活动有数千年历史，如何总结这漫长的社会预测思想史？从横向来看，人类社会预测活动分布在众多领域，如何总结各个领域预测活动的特殊规律并使之上升为一般规律？再有就是社会预测与社会科学的关系以及社会预测学的学科性质等方面的问题。总之，诸如此类的问题均属于哲学层面的认识论问题，所下的功夫更多的是理论方面的探讨和思辨。

——预警不仅要有理论思辨，还要有具体方法。社会预警与一般社会预测的不同之处在于它关注的是社会运行中的负面信息，它在对负面信息的量变过程的跟踪监测中，适时地对其向负面质变临界值发展的状况进行测度和评估（从这个意义上说，社会预警更倾向于社会评估的范畴），并适时向社会发出评估性预报。社会的良性运行在向恶性运行的演化中有一个临界值，这个临界值在社会预警曲线图上表现为一个向下转折的"拐点"，或是一条警戒线，社会预警的任务就是在一定理论的指导下，运用一系列专门的评估与预测的手段和技术，测算出这些警戒线或"拐点",并度量社会负变量向其运行的临界程度。由此可见,现代社会预警的前提和基础是社会计量,它和自然科学领域对物化现象的计量不同,属于对非物化现象的计量,那么如何对复杂的非物化现象进行计量?这至今仍是困扰社会科学家的难题。所以,社会预警关注更多的是测度方法上的问题。

——预控不仅要有理论和方法,还要有技术。如信息技术,包括地理信息技术、政策模拟技术、计算机软件开发技术等。如果说在古代或传统社会中,预控可以依靠个人的素质而不需要太多技术的话,那么在现代社会若没有相应的技术手段则完全不能做到预控。所以从学科层面来看,预控要比预测和预警涉及更多的学科,它不仅要跨越社会学的界限,与政治学、法学、管理学等学科交叉,还要跨越文科的界限,与理工科的信息科学、工程学、控制论等技术学科交叉。

从实践层面看,预测和预警可以只认识不作为,预控则既要认识又要作为。所以预控要比预测和预警更逼近实践层面,预控不仅要求研究者给出理论和方法,还要求给出具体的可供实际工作者操作的技术,如监控技术、政策模拟技术、仿真推演技术等。

如此一来,就遇到了许多始料未及的困难和不得不增加的新的研究内容。研发用于前馈控制的计算机应用软件就是其中之一。因为在现代社会高速运行的互联网时代,社会管理要做到前馈控制,离开现代信息技术手段是万万不可能的。而这一点是我们原来在课题设计时没有考虑到的,也是我们搞社会科学研究的学者所不擅长的。但是要完成本课题立项的研究任务——"在我国社会管理体系中建立前馈控制系统的研究",光有理论和方法是远远不够的,离开了以计算机软件为基础的信息管理系统研究将会有重大缺陷。其实这也是我们在研究过程中，实际应用部门特别提出的要求，他们不仅希望我们提供前馈控制的理论和方法，更希望我们提供一种可操作的前馈控制工具。显然，做到这一点要克服更多的困难，也需要更多的时间。

第二是社会需求。

2005 年我完成了国家社会科学基金项目：社会学视野中的社会预测基础理论研究（03BSH004），出版了有关预测和预警的两本书后，受陆先生的启发，我又申请了 2006 年国家社会科学基金项目：我国社会管理体系中建立前馈控制系统的研究（06BSH031）。令我感到意外的是，申请获批并在社会上公布后，引起了各方面的高度关注，除了出版部门和一些媒体纷纷约稿外，主要是一些政府的社会管理部门，如国家安全部门、公安部门、民族事务管理部门、信访部门等纷纷上门拜访和洽商有关领域的监测预警和预控的合作研究事宜。这些扑面而来的社会需求，使我切切实实地感受到了作为一个社会科学研究工作者所肩负的社会责任。例如，当奥运会组委会有关部门要求你来做"奥运安全保卫前馈控制研究"的时候，当北京市公安局有关部门要求你来做"首都社会稳定监测预警和预控指标体系研究"的时候，当西藏打、砸、抢事件后国家民委要求你来做"国家民族关系预警和预控机制研究"的时候，当有关信访部门要求你来做应对信访高峰的"信访问题监测预警的前馈控制系统"的时候……你不能够说"我没有时间，我正在做国家课题呢"。你应该认识到，国家之所以立项研究这个课题，正是由于这是一个我国现阶段带有普遍性的问题，而一个个具体问题和普遍性问题是具有内在一致性的，只有从一个个具体的问题入手，才能够获得一般性的认识；只有将一个个具体问题研究好，才能够将特殊上升为一般；只有将一般性的理论和方法应用到一个个具体的问题上去，才能够实实在在地满足社会需求。本着这种认识，我基本上来者不拒，花了大量时间来完成这些委托研究项目。但是，我们的社会管理，三百六十行也好，三千六百行也罢，行行业业都存在前馈控制管理问题，我们不可能包打天下，时间也不允许，因为国家课题的完成毕竟是有时间限制的，不可能无限期延长，所以做了一定数量的个案之后，我们必须适时进行理论总结。

第三是自身水平。

在研究这个问题的时候，我不仅强烈地感觉到"书到用时方恨少"，而且感觉自己的知识结构对应这个科学问题简直就是"半拉子残废"。因为这个问题绝不是仅仅依靠社会学知识甚至是社会科学知识就能解决的问题。如上所述的计算机科学、系统仿真科学、政策模拟技术、决策支持系统、地理信息技术、系统动态分析等方面的专业知识都是我所不具备的。解决办法只有两个：一是学习了解相关知识，二是与相关方面的专家合作，组成团队联合攻关。幸运的是，我在本课题开题不久就调入天津工业大学，在这里我结交了许多理工科方面的朋友，并组建了多学科交叉的研究团队。虽然学习新的知识和完成不同学科之间的磨合花了大量时间，但这种多学科合作的研究方式使我受益匪浅。

总之，书写完了，对陆先生出的题目算是交了答卷；课题也结项了，而且承蒙业内同行的高看给了个"优秀"的成绩。但是扪心自问，这项研究最多也就算及格。因为在这一新的研究领域中，本研究仅仅是开了个头，抛砖引玉而已，还有大量的、一系列的难题没有解决，而且这很可能是一场没有穷期的研究。时代在发展，社会在前进，我们所能做的就是如影随形，但求不要落得太远。

最后我要对帮助我完成这项研究的人致以深深的感谢：

感谢著名社会学家陆学艺先生对这项研究给予的莫大启发和提示；感谢那些至今不知其名的在这一课题立项和结项评审中给予大力支持的评审专家；感谢天津工业大学管理学院院长吴中元教授对本项研究给予的多方面支持；感谢我的朋友王革教授和刘国富老师对完成本课题所付出的劳动；感谢研究生朱吉宁、刘俊峰、高迎春、苏良鹏在软件开发方面所付出的辛勤劳动；感谢研究生徐桂珍、王慧、张美莲、侯静怡、王樱、李红、徐铮在本课题中的重要参与；感谢研究生李佳佳、冯慧慧、王宇婧为本书出版所做的翻译、校对等辅助性工作；感谢我们研究所和我的创新团队的全体同人的大力支持；最后要再次特别感谢社会科学文献出版社丁凡同志在编辑社会预测学研究第一、二卷以及本书（即第三卷）中付出的辛勤劳动。

阎耀军

2013 年 3 月 31 日

图书在版编目（CIP）数据

社会管理的前馈控制/阎耀军著. —北京：社会科学
文献出版社，2013.6
　（社会预测学研究）
　ISBN 978 - 7 - 5097 - 4608 - 0

　Ⅰ.①社…　Ⅱ.①阎…　Ⅲ.①社会管理 - 前馈控制 -
研究　Ⅳ.①C916

中国版本图书馆 CIP 数据核字（2013）第 098081 号

·社会预测学研究·

社会管理的前馈控制

著　　者／阎耀军

出 版 人／谢寿光
出 版 者／社会科学文献出版社
地　　址／北京市西城区北三环中路甲 29 号院 3 号楼华龙大厦
邮政编码／100029

责任部门／皮书出版中心（010）59367127　　责任编辑／丁　凡
电子信箱／pishubu@ ssap. cn　　　　　　　责任校对／杜若佳
项目统筹／丁　凡　　　　　　　　　　　　责任印制／岳　阳
经　　销／社会科学文献出版社市场营销中心（010）59367081　59367089
读者服务／读者服务中心（010）59367028

印　　装／北京季蜂印刷有限公司
开　　本／889mm × 1194mm　1/32　　　　印　　张／11.5
版　　次／2013 年 6 月第 1 版　　　　　　字　　数／266 千字
印　　次／2013 年 6 月第 1 次印刷
书　　号／ISBN 978 - 7 - 5097 - 4608 - 0
定　　价／39.00 元

本书如有破损、缺页、装订错误，请与本社读者服务中心联系更换
▲ 版权所有　翻印必究